希望の倫理　自律とつながりを求めて

希望の倫理

――自律とつながりを求めて――

岡野治子・奥田暁子 編

知泉書館

まえがき

広島と長崎の被爆の歴史は、今夏で六十七年の時を刻んだ。長崎の田上富久市長は今年も八月九日の平和宣言で、福島原発事故に言及した。「放射能に脅かされることのない社会を再構築するため、新しいエネルギー政策の目標と、そこに至る明確な具体策を示してください」と。第三の「ヒバク地」福島も、「原子力を乗り越える」ために連帯している。未来の世代に豊かな自然環境を残すために、「いま、ここで」私たちの文明のあり方そのものの存続が問われている。原子力が「諸刃の剣」である現実を見せつけられた今、原子力の平和利用にかけたヒバク国日本の悲願は、反省を迫られ、文明の質の転換が余儀なくされている。

3・11、自然の途方もない力と人災が相乗した空前の災害は、意識下に眠っていた多くの問題を再び私たちに突きつけた。何より「人間らしく生きるとは」の問いである。一年半が経過した今も、地震・つなみそして原発事故のもたらしたあらゆる被害からの復興のめども、ほとんど立っていない。こうした危機の状況にこそ、社会的歪み、つまり日本社会で積み残された諸問題が再浮上、可視化してくるのである。無論人間の尊厳にふさわしい諸行為があまた報告され、日本人は「絆」の強さとその善さを体験し、諸外国から称賛を浴びたのも事実ではある。

しかし次のような根の深い諸問題が、私たちの社会に大きな影を落としていることは否定できない。被災地での復興に際して、「リーダー＝男性」と「炊き出し＝女性」という性役割分担意識があちこちで顕在化しているという。性差別の温床という意味で、二十一世紀の今日では、歓迎し難い現実である。また自然に逆らう発想の産物である原発の事故は、自然の報復を受け、「想定通りに」放射性物質の降下の範囲が広がり、飲食物を汚染している。豊かに見える社会の随所に見られる格差、差別の実態も徐々に異なる形で明らかになっている。大都会と経済界の電力を確保するために、諸地方自治体が原発設置を引き受けるという政治経済的格差がフクシマ問題に象徴されているであろう。罪のない被曝者たちの受けるいわれのない差別も解決されていない。最近明るみに出された原発事故基で働く人々の被曝隠しの実態も社会の不正義の顕われである．七月、八月に提出された原発事故の国会調査委員会と政府調査委員会の最終報告書が、事故を人災と断定し、集団主義が原因として、日本の原子力政策の陥穽を指摘したことで、日本メディアの多くが肯定的評価を与えた。しかし外国のメディアからは、人災と言いながら「誰がミスを犯したのかを特定していない」と手厳しい批判がなされた。そして将来の展望も啓けぬまま、原発が再稼働し、その条件に最終責任が規定されていないことにも国民は不安を抱えたままである。

私たち執筆者は、3・11の悲惨を極めた災害危機を通して、より多くのしわ寄せが、弱い立場の人間や集団、地域に向けられるという不条理な社会構造、さらにさまざまな形態の被害に対する最終責任が「誰に」、また「どこに」あるのかがあいまいなままの現実を改めて確認することになった。私たちは、自分たちの非力にたじろぎながら、しかし同時に未来を信じて、それぞれが長年関わってきた研究領域から、日本社会の問題点を析出することとなった。こうした危機だからこそ、従来の不条理に満ちた社会構造、それを支えている既成の思考形態への批判、脱構築、さらに望ましい社会への提言と、未来への青写真を作成する試みの一つになれば、と願うからである。

「〈悲惨〉という感覚は、正義と愛のための条件の一つ」というシモーヌ・ヴェイユ（『ギリシアの泉』）の前向きで力強い言葉に触発されて、私たちは『希望の倫理――自律とつながりを求めて』というタイトルにその想いを託した。テーマの意図に言及する前に、本書の特質について、いくつか付言したい。

一九九〇年代以降政治経済のグローバリズムの波のなかで、フェミニズムの思想も大きな転換期を迎えた。（男女の）フェミニストたちは、自己の欲望の充足だけではなく、男性（異性）をはじめ、多くの他者との豊かな関係を築き、社会に周辺化されている「構造的弱者」の尊厳を復権させない限り、自分たちの人間としての尊厳も幸福もありえない、という反省的認識に至った。

こうしたフェミニストたちの自己反省を促したのは、政治経済的グローバリゼーションの肥大化に伴い、他ならぬ自分たちも権力ある男性たちの共犯者として発展途上国の女性の環境や資源を搾取している、という重い現実の発見である。自分たちの社会のなかの不平等を是正するのにきゅうきゅうとしていたフェミニストたちには、衝撃的な経験であった。同様に過去の戦争や植民地支配がつくり出した犠牲者から粘り強く聞き取りをしながら、政治権力者のノートには記載されるべくもない諸問題（戦時性暴力の犠牲になった女性たちなど）を解明するフェミニストたちの活動も活発になった。いまやフェミニストたちは、地球上で行われているさまざまな人々、さまざまな形の抑圧には共通した思考や歪んだ権力関係が働いていることを発見したのである。

こうした潮流を意識している私たちも、エコロジー、政治的・経済的・文化的帝国主義、民族的マイノリティ、社会福祉のネットからこぼれる「弱者」の問題等々、解放の神学や解放運動が向き合ってきた諸問題に対して根源的な関心を共有している。他国のフェミニストたちと同様に、欧米中心主義や個々のナショナリズムを反省し、脱中心化を図り、女性間、あるいはすべての人間の間にある差異を認め、尊重し、苦難に際して手を貸し合おうという新たな連帯性、新たな関係性を模索している。

さて本書のタイトル『希望の倫理――自律つながりを求めて』に込めた私たちの想いについて、記しておきたい。

「希望」とは多くの宗教にあって、枢要な徳目、中核的価値とされている。キリスト教ではたとえば、信仰（＝信頼）・愛・希望が三大徳目として挙げられているほどである。信仰と愛は理解できるとしても、希望が徳とされるのはなぜか？　希望は、最も希望から遠い状態、つまり絶望的な状況のなかで、想像力を羽ばたかせて、理想の世界ユートピアに向かうという人間の高貴な「力・資質」だからである。私たちはなにより、「いま、ここで」社会の歪みを見つめ、そのゆがみを超える世界を想像し、ユートピア的構想に向けて希望の力が結集されることを願う。確固とした基盤に基づいたものであっても、希望は現実には裏切られるものである。しかしみせかけの調和や偽りの成就に満足するという人間の怠惰を防いでくれる力も、希望である。

ここで経済発展には原発再稼働が欠かせないというスタンスの政策を例として考えてみよう。「原発が止まれば、仕事も補助金も寄付金も来ません。それでは生活が成り立たないでしょう。それでもよいのですか？」と問いかけられている地方自治体は、「生活を思えば、原発再稼働は仕方ない」と刷り込まれてしまうことだろう。そうではなく「原発がなくても経済振興策は、政府と社会の責任でしっかり練り上げましょう。それでも再稼働を選びますか？」というオールタナティヴな問いかけがなされれば、想像力を駆使し、希望ある議論に発展するのではないだろうか？

こうした希望の翼をもって向かおうとする豊かな社会、よい社会とは、どうあるのだろうか？　あるいはどうあれば、よい社会を実現できるのか？　日本の現状で考えられるのは、自律とつながりの均衡がとれている社会状態ではなかろうか？　本書の執筆者全員が、それぞれの文脈から、またそれぞれの表現で、この二つの要素を「望ましい社会」の基盤と考えている。

「自律」とは、人間に与えられている自由という現実である。「～から自由である」という消極的自由は言うまでもなく、自律概念にはさらに「～への自由」という積極的自由が不可欠である。すなわち、自分で選択すること、他者に盲目的に依存しないこと、集団や組織の良くない圧力に抗うこと、隣人や仲間、さらに共同体、社会ひいては（生態系を含めて）人類全体の価値向上に向けて、貢献することなどが積極的自由、すなわち自律の実践的内容である。

この自律が人間の営みにとって有意義であるための必要条件は、関係性としての「つながり」である。言いかえれば、「～への自由」という自律のもう一つの側面と言うべきかもしれない。自律は、多様で異質な他者が共存する社会にあって、ゆったりしたつながりのなかで、「自分らしい」あり方、自己実現という形で表わされるものである。

つながりとは、たまたま所属することで、自然に形成されるようなつながりではない。それは人が、意識的に選択し、自らが接する諸個人の異質性や多様性を意識し、認容したうえで、自分の人生を支え、意義の深いものであると理解し、自覚的に責任を負える、と感じられるようなつながりを意味する。

このような自律とつながりが意識的に関係づけられる社会構想では、一方では自律原理のせいで、人は自分の個性を伸ばすことができ、自由な生き方を選びとり、また自由にものが言えるであろう。他方、自律した人々の間では意識的なつながりが大切にされるせいで、相互に思いやりがあり、相互の気持ちを大切にすることができる。そこでは自己実現と異質な他者の受容も決定的な矛盾とはならないであろう。また健常者以上に他者とのつながりを必要としながら、それが容易に得られない立場の人々や異邦人も、窮状に置き去りにされず、誰かの手を借りる機会となるはずである。

「希望の倫理」を紡ぎたいと考える本書は次のような構成をもち、個々の執筆者はさまざまな問題意識から、現実社会の歪みと不条理を問題化し、脱構築を模索している。

第Ⅰ部「小さな声」からはじめる　野田首相には、原発再稼働に反対する市民たちの声は、「音」にしか聞こえないようである。しかしたとえ好ましくない声であっても、成熟した人間として、声を声としてそれに耳を傾ける感性は持ちたいものである。ここには、多くの社会の構造上、声を挙げにくい立場の女性たちの「小さな声」に耳を傾け、彼女たちの痛み、苦しみに寄り添いながら、社会の構造上の不条理をあぶり出し、分析し、あるべき解放の途を模索しようという三本の論考が並んでいる。

河上論文は、原発事故によって食環境が著しく破壊された事実を、ミナマタに重ねながら、当事者となった人々、特に幼いいのちを育むという点で、母たちが負うことになった苦しみの原点と内容を探ろうとする。胎児性水俣病による母たちの苦しみを通して、原発事故による食環境の汚染も、同時にリプロダクティヴ（生殖）問題であることを指摘する。政府が環境汚染と認定するのを長くためらったために、自らも、また家族のために苦しむ母たちの異議申し立ての声は、なかなか中央に届かなかった。しかしその小さな声はやがて女性たちの意識のうねりに発展し、今や食環境をめぐる女性たちの運動となり、有数の重要な組織や集団として結実している。

続く支倉論文は、性産業を日本では「風俗」と言い慣わすことに着目する。風俗で働くことを問題視するのは、職業選択の自由に抵触するのではないか、という新自由主義的な考え方もある。他方、他の職業の選択肢があるとすれば、どうなのか？　性産業で働く女性がすべて、人格と性を分離して、自己の生き方そのものをそう簡単に割り切ることができるのだろうか？　文倉は、フランスでの買売春廃止主義の実際を描写、分析しながら、「買売春や風俗のない」日本社会という構想を提示しようと試みる。

早川論文は、あの日中戦争において中国山西省で日本軍が行った性暴力とその被害女性たちとの実際的交流を通して、性に関わる戦時の不条理な現実を伝える、という繊細な試みをしている。被害女性一人ひとりの生活環境と被害の実態を具体的に、また個別に明らかにする過程で、被害女性と日本のあるグループがそれぞれ自己に対する認識を深め、相互信頼が形成されたことを、さらに記憶と記録の関係について、記している。早川は3・11の危機にあっても、日本社会にこうした関係の創生が求められているのではないか、と問題提起をしている。

第Ⅱ部　社会的排除から包摂に向けて　ロンドンで開催された今年のオリンピックの開会式は印象的であった。開会式は、華やかでロマンティックなイメージが付着するものである。英国の歴史や文化を彩る出来事や人物が登場するなかで、特別な光を放ったのが、病院ベッドを囲んで患者と看護師が踊るというパフォーマンスであった。「ゆりかごから墓場まで」のスローガンで一躍知られた英国の誇る「国民保険サービス」を表象していたのだ。英国においてもあらゆる領域で予算削減が進むなか、この分野には、予算が増えているという。他方、日本では生活保護と肉親の扶養義務をめぐって、大論争が起きている。政治の領域では、生活保護は家族の責任とすべき、という方向で議論が進みつつあるが、現実には生活保護を受ける側にも、また扶養者にも種々の深刻な事情があることはよく知られている。義務が画一的に徹底されることにも問題がある、と思われる。

このグループでは、近年増加の傾向にある「発達障害」と診断される人々の抱える問題とホームレスの人々の問題にスポットが当てられる。

牧論文は、発達障害と呼ばれる人々の多くが、職場や教育の場で、うまく適応できずに辛い思いをし、周囲も彼らの存在を負担に感じているという現実に着目する。この発達障害と認定されるケースの増加が社会の変化と連動しているのではないか、という視点から、現代社会とそのような人々の抱える問題群を分析する。牧は、負担をもたらす人々を排除する社会ではなく、つながりのある関係性が根付き、異質な人々をゆったりと包摂する社会構築の可能性を模索する。

横山は、ホームレスの人々に光を当て、ホームレスと縁のない生活をしている人々に、ホームレス問題の実態を理解してもらうべく、この論の筆をとっている。私たち一人ひとりに想像力と当事者性の力が問われるテーマでもある。この世の中には存在するのに「見えないもの・見えなくされているもの」は多い。この論考は、こうした現実へのアプローチである。諸種の事情から、自分の身を置く場を他に持たない人々が、やむを得ず公園、駅舎の通路など公的空間を起居の場とする。しかし行政は、住民による苦情や工事などを理由に、彼らをその空間から追放する。「路上生活の権利」の主張と「公的スペースの私物化禁止」というパブリック・コモンズのルールが深刻に対立する。たとえ合法であっても、困窮者保護の責任を担うはずの公的機関がひたすら排除の行為を繰り返すという不条理を前に、私たち一人ひとりの市民はどのような立ち位置にあるのか、何ができるのか？　こうした社会的排除の現象に対して、どのような応答（責任）ができるのか、横山の問いはとてつもなく大きく、深い。

第Ⅲ部　日本社会に生きるということ

3・11のこともあり、「絆」という言葉がキーワードのように用いられている。これは自律の一側面でもある「つながり」の語に比べると、語源的にも拘束力の強い関係性を表している。個人化が深化した日本社会で、再び強いつながりが求められているのかもしれない。KYという言葉が流行したことがあったが、「空気を読む」ということが、まともな人間の条件のように考えられた。これも絆を求める心情の表れ、共同体志向の表れと言えるのだろう。

私が青春の一時期を過ごしたドイツでは、自立・自律が教育の柱になっているように見えた。服装も、季節、年齢を問わず、実に個性的な着こなしが目立ったものだ。日本より夏の夜気は涼しいが、真夏の夜の野外コンサートに毛皮のコートを羽織る女性も見かけた。個人が独立しているからこそ、関係性を求めるのだろうか、ドイツ人は、友情を深めるために、積極的に人を自宅に招き、とっておきのワインでもてなし、寝室まで見せてくれる。ローソクの灯のなかで明け方まで議論し、笑い、共に怒り、共に涙した学友たちの多くは、論理的で、自律的で、しかもつながりを大切にするロマンティストでもあった。

他の文化圏においても当然ながら多くの問題があるが、ここでは人間関係の縦系列、組織内での個人的自由度の低さ、世間的排他性、責任の所在のあいまいさなど、日本社会の生き難さ、倫理的陥穽に焦点が絞られている。

山下論文では、性差別や諸々の慣習にしばられ、「生き難さ」を文学のなかで巧みに表現しつつ、性差別や種々の差別を告発し、しなやかに乗り越えて行こうとする幾世代かに亘る女性作家のまなざしが扱われている。現在活躍する山崎ナオコーラを中心として論が展開する。彼女は八〇年代のフェミニストたちに対する深い敬意をもち、「対等な関係」を主張し、「他者に対する侮辱」にも、自ら怒りを感じるほどに「シスターフッド」の強さ、輝きをアピールする。山下は、文学は楽しいものであり、同時に人の哀しみ、苦しみの現実と意味、それを克服した時の喜びをも伝え、地上の不正義には怒りを表し、社会に共に生きるさまざまな人生のあり方が提示されていると語る。

奥田論文は、3・11の事故の質を分析するところから始まる。ここで明らかになったのは、政府や大企業トップの無責任体質、真実を追求しない専門家やマスコミなど、先端技術の高さを誇る日本社会にあっても、依然として集団同調主義が支配的であるという事実である、と結論する。そこでこうした集団同調主義が生み出される要因が日本における宗教のあり方と無関係でないことを考察し、そこから脱却する方途として、個人の自立を尊重する新しい共同性が必要であると提案する。奥田がイメージするのは地域自治が守られ、そのための決定にだれもが参加でき、仕事や住むところを失っても、また家族のいない単身者であっても、孤立した存在にならずに生きていける社会である。

岡野は、日本社会を宗教倫理の視点から問い直す。3・11の危機を通して、少なからぬ人々が、見せかけの文明のなかで、「よく生きる」ことの意味を問い忘れ、未来世代に健康な自然環境を残すという責任を回避してきた事実に愕然としていることに注目した。自然災害がなぜ原発の事故につながったのか、を問いながら、最終的に日本社会で形成された倫理は、共同体中心主義であり、相互依存的であるために責任主体があいまいであることを確認する。この誰もが責任をとらない社会では、障害者やなんらかのハンディをもつ人、異邦人などは、スティグマを負わされ、排除の対象とされうる。欧米のフェミニスト神学の構想を重ねながら、一つひとつのいのちに神聖さを認めてきた日本の伝統を活かし、障がい者、老いた人、弱い立場の人が不幸にならない社会の青写真を模索する。

本書では、土居による三本のコラムが三部構成の各所を彩っている。すべてキリスト教文化で良く知られた有名なエピソードを扱っている。土居の現代感覚を取り入れた解釈を通し、それは二千年後の現代でもなお社会の諸問題に適合したメッセージであり、新味のある、また革新的な輝きを放つものである。

私たち執筆者は、友情で結ばれた研究会で、幾度となくそれぞれ自分のテーマを発表し合い、熱い議論を交わし、試行錯誤の末、論考として結実させた。テーマの大きさ、深さに対して未成熟の部分も少なくないことであろう。先学諸兄姉の御批判、御叱声を頂ければ、望外の慶びである。

六十七年目の敗戦・終戦の記念日を迎え、二つの小島の領有権をめぐりアジアの近隣諸国との穏やかでないやりとりが頻発するこの八月である。過去をしっかり見つめ直し、記憶を浄化（自己の歴史を批判的に問い直すことで得られる相互理解）し、真の和解に至るよう、私たちも成熟した社会に向けて、責任を担い続けたいものである。

二〇一二年八月

岡野　治子

目次

Ⅱ　社会的排除から包摂に向けて

Ⅲ　日本社会に生きるということ

希望の倫理

――自律とつながりを求めて――

Ⅰ　「小さな声」からはじめる

1　「食」をめぐる「母たちの苦しみ」

――フクシマとミナマタ――

河上睦子

はじめに――フクシマに面して

二〇一一年三月一一日に起きた東日本大震災と福島第一原発事故以後、日本の人々の暮らしや人間関係、文化のあり方について、なにを語ることができるだろうか。地震と津波によって多くのいのちや家々が失われるということは、これまで何度も経験してきた。しかし、三・一一の原発事故（以下「フクシマ」と称す）はそうした災害と全く違っている。その原発事故による放射能流出・拡散は、単に私たちの生命・生活・環境への喪失・破壊・被害ということだけでなく、いわばそれらの回復不可能という「不安」を引き起こした災害だからである。原発事故のそうした性格は、すでに一九八六年のチェルノブイリ事故で知っていたはずである。また（原発を含む）原子力がどれほど人間の生命・生活を破壊するものであるかは、被爆国民として十分すぎるほど知り、それを踏まえて核廃絶を世界に訴えてきたはずである。にもかかわらず、日本は原発事故による放射能災害を引き起こしたのである。

梅原猛は、福島原発事故について、これは天災であり、人災であり、近代文明の悪という「文明災」であるという。この文明災は一部の日本人（企業家・政治家・官僚・学者など）の道徳心の欠如と、それを支えた西洋出自の経済合理主義に由来するものであるが、多数の人々は天災を忍従しつつ相互に支え合い互助しあう日本人の高い道徳心をもっている。こうした道徳心は、大乗仏教の忍辱、つまり精神的な屈辱や苦難に耐え、自分の道を貫くという考えや、自然とともに生きていくための知恵をともなう一種のあきらめの精神をもった「日本の優れた文化」からきている。それゆえこれからは近代文明（科学文明・西洋近代合理主義思想）の是非を問い直し、古来の日本人の精神性＝日本的道徳心・大乗仏教の思想にたちもどる必要がある。日本古来の「仏教精神」の文明思想をもって、世界に範を垂れる国になるように提唱している。(1)

彼の発言は、まだ原発事故の実態及びその現況すら十分に把握されておらず、場当たり的な対応と事故処理、避難した人々の身の安全や生活補償の道筋すらできていないなかでの「日本人の心」を提唱するものであった。だがこれは「加害責任」の問題をあいまいにし、お互いに助けあおうという、戦後日本の「一億総懺悔」と同じであり、原発問題を道徳心や精神の問題へとすり替えていくものではないだろうか。にもかかわらず梅原のこの考えは、マスメディアや政府の広報を通して、徐々に、フクシマ以後の日本人の心と生活のあり方（フクシマを支えよう運動）として推奨されてきたように思う。

それに対して、私がフクシマについて考えるとき思い起こすのは、かつて六〇〇万人以上のユダヤ人や障害者たちを殺戮したナチズムについて、社会思想家アドルノが語った言葉である。「アウシュヴィッツ以後、詩を語ることは野蛮である」。彼はナチス支配下のヨーロッパからアメリカに亡命せざるをえなかったユダヤ系ドイツ人であるが、戦後に、アウシュヴィッツの惨劇の実態を知って、この言葉を語っている。

この文にある「詩」とは学問・思想・文学・芸術などの人間の精神的文化的営みであり、「野蛮」とはナチズムに代表される殺戮・恐怖・暴力を引き起こすような人間の営みをさしている。この文は、「アウシュヴィッツ」を踏まえて、人間的文化の無力や絶望を述べているのではない。人間の文化的営みが「野蛮」と密接に関係しており、近代的な文化がナチズムと無関係ではないことを自ら踏まえたうえで、ナチズム以後の論評や批判がなされねばならないというものである。

合理性や利便性・有用性を推進してきた近代の理性主義に依拠する科学技術、学問、思想、産業という「文化」はアウシュヴィッツという「野蛮」を生み出したが、それについての批判的な論評や思想も、或いはそうした近代的なものと対抗するようにみえる精神主義や伝統的な道徳主義（ドイツ的精神）や芸術至上主義（ナチスのプロパガンダなど）も、ナチスの「野蛮」に関与してきた。こうした歴史的事実を踏まえなければならない。そうした文化的営みもつねに野蛮との関係性をもつ可能性を自覚しておかねばならない、と彼は警告している。(2)

彼のこの警告は、フクシマ「論」についてもあてはまるように思う。彼の警告は論評や思想がもつ陥穽を述べている。陥穽とは、それらが「被害者たちの苦しみ」を真に受け止めているかということにあると思う。フクシマの災害は、地震や津波によっておきた天災ではなく、原発という科学技術の事故によっておきた人災である。たしかに原発は、私たちの近代的な合理的・利便的生活を支える電気を保障してくれるものである。しかしその事故によって一帯に放射能が拡散され、人々の生命・健康のみでなく、自然や環境にも回復困難な未曽有の被害をもたらした。その被害は共時的かつ通時的なものであり、未来世代にまで影響を及ぼすものである。私たちは現代の科学技術至上主義や経済優先主義がもっている「野蛮」の恐ろしさを実感し、認識するようになった。この被害の現実、事故がもたらした「苦しみ」の現実の重さを受け止めることから考えていかねばならない。にもかかわらず、すでに原発の存廃について経済功利主義や適応主義、日本的絆やつながりを提唱するナショナリズム的精神主義などが台頭してきている。これらの危険性について改めて、アドルノの警告を確認しておきたいと思う。

フクシマについては、原発事故がどれほど人々に「苦しみ」をもたらしているか、ここから出発して考えたい。ここではそうした苦しみのうちの、「母たち」の「食にかかわる苦しみ」について考えてみたい。その際、同じく現代産業・科学技術の人為的事故によって「食にかかわる苦しみ」を六〇年以上も抱えてきた「ミナマタ」とともに考えたい。そのうえで母たちがその苦しみにどのようにかかわってきたか、それをめぐる女性たちの葛藤も考えたいと思う。

一　フクシマの「いのちの苦しみ」

(1)　食にかかわる苦しみ

フクシマの原発事故は、放射能拡散地帯を中心に多くの人々に苦しみを与えている。この苦しみは、放射能の外部被曝・内部被曝の恐怖と不安からきている。外部被曝については、広島や長崎の原爆や第五福竜丸の水爆実験、チェルノブイリの作業員たちへの高線量の直接的放射線被曝がよく知られている。福島原発事故の外部被曝のほとんどは、低線量被曝による晩発性障害という将来的な健康障害の恐れであるという（しかし原発事故の処理にあたっている作業員にはチェルノブイリと同様な高度な放射線被曝があるときく）。内部被曝に関しては、とくに放射能に汚染された食べ物を摂取することによるといわれているが、これも将来的な健康被害がでるとのことである（内部被曝には母体経由の胎児への健康被害もある）。フクシマの内部被曝のほとんどは食べ物経由であるといわれ（WHOの調査報告[3]）、この被害は大きいようである。というのも食べものを経由する内部被曝は、食の流通や販売を通して、地域を超えて共時的な被害を引き起こすからであり、また未来世代にまで通時的な被害を引き起こすからである。

「食べること」は、人間・自然・環境との共生の営みである。そして「食べ物」は人間間・動植物・自然・環境という共生の媒介物でもある。その食べ物が原発事故によって放射能汚染され、未来の人々を含む人間間のつながりや、人間と自然や環境とのいのちの連鎖に危機をもたらした。私たちは、食べ物の放射能汚染を通して、自分たちのいのちがいかに自然や環境とつながっているか思い知らされたように思う。原発事故の放射能は「食」による人間と自然との「いのちの連鎖」を破壊するという危機をもたらしたのである。事故後の行政側の対応の不備や失態、情報の不足や隠蔽なども加わって食の安全性への信頼が失われ、多くの人が食に不安をもつようになった。いかに政府が放射線量の基準を設定し直したり、生産者や販売者が放射線量の検査値を公表して安全性を主張したりしようとも、政府や業者による食の情報への信頼が失われたところでは、食への不安は解消しない。つまり原発事故によって「食の安全」が崩壊したことによって「食の安心」がなくなったのである。だが事故の食への影響はそうした問題にとどまらない。

私たちにとって自己の生や生活を支えている大切なものを失うことを、精神分析学では「対象喪失」というが、フクシマの原発事故はまさしくこの膨大な対象喪失をもたらした。多くの人が、事故による放射能拡散によって将来的な健康障害への不安や恐れのみでなく、家族の離散、避難・退去による家具・道具・住居などの大事な「モノ」、動物、農作物や家畜、仕事、漁場、友人たち、土地、町や村、ふるさとなどを喪失した。そうした自己の生や生活を支えてきたものを喪失する対象喪失の「苦しみ」を、原発事故はフクシマの人々にもたらしたのである。この苦しみは健康被害というからだの苦しみの問題だけではない。そうしたレベルを超えている。もちろん少量にせよいまなお放射能流出があり、放射能が土壌や森林に残存し続けているので、からだへの不安は大きい。だが事故はそれと同時に住み慣れた我が家や土地を離れ、親しき隣人、動植物、町や村、自然、ふるさとから別れざるをえなかった別種の深い苦しみをもたらした。この苦しみは、生活の、こころの、生きる支えの喪失として、生きることの苦しみであり、「いのちの苦しみ」といえる。この「いのちの苦しみ」こそは、原発事故がもたらした最大の問題ではないだろうか。

そうした苦しみのなかで、「食」にかかわる苦しみもまた決して小さいものではない。「食」はからだの問題だけではないからである。食は私たちにとって、生きること、生命、生活と一体なのである。そうした食の世界が原発事故によって瓦解した。いまや食べ物はいのちを脅かす恐怖とつながり、食は安心ではなくなったのである。こうした食べ物の問題は、食べる者（消費者）にとっての問題だけでなく、それは同時にその提供者たち（生産者や販売・流通者）にとっての問題でもある。福島県などの東日本では食産業が主力産業であり、生活の糧を得る基盤でもある。原発事故は食の生産に携わってきた人々の生活を直撃し、農林畜産漁業を始めとした地域の食産業を破壊し、不可能にした。しかも生産者たちのこの苦しみは、原発から少し離れた食の生産者・加工業者・

販売者たちにも「風評被害」という苦しみへ広がっていった。食べ物を提供してきたこれらの人々の苦しみは、生活の苦しみだけではない。むしろ生きることの苦しみになっている。こうしたいのちを育み育まれた家畜や田畑、海、自然、ふるさとを失うことと一緒になって、生きることの深い悲しみがフクシマに広がっている。共に生きてきた生き物や自然を失うことは、生活の基盤を失う苦しみだけでなく、生きることの苦しみという「いのちの苦しみ」だからである。

フクシマの原発事故による食の放射能汚染問題は、現代の科学技術・産業技術の事故が引き起こした「環境問題」とされるようになったが、(4)こうした食にかかわる「いのちの苦しみ」について、これまで十分考えられてきたのだろうか。この問題について、ミナマタを参考にして考えてみたい。

(2) ミナマタの苦しみ

「ミナマタ」は戦後日本における最大の公害といわれ、食にかかわる「いのちの苦しみ」の問題を私たちに提示した。水俣病は、チッソ工場の廃液に含まれたメチル有機水銀の環境汚染によって、熊本・鹿児島一帯の多くの人々に死を含む身体障害や重い疾患をもたらした公害病である(新潟水俣病を含む)。一九五三年に患者第一号発生、五六年集団発生に始まり、五九年にはチッソ廃液の有機水銀が原因とされ、六八年に「公害病」と認定された。患者数は七万人に近いといわれ、今なお認定や補償をめぐり裁判が続いている。(5)チッソ株式会社という日本の近代化学工業を支える大企業の事故によって有明海の地域一帯の環境が汚染され、その結果多くの人間や生き物のいのちが奪われ、生涯に及ぶ健康障害や病気がもたらされた。メチル有機水銀に汚染された魚介類を食べた人々は、手足の震え、四肢末端部の感覚障害、運動失調、求心性視野狭窄、聴力障害、言語障害、神経障害、脳機能の損失などの重いからだの苦しみを抱えるようになり、多くの人々が亡くなった。

ミナマタは従来、公害と認定されてきた。環境基本法（第二条）の公害の定義によれば、「事業活動その他の人の活動に伴って生ずる相当範囲にわたる大気の汚染、水質の汚濁……、土壌の汚染、騒音、振動、地盤の沈下……及び悪臭によって、人の健康又は生活環境（人の生活に密接な関係のある財産並びに人の生活に密接な関係のある動植物及びその生育環境を含む）……に係る被害が生ずること」とされている。しかしミナマタはこうした定義に収まるようなものではない。

当時の日本の産業界を代表とするような巨大企業であるチッソ株式会社の事故によって、工場があった水俣のみでなく、有明海に面した熊本・鹿児島県一帯の多くの人々が汚染された魚介類の食を通して身体破壊、生命破壊、生活破壊という被害を受けたのである。これは日本の近代化・産業化にともなって生じた人災であるが、今日では、水俣病は環境汚染・環境破壊、身体破壊、生存破壊、生活破壊、社会病（偏見と差別）という、現代社会における「環境病」であるといわれている。

だがこのミナマタの裁判闘争にかかわってきた社会学者・栗原彬によれば、水俣病とは単なる環境病では言い尽くせない。むしろ「生命、身体、アイデンティティ、世界観、文化、暮らし、家族、地域社会にわたる社会病」であり、被害者たちは Minamata disease suffer からわかるように、「受苦者、受難者、殉教者、被害者であっても patient 患者ではない」といわれている。(6)

水俣病を負わされた人々はからだの苦しみだけでなく、家族を失い、仕事を失い、差別を受け、結婚をあきらめ、妊娠におびえ、将来の希望を失い、看病に明け暮れる毎日を送るというようなさまざまな人間的・社会的な苦しみ、対象喪失をともなった「いのちの苦しみ」を受けたのである。だが事故を起こした企業は、水俣の人々の住まう地域・市・県・国の経済を支えており、生活の糧を提供してくれるチッソという大企業である。そこには「チッソに支えられた水俣」という共同体意識が育まれていた。そしてその共同体意識は県や国の経済優先の行政・制度を支えるものでもあった。この「政官財民」の構造は、チッソがおこなった事故の加害性を曖昧にし、水俣病の原因究明を遅れさせ、多くの被害者たちを死に追いやり、障害を重くすることにつながった。そしてチッソを訴えることは多くの地域の人々の生活の糧・仕事を失うことを意味していたゆえに、被害者たちは地域の人々からの差別やバッシングを受けることにもなっていった。町や村の人々、県、行政、国などからの社会構造的意識的抑圧や差別を受けて、被害者たちは生きることや日々の暮らしも困難になり、慣れ親しんできた故郷を離れたり、自殺した人も出てきたのである。ミナマタとは水俣病という病気でも環境汚染問題でもなく、環境病・社会病を含んだ「いのちの苦しみ」の現実なのであった。それでも被害者たちは少しずつ皆で寄り添い、お互い病むからだを引きずって、病気治療の補償やいのちの尊厳を求めて、各地で認定や賠償などをめぐる裁判を今日までも続けてきたのである。

こうしたミナマタの被害者たちがこうむった人間的・社会的苦しみを踏まえて、栗原は「水俣病をジェノサイドの文脈で読み解くこと。それは、国民国家・経済・法・階級・性・教育・民族などの近代複合システムによる差別と価値剥奪の極限的なモデルを提示すると共に、人間の受苦と尊厳の底知れぬ深さを推し量る測針でもある」と語っている(7)。

ミナマタにおいて第一号患者が発症してから、国が公害病であると認定するまでに一〇年以上もかかっている。また認定と補償をめぐり五〇年以上も裁判が続いている。こうしたことがいかに多くの被害者たちの苦しみを大きくしてきたか、そのことに国や地域の経済優先主義とそれを支える地域の共同体意識が関係していることを再確認しておきたいと思う。

(3) フクシマの苦しみ

さて以上のような被害者たちの苦しみは、フクシマにおいてどうだろうか。フクシマにおいても同じような苦しみが再現されているようである。

フクシマはミナマタと共通性がある。両者ともに人間のみでなく、生き物のいのちにかかわる環境汚染、食べ物にかかわる環境汚染問題がある。だが同じ食べ物にかかわる環境汚染といっても、メチル水銀と放射能とでは質的差異があり、被害者たちの苦しみも質の差異がある(被害者個々人の苦しみには大小はない)。なにしろフクシマは放射能による現在性よりは未来的な被害をもたらす深刻な環境汚染事故である。しかしこの事故を起こした東電もまた現代日本の産業界を代表する大企業である。しかも東電の原発推進には一部の政治家・官僚・科学者、電力会社(経済界)とが一体となり(「政官財学」の構造)[8]、国策として(国の経済力強化という意図をもって)推進されてきたという経緯がある。経済的効率性の高さと立地地域の経済効果(雇用拡大と地域経済活性化)という功利性と、「平和のための原子力」「安全性神話」というイデオロギー装置をともなって原発は推進されてきた。いずれにせよ「いのち」よりは「経済」に高い価値づけがなされてきた点はミナマタと同じである。

それでもやはりこの原発事故はミナマタとは大きな差異がある。それは被害の質的・量的差異である。フクシマの放射能汚染による被害はすでに述べてきたように、ある意味では無限定的なものといえるだろう。健康障害などは何年か経ってあらわれてくる怖れがあり、また食べ物の放射能汚染による被害も広範囲で特定しにくい。

それゆえ被害認定や賠償には今後困難がともなうだろう。また放射能に汚染された環境の回復はまったく見通しがたたないゆえに、政府は居住禁止地域を設定せざるをえなくなった[9]。

フクシマの原発事故に対する損害賠償は、現時点では原子力損害賠償紛争審査会よりだされた中間方針（二度の補遺付加[10]）によっている。それによれば、損害賠償の対象とされるのは避難、出荷制限、風評被害（農林水産・観光・製造・輸出など）であり、地域限定の自主的避難者も対象となっている。賠償額には精神的被害も含まれるようになったが、被害の状況によって差異がある（賠償対象者は福島県内二三市町村の一五〇万人に上り、賠償総額は二〇〇〇億円規模といわれる）。しかしこうした損害賠償制度は一方的・一律的・一時的なものであり、被害者たちにとって納得できるものにはならない。というのも被害は金銭的なものでは解消できないからである。まして将来あらわれることが予想される低線量の放射線被曝の害（がんや白血病・白内障・不妊・慢性皮膚炎・加齢・遺伝的影響を及ぼす晩発性障害など）は、たとえ二〇年後にあらわれたとしても、それが福島原発事故によるものかどうかは医学的にも立証困難であるといわれている。また未来世代への放射能汚染された食べ物による健康被害は、どう償うことができるのだろうか（セシウム１３７の半減期は三〇年、ストロンチウム９０は約二九年といわれる）。

いずれにせよフクシマにおいても原発事故によって退去させられたり避難させられた人々から「健康（不安）を返せ」「安全な食べ物を返せ」「土地と家を返せ」「畑や牛を返せ」「思い出を返せ」「ふるさとを返せ」などの声が聞こえてくる[11]。この声はミナマタと同じく償いできないもの、代替できないもの、回復できないことの怒りといのちの苦しみの声である。

「福島」は将来、今の「水俣」のように環境都市として復興・回復の展望が拓かれるのだろうか。放射能汚染地の回復は現在のところ希望は持てないようである。しかしこうしたなかで注目されるのは、事故後から現在も、日本のみでなく世界から多くの寄付が集まり、さまざまな支援のネットワークやＮＰＯ活動が活発になされている。これはミナマタにはあまりみられなかったことである。もちろんミナマタにも医者や文学者などの支援者はいたが少数であった。だがフクシマにおいては週末や休みを利用して多くの支援者やボランティアが都会や遠地からかけつけている。多数の若者たちや中高年者、男性も女性も、学業の間や仕事の間にフクシマや津波・地震の被災地に来ている。こうしたことにフクシマの新たな未来があるように思うが、まだ未来を語るときは到来していないように思う。被害者たちの苦しみはいまも続いているからである。避難所や仮設住宅に住んでいる老人たち、都会と汚染地域近辺の仕事場とに別れて暮らしている家族、外で遊ぶことを制限されている子どもたち、仕事を失った農林畜産生産業の人たち、医療やケアをまともに受けられない病者や障害をもつ人たちなど、多くの苦しみがフクシマにある。こうした苦しみを皆で考えなければならないと思う。

（4）母たちの苦しみ

放射能汚染による身体の被害が大きいのは、子どもたちと妊婦（胎児）や病者などであるといわれている。にもかかわらず日本政府や関連機関は対策を十分にはおこなってこなかった。このことは母親たちに多くの不安を与え、母親たちの一部はネットワークを形成し、明確な安全基準を設定するよう政府に働きかけた。そうして徐々に子どもの被曝限度量（放射線量の基準値）や、子どもたちの食べ物の規制基準値が設定されるようになった。政府は当初、国際放射線防護委員会の基準値を参考にして子どもの放射線量の安全基準を最大二〇ミリシーベルト／年以下と発表したが、専門家の一部やフクシマの母親たちを中心とする市民グループなどの異議運動から、二〇一一年一二月には一ミリシーベルトになった。こうした基準値設定は子どもの生活空間である学校や公園の放射線量の管理に繋がっている。他方、食の摂取基準値も二〇一二年四月から修正された。[12] 子どもたちを放射能汚染から守るための運動が、最初はフクシマの母親たちを中心として、その後は女性たち、父親たち、男性たちによって各地のネットワーク運動に広がっている。

だがミナマタでは、母親たちは孤独に子どもたちや家族の「原因不明の病気」と格闘した。そして子どもたちや家族を元気づけるため、おなかの子の栄養のために、有明海の美味の魚介類を日々調理し与え続けた。彼女たちはその食事がまさに子どもたちを水俣病被害者にすること、自分が子どもたちの「加害者」になることを当初知らなかった。そのことを知ったのは、子どもが産まれたあと、ずっとのちであった。

「胎児性水俣病」の存在が確認されるようになったのは、一九六一年頃からである。六二年に一七人が「胎児性患者」と認定されて以来、一九九〇年代までに六四人（うち一三人死亡）が確認されている。当時の医学的知識では、胎児は水銀を通さない胎盤で守られているとされていたので、妊婦への食指導はまったくなされなかったのである（胎児は成人の一〇倍の中毒症状をもち、メチル水銀は胎盤経由で影響する。それは出産後も母体内に残留し、母乳やその後の妊娠にも影響し続ける。このことは一部の学者のみしか知らなかった）。

（ユージン・スミスの入浴写真で有名となった）胎児性水俣病被害者の或る母親は、「この子が私の食べた水銀を一人で吸い取って背負ってくれたとばい、それで私もその弟も妹たちもみんな助かったとです。この子は我が家の命の恩人ですたい。」といったという。[13] こう語る母親もまた水俣病被害者なのである。この言葉には、わが子がその身体をもって自分の水俣病を軽くしてくれたという「被害」と「加害」の交錯、「罪」の意識という「いのちの苦しみ」がある。それゆえミナマタの母親たちは自分の苦しみを決して語らない。母親たちは加害意識を抱えながら、自身も病んだ身体を引きずって障害をもつ子どもたちに日々の食の用意をした。母親たちは自身の「加害性」を感じるゆえに沈黙しているが、その沈黙にはチッソへの弾劾が含まれている。この母親たちの無言の弾劾を、原田正純や石牟礼道子などが代言してくれている。母たちは語ることができないのである。こうしたミナマタの母たちの無言のメッセージから、私たちはなにを聞きとらなければならないだろうか。

水俣病被害者の緒方正人は、「自分がチッソの一労働者あるいは幹部であったとしたらと考えてみると、同じことをしなかったとはいい切れない」「私もまたもう一人のチッソであった」といっている。(14) 環境・生命倫理学で高く評価されているこの緒方の「ミナマタ」は、ミナマタの母たちの沈黙とは違う男性の目線があると、私は感じている。

緒方正人は父親を水俣病で亡くし、自らも水俣病に苦しみ、一九七〇年代からの認定交渉裁判を含む水俣闘争の先頭に立ってきた一人である。だが彼は長く闘争を続けてきたなかで次のように感じたという。被害者の声、「患者」の言葉はどんなに運動しても、相手の「人間」には届かなかった。「チッソが加害者といいながら、チッソの姿が自分に見えてこない」。被害も金銭問題に転換され、「救済」からほど遠いことを知る。結局は加害の責任もシステムの問題や構造的な責任、制度の責任問題に吸収されていく。そして被害者の自分もいつのまにか、そうしたシステムのなかに取り込まれていくのを感じる。加害者も被害者も制度のなかに消えてしまっていくのを、彼は見いだしたという。

これはまさにフクシマでも繰り返されていることではないか。原発技術のもつ問題性や放射能汚染が子どもたちや未来の人たちを含む私たちのいのちにかかわることを棚上げにして、システムの問題、賠償・補償の問題、電気不足や電気料金の問題などへともう移っている。いまなお事故は終息せず、放射能流出の恐れがあるというのに、政府や電力会社は原発の再稼働へと動いてきた。メディアや評論家たちも責任問題や再発防止や安全性よりは、電気依存社会の維持、地域経済や日本経済の復興が関心事なのである。

ミナマタの緒方正人は被害者運動のなかで、「人としての問い」に気づき、「人間の責任」を考えはじめる。そのなかで被害者である自分も加害者と同じく「システム・ネット社会（制度＝網）」に生きて、「チッソのようなもの」をつくり続けているのではないかと自問する。そして「今や人間社会の行状はおよそ全てがチッソ化し、地球規模に拡大している」、「チッソは私であった！」と語るようになるのである。これと同じ語りはフクシマにはないだろうか。原子力の平和利用や原発の安全神話に則り、地域経済活性化と人々の生活の利便性のために原発を受け入れ、そうして原発の被害者となったフクシマの人たちの思いはミナマタの緒方と同じかもしれない。「東電は私であった」、と。

被害者が、その害について直接的に責をもっていないにもかかわらず、自分のなかに「加害性」を見いだすことで、その苦しみに向かいあい、「救い」「回復」をはかろうとすることは、アウシュヴィッツの被害者たちも含めて多く見られることであり、それを誰も咎めることはできないだろう。だが緒方の語るこうした「救い」のあり方を、被害者ではない者たち、とくに批評家や思想家や環境倫理学者が語るとき、それは被害者の「いのち苦しみ」を受けとめるのではなく、加害者や加害への「許し」「免罪」や「責任」の回避につながることになるだろう。この文の「はじめに」で引用した梅原猛の大乗仏教の心というのもこれに近いように思う。これは一億総懺悔の考えと繋がっているように私には感じられる。しかし被害者たちの思いはそれとは違うようである（緒方正人の大乗の思いは亡くなった被害者たちに向けられたものであるように思う）。

他方ミナマタの母たちは、黙々と水俣病被害者のわが子の世話をし続けてきた。母たちは生涯語ることはないようである（私が経験した胎児性水俣病被害者たちとの懇談会でも、母たちは語らないとのことであった）。彼女たちは子どもに障害をもたらすことになった食事の世話を、他のケアの人たちに代替させることもしなかったとのことであった。こうした母たちの沈黙は懺悔の思想と違うなにかが含まれているように思う。

これまで環境倫理問題においては多くの場合、加害者への責任追及運動・裁判運動や被害者の医療・生活・経済面や心的問題の救済・補償が主題となってきたが、ミナマタの母たちにみられるような「沈黙」に寄り添うことができていたのだろうか。この沈黙はチェルノブイリも含めて世界中の紛争や事件の被害者たち、アウシュヴィッツの生き残りたちにもみられる「償えない問題」である。これは言葉自体を喪失するような「いのちの苦しみ」の深さからきているように思う。それでも今日では、原爆の被害者や従軍慰安婦たちを始めとして被害者たちは少しずつ語り始めるようになってきている。

そうした「いのちの苦しみ」を抱えてきたミナマタの、そしてフクシマの母たちの「食」にかかわる「苦しみ」はどのようなものなのだろうか。そこには、食を介した母の身体におけるいのちの繋がりの問題と、環境汚染のなかの食の供与（ケア）の問題がある。次節では、これらの問題と、それへの母たちの関わりについて考えてみたい。

二　食をめぐる母たち・女性たちの葛藤

（1）食の環境汚染とリプロダクティブ・ライツ／ヘルス

有害汚染物質を含んだ食べ物が、母の身体を通して子どもたちに「被害」をもたらすことは水俣病以外にもカネミ油症事件（「黒い赤ちゃん」）やダイオキシン問題などでも指摘されてきた。ミナマタにおいては、母たちのメチル有機水銀に汚染された食べ物の摂取が子どもたち（胎児を含む）を被害者にした。フクシマにおいても放射能汚染された食べ物の母体経由による子どもたちの健康被害、妊婦や母乳などの内部被曝が心配されている。これらの問題は、（汚染された）食べ物の「共食」を介した母子の「からだの繋がり」「いのちの繋がり」の問題といえる。言い換えると、環境と生殖身体との関係の問題、つまり食を通して、或いは環境とつながった女性身体におけるいのちのつながりの問題である。この問題は女性のリプロダクティブ問題にかかわっている。フクシマにおける食べ物の放射能汚染は、女性たちにとってまさにリプロダクティブ・ライツ／ヘルスにかかわる問題なのである。

女性の「リプロダクティブ・ライツ／ヘルス」の考えは、一九七〇年代以降の第二波フェミニズム運動によって世界的に承認されてきた。そのなかのリプロダクティブ・ヘルスには、女性の心身の健康のみでなく、食べ物及び人間関係や生活環境などの「自然的・社会的文化的環境」という「リプロダクティブ環境」の安全確保も含まれている。ミナマタでもフクシマでも、このリプロダクティブ環境が現代産業技術の事故によって破壊された。

現在フクシマの女性たちは、食べ物による内部被曝を可能なかぎり避けるために、自身の食べ物の汚染度を吟味することや、子どもたちのための安全な食べ物を入手する苦労をしているが、出生前診断や母乳制限・人工乳への切り替えなど、母体における子との繋がりを少なくすることや断つことへと追いやられているとの情報もある。原発に近い三県では出生数が激減しているとも聞くが、(15)避難所生活や仕事のために家族離散している生活では、子どもを産み育てることも困難であろう。

放射能汚染されたリプロダクティブ環境のもとでは、母親たちが妊娠規制などをおこなったり、「障害児出産の恐れ」や育児の困難性への不安から、出産をためらうということがあるようである。女性たちはリプロダクティブ環境が「欠如」したなかで、自身の避妊・妊娠・中絶・出産などの選択を「自己決定」せざるをえない。しかもそうした自己決定には「自己責任」が課せられるという「苦しみ」が付加されているのである。こうした選択が、女性自身の自由なリプロダクティブ・ライツの行使としておこなわれたといえるだろうか。リプロダクティブ環境が不十分なところでは、リプロダクティブ・ライツ／ヘルス自体も保証されていないといわざるをえない。

ミナマタの子どもたち（胎児性水俣病）の「障害」は、チッソの工場廃液によってリプロダクティブ環境が汚染されたことでもたらされたものである。母の身体にあるいのちのつながりを介した「環境汚染」こそは、ミナマタの母たちや子どもたちの苦しみをもたらしたものである。そうした苦しみをフクシマの女性たち、そして母たち、子どもたちが受けることがないようにしなければならない。堤愛子は「放射能汚染の恐怖」が「障害者への恐怖」と一緒になっていく危険性があり、「放射能汚染の恐ろしさを、『障害者』に対する違和感や恐怖心と重ね合わせたところで語ってほしくない」、「社会的差別がもたらす恐さ」と「放射能が生き物にもたらす恐さ」とを混同させてはならない、と語っている。[16] ヒロシマ・ナガサキにおいて、そしてミナマタにおいてみられたリプロダクティブにかかわる社会的差別の問題は、フクシマにおいても問われねばならない課題なのである。

(2) エコフェミニズムの環境思想

ところで環境汚染とリプロダクティブ・ヘルスとの関係に関しては、フェミニズムのなかでもエコフェミニズムがとくに取り上げてきた。周知のようにエコフェミニズムはエコロジーとフェミニズムという二つの視角をもつフェミニズムとして、一九八〇年の「女性と地球の生命」のエコフェミニズム会議開催以来、女性の視点から環境問題について積極的に取り組んできた。エコフェミニズムには多様な考えがあるが、[17] 共通する見解として、現代の科学・産業技術による「自然支配」と「女性支配」「女性差別」とのあいだには構造的な連関性があると考えている（自然と女性とを連結する理論ではない）。

エコフェミニズムはエコロジーに共鳴する思想として、農薬、ＰＣＢ、狂牛病、環境ホルモン、放射能などの環境汚染が、環境と生態系の破壊だけでなく、未来世代にも影響し生命や生活の破壊そして文明の破壊にも至ることを批判する。しかしエコフェミニズムは「ディープ・エコロジー」[18] のような生命中心主義にたって環境保護を訴えるものではなく、人間と自然・生態系・環境との「共生」を主張する。他方でエコフェミニズムはフェミニズム思想として、現代の医療技術や産業技術の進展が家父長制の女性支配・差別構造と無関係ではなく、女性の身体を道具化し手段化すること、現代の経済・産業主義が生み出す環境汚染や環境破壊が女性におけるリプロダクティブ・ヘルスを侵害すること、さらに先進国の多国籍企業によるグローバルな市場主義が第三世界の女性たちの生活基盤を支える「サブシステンス労働」[19] や人間関係を破壊することなどを批判してきた。こうした主張からエコフェミニズムは今日までチプコ運動、反農薬運動、反核運動などを始めとして、女性と環境にかかわる批判的運動を展開してきたのである。そしてチェルノブイリ事故についても、各国のエコフェミニストたちが手を繋ぎ、被曝した子どもたちや女性たちへの支援活動をおこなってきたのである。

エコフェミニズムは、食べ物の安全性を脅かす環境汚染や放射能汚染の問題とリプロダクティブ・ヘルスは密接な関係があると考える。放射性物質は卵巣に滞留、生殖系が冒されるといわれている。女性の身体が「生命の環境」として自然環境に連続しているかぎりで、環境問題はリプロダクティブ問題であるとの認識のもとで、「リプロダクティブ環境」の問題を「ジェンダー・イシュー」のみでなく、「環境倫理問題」として位置づけるのである。

日本のエコフェミニズムは一九八〇年代、青木やよひなどのカルチュラル・エコフェミニズムの立場から、生殖技術批判を中心に展開された。これは体外受精や代理母などの高度生殖補助技術が女性の身体における自然性や他者との繋がりを解体すること、また女性のリプロダクティブ・ヘルスを侵害することを主として批判対象とした。(20) しかしこうしたエコフェミニズムの主張は、青木の「女性原理」論に潜む反近代主義・母性主義・本質主義的側面をめぐるフェミニズムの論争（「エコフェミ論争」）(21)によって、それがもつ思想的意義も封印されてきたといえる。

しかしその一方で「環境派」エコフェミニストたちは、食べ物を含む環境問題に取り組み、合成洗剤反対運動、ごみリサイクル運動、石垣島のサンゴ礁保護運動、そして伊方原発を始めとした各地の反原子力運動などを展開してきた。(22) そうしたなかでも綿貫礼子などは、環境問題とリプロダクティブ問題との関係を主題化して、たとえば環境ホルモンによる男女の生殖機能への影響のデータを集めたり、チェルノブイリの子どもたちへの放射線被害の実態を追跡調査し、被害にあった女性たちの支援活動を積極的におこなってきた。そして現在、そうしたチェルノブイリの教訓をフクシマにおいて役立てようとしている（彼女はこの運動のなかで二〇一二年一月に亡くなったが、フクシマの問題を「世代間の共生のための生態学的倫理」の視点から考えることを提唱している）[23]。

他方、西欧のエコフェミニズムは、一九九〇年代以降も理論面ではそれなりに発展してきたようである[24]。彼女たちは地球の全生命のバランスという観点からリプロダクティブ・ヘルスにおける女性の「自然性」擁護の立場から、グローバル化する産業社会のなかでの食環境、農薬、食品添加物、防腐剤、放射能などによる食品汚染に対する反対運動を積極的に展開してきた。なかでもヴェールホフ C.v.Werlhof たちを中心とするエコフェミニズムは、チェルノブイリ以後、環境問題自体をリプロダクティブ問題へ明確にシフトし、「母たちの座標」を環境倫理問題の要とすることを提起している。この母たちの座標は、チェルノブイリでの母たちの「恐怖」の経験から認識されたようである。ミース M.Mies やヴェールホフによれば[25]、この恐怖は放射能から子どもたちのいのちを守ることができないことの不安、無力、怒りであり、放射能汚染によって子どもたちとの生命の繋がりが解体されることの「苦しみ」の経験であったという。そして原発のような人間が制御できないほどに発達した科学技術は、生命の危機をもたらすのみでなく環境破壊を通して「いのちの繋がりの記憶」をもたない「母の創造」をめざす「自然の男性化」である、と批判している。

（3） 放射能汚染に対する母たちの運動

フクシマにおいては、事故後すぐに子どもたちのいのちを守るために母親たちが集まり、放射能汚染の状況を調べたり、政府発表の安全基準値の変更を求めたり、より安全な食べ物の情報を収集するなどの活動が活発におこなわれてきた。しかしこうした母親たちの「環境」運動について、フェミニズムの一部から批判が出された。子どもたちのいのちを守ることは母親たちだけの問題ではなく、広く社会的な運動にすべきではないか、またこうした母親運動には「母は子を守るもの」「子どものためには自分を犠牲にしてでも頑張る」という母性イデオロギーが残っているのではないか、それは伝統的なジェンダー・ロール意識の補完・強化になるのではないか、などの批判が出されたのである。(26)

実はこうした批判はかつて、母親たちによる反原発運動に対しても出されていた。一九七〇年代後半から日本でも伊方原発を始めとして、東海原発、新潟柏崎刈羽原発、宮城女川原発、もんじゅなどへの原発反対運動があったが、これらの運動は高木仁三郎などの市民グループと女性たちが担っていた。そうした運動のなかで、チェルノブイリ事故の一年後に秘かなベストセラーとなった甘蔗珠恵子の『まだ、まにあうのなら』をめぐり、一部のフェミニストから違和感・疑問が表明された。(27)その小冊子における「母親として」「子どものために」の表現が、「母性の絶対視」「母性礼賛」に繋がり、伝統的な女性抑圧・差別・秩序の補完になるのではないか、また母親たちの自己愛的な反原子力運動は「障害児」への社会的差別意識と結びつくのではないか、などの批判がでたのである。この批判はフェミニズムのなかでは一定の同調をよんだが、その後この問題についての論議は展開されなかったようである。

他方西欧でも、チェルノブイリ事故後の母親たちの運動に対して同じような批判が出された。とくにヴェールホフたちのエコフェミニストを中心とする、チェルノブイリの放射能から子どもたちを守ろうという母親たちの運動に対して批判がなされた。この批判はフェミニズムにおける運動論をめぐる三つの問題を含んでいる。一つ目は環境問題・原発問題における「母性主義」的発想と性別役割分業の固定化可能性の問題、二つ目は母親役割の補完の問題（マスメディアによる母親についての伝統的価値観の強化）、三つ目は食の供与に関するジェンダーの問題（ケアする者という母親の位置づけ）である。これらの批判は、〈他者のために生きてきた母たちの視点から自分自身のために生きる女たちの視点へ〉という第二波フェミニズムの「自立」の思想からの批判であるといえよう。

こうした批判に対して、エコフェミニストたちも反論している。ヴェールホフによれば、チェルノブイリ事故の放射能汚染から子どもたちを守ろうとする母親運動に対するフェミニストたちの批判は、母親運動が「〈女としての自己のために〉ではなく、〈他者のために〉尽くしている」ことに向けられている。だが「他者のために」が「男性」を意味する場合は納得できるが、「子どもたち」の場合はそうではない。それどころかこれまでのフェミニズム運動では「子どもと男性」が「他者」として「同一視され」た結果、「子どもの問題がさまざまな運動、非‐運動の中でかくも犯罪的なまでにないがしろにされ」ることになった。むしろチェルノブイリを契機として「母親たちが母親として行動的になったこと、これこそとるべき方向を示す重要な目安であった」と、述べている。(28)

そしてヴェールホフたちは、先述したように放射能汚染された環境のもとでは女性たちのリプロダクティブ・ヘルスが冒されることを含めて、子どもたちが生きる環境の安全性を確立するための視角として「母たちの座標」を提示した。これは、科学技術至上主義や経済優先主義によってリプロダクティブ環境が冒され、母の身体におけるいのちのつながりや子どもたちの生きる環境が破壊される恐れがあることを剔抉するために、エコフェミニズム固有の視角として提示されたものといえる。それゆえこれは母性というような「本質主義」論を提唱するものではなく、あくまで女性たちや母たちが子どもたちとともに生きるいのちの環境を確保し要求するための視角なのである。彼女たちは、ともに身体・食・環境でつながっているいのちの座を技術主義や経済主義で破壊することがないよう、独自な環境倫理運動を模索しているように思う。

日本でも最近、こうしたエコフェミニズムの母たちの視線に共鳴する見解がみられるようになった。たとえば、他者の生存への共感と配慮（ケア）は女の本性ではなくとも、その経験の蓄積は圧倒的に女性にある。そうした経験を踏まえた女性の視点は、女性自身の自己主張と何ら対立するものではない（伊田久美子）。女性が「母親」として語ることと社会全体が性別役割分業体制にあることを批判することとは、何ら矛盾することではない。「母親」としての経験が「女」全体の経験を代表するわけではないにせよ、「母親」としての経験から語る言葉を社会は評価すべきである。放射能という目に見えない脅威に対して判断する能力が欠如している子ども（＝他者）の安全を守ることができる「立ち位置」に母たちはいる。自律的に行動できる（可能性のある）存在として、自立できない他者たちのために、母たちが立ち上がることは、性別役割分業をア・プリオリに肯定するということを意味していない（古久保さくら）、と語っている。(29)

（4）食のケアにかかわる環境倫理

食のケアには、「食べること」のケアのみでなく、食べ物を供与するケアも含まれている。食べ物はいのちや健康に直接かかわるゆえに安全でなければならない。供与する食べ物の安全性を確保することは、食のケアにおける倫理の問題・責任の問題でもある。ここには人の問題だけでなく、モノの問題もあるが、食べ物の供与に関する問題は食のケアにおける重要な倫理的問題である。

ところで食のケアをする人にとって、有害物質に汚染された食環境のなかで安全な食べ物を入手することは大変な労苦である。とくに放射能汚染された自然環境（土壌森林牧場漁場）のもとでは安全な食べ物の生産・供給そのものが困難であり、また食品の安全基準値も精確ではなく、「風評」も加わってくるので、安全な食べ物を入手すること自体が難しい。そうしたなかで放射能の健康への影響が大きいといわれている子どもたち、病者、高齢者、障害者たち（「ケアされる人」）の食を「ケアする人」にとって、安全な食べ物を入手することの心労は大変なものである。そうしたケアに携わっている人たちにあっては、いかに広報で市場の食べ物は安全だといわれようとも、個々の食べ物が必ずしも安心ではないように思われるゆえに、自分自身で情報を集め、より安全な食べ物を求める努力をすることが社会的にも要求されているようである。

二〇世紀後半以降、食の産業化や市場化によって食の生産・流通・販売システムが変化し、食べ物の安全性は生産者、加工業者、販売流通業者、調理者、店舗等に任されるようになり、私たち（消費者）が得る食の情報は間接的なものとなってきた。そして食の安全性の保証や食品表示・食品管理、およびそれらの正確な情報開示などは政府や行政機関によって管理されるようになってきた。

だが原発事故のような広大なしかも回復しがたい環境汚染が起きると、公的な機関による食の管理及び情報も不統一・不確実になり、人々は自分たちで食べ物に関する知識や情報を得なければならなくなってくる。けれども個人による情報収集には限界があり、また安全性に関する経験的な知識も役立たなくなっている。そこから食のケアに携わる人たちは、協同して食の安全性などの情報と知識をうるためのさまざまな手段や方法を模索するようになった。こうして食にかかわるＮＰＯなどの組織や運動が近年起こってきたのである。

フクシマにおける母親たちもこうした背景をもって立ち上がり、ネットワークを形成して、政府や行政機関に食の安全性に関しての厳格な基準値設定と管理を要請する一方、放射線量の低い食材や食品を入手するための情報収集を協同で行うようになった。この運動はその後、母親運動を超えて、空間的な広がり（広域や首都圏や全国）、主体者の変化（女性たち、男性参加、学生参加、ＮＰＯと協力など）、運動内容の変化（食に関する情報・収集、相談、学習、脱・反原発運動）など、多様な運動へと広がっているが、そこでは食に関する情報や知識の習得だけでなく、現代の産業化された食状況のなかでの食の倫理や安全性に関する制度システムのあり方も検討されているようである。こうした点でフクシマの母親運動も単に子どもたちを守る母親運動ではなく、食のケアにかかわる倫理を含む社会的運動であるといえよう。

ところでこうした食べ物・食品の安全性を求める運動に関しては、これまでの「消費者運動」があげられよう。日本の消費者運動は母親たち、「主婦たち」によって、安全な食べ物の確保という目的をもって生まれたが、やがて主婦たち自身が営む「生活協同組合」の共同購入運動や「生活クラブ運動」などの「生活者運動」へと発展していった。この「生活者」運動はさらに、無添加・無農薬・自然食品運動などへと広がっていったが、これは、家庭用洗剤の河川汚染問題（琵琶湖の水質汚染問題）や食品のＰＣＢ問題、ゴミのダイオキシン問題などの食環境（汚染）問題が契機となったといわれている。それゆえ生活者運動とは、単に安全な食べ物を求める運動ではなく、食生活を基本とする食環境を含む生活環境全体の改革を含む生活改革運動である。その点で生活者運動は環境派エコフェミニズムと共鳴するように思う。

そうした生活者運動における生活改革運動への転換は、実は運動の担い手である主婦たち自身の意識変革によるものだったといわれている。そしてそこから「生活者」とは、「生活の基本である『食』を中心としたモノへの取り組みを通して、自分の行動に責任をもちつつ、他者との間にネットワークをつくり、『あたりまえ』の生活に対抗的な新しい生き方を創出しようとする人々」(30)であるといわれるようになった。つまり生活者運動も単なる主婦運動でも食購入運動でもなく、環境と調和した食生活を含むライフスタイルの変革を含む環境倫理運動であるといえるだろう。

繰り返せば、フクシマの母親たちによって始められ、いまや各地域や全国の女性たちや男性たちに担われている食の安全を求める運動もまた、生活者運動と同じく、環境倫理運動といえるだろう。そこでは単に食べ物についての情報や食環境の改善や保護ではなく、環境汚染をもたらすような科学技術・原子力技術に依存して経済的功利性や生活の利便性を追求してきたこれまでの社会のあり方や考え方、私たちの暮らし方を再考しようと模索しているからである。

おわりに

いまフクシマの放射能に汚染された環境のなかの子どもたちのため、家族のため、ケアを必要としている人たちのために、母親たちを始めとして多くの人たちが食のケア情報を伝達しあっている。環境汚染に関する知識・情報もほとんどなかったミナマタと違って、フクシマでは多くの人がつながり合い、情報交換しあい、そうして知りえた食に関する情報（放射能汚染や健康被害や支援活動など）を共有しあうさまざまな運動をおこなっている。母たちの運動もそうした運動のなかに属している。そうした運動は、食といういのちの営みを多くの人々とともに分けもつ〈共食〉運動ではないだろうか。それはフクシマの母たち、女性たち、食の供与者たち、そして人々が抱えている食に関する不安や「苦しみ」を、地域を超えて世界でともに分かち合う〈共生〉運動であるように思う。かつて沈黙のなかに閉ざされていたミナマタの母たちのいのちの苦しみも、そしていまフクシマの母たちや女性たちが抱えている苦しみも、こうした新たな共食と共生の運動を通して、ともに語りあえるようになることを願いたい。

（二〇一二・六・二五記）

注

（1）東洋経済オンライン・ニュース（二〇一一年四月五日）より。

（2）アドルノ「文化批判と社会」『プリズメン』より。

（3）福島県民が事故後四か月間に受けた被曝線量について、二〇一二年五月二三日のWHOの推計発表によれば、浪江町など原発周辺では一〇―五〇ミリシーベルト、それ以外の福島県は一―一〇ミリシーベルト、千葉県や茨城県などの近隣五県及び他地域は〇・一―一〇ミリシーベルトだった。また甲状腺被曝については、最も影響を受けやすい乳児は、浪江町で一〇〇―二〇〇ミリシーベルト（事故後四か月間）、それ以外の福島県が年一〇―一〇〇ミリシーベルト（飯舘・葛尾村のみ四か月間）、近隣県は年一―一〇ミリシーベルトという。またフクシマの内部被曝はほとんどが食べ物経由であるとのことである。なおこの発表値について、政府は推計数値によるものだと述べている。

（4）政府は二〇一二年版「環境・循環型社会・生物多様性白書」で「放射性物質による環境　汚染は最大の環境問題」とした。

（5）新潟水俣病を含む水俣病の補償・賠償・責任をめぐる認定・交渉や裁判は一九六九年から今日まで継続され、一九九五年一二月の和解協定（二六〇万円）で第一次政治決着したが、他の患者たちについてはその後二〇〇九年特別措置法が成立した（二一〇万円）。しかし現在も認定や救済措置をめぐって、患者たちと政府との交渉が続いている。

(6)　栗原彬（二〇〇〇）、一一頁。
(7)　同右
(8)　こうした原発を推進してきた集団は「原子力ムラ」といわれている。なお原発推進の背景には、「原子力の平和利用」による国力の維持というナショナリズムも加わっているところから、原発を支える構造は「政官財学軍」であるとの見解も多い。
(9)　原発近辺の福島県の居住地域は①帰還困難区域（五〇ミリシーベルト以上）②居住制限区域（二〇―五〇ミリシーベルト）③避難指示解除準備区域（二〇ミリシーベルト以下）に区分された。
(10)　被害者への賠償は、「東京電力株式会社福島第一、第二原子力発電所事故による原子力損害の範囲の判定等に関する中間指針」（二〇一一年八月五日）等によれば、事故半年間は避難者は月額一人一〇万円、その後半年間は避難形態により五―一〇万円であった。精神的被害（慰謝料）についても事故一年後一人月額一〇万円を基準とされている。また居住制限区域（月額一人一〇万円）、帰還困難区域（一括六〇〇万円）等と分けられている。
(11)　二〇一二年六月一一日に福島県の被害者一三二四人が集団で東電と国を刑事告訴した。
(12)　放射性セシウムの基準値は一キログラムあたりのベクレル値は一般食品一〇〇ベクレル、牛乳は五〇ベクレル、飲料水は一〇ベクレル、乳児用食品は五〇ベクレルとなった。この新基準値は学校の給食に反映されねばならないと通知された。これには年齢区分別の限度値も設定されている。なお福島県内の子どもと妊婦三〇万人に対する賠償額は一律四〇万円となっている。
(13)　原田正純（一九九六）、五七頁。
(14)　緒方正人（二〇〇一）、八頁。
(15)　福島県の発表では、原発事故後一年間の福島県内の子ども（一五歳未満）の数は一五、四九四人減り、減少数は東京電力福島第一原発事故の影響で例年の二倍以上となったとのことである（『福島民報』二〇一二年五月五日）。チェルノブイリでは原発に近い居住地にいた女子たちには二〇年後に貧血、死産、早産の多発がみられ、多くの女性がいまも避妊・中絶しているとの情報もある。
(16)　『クリティーク』12、一四六頁。
(17)　主な潮流としてはカルチュラル・エコフェミニズムとソーシャル・エコフェミニズム、唯物論的エコフェミニズムなどがあり、代表的なエコフェミニストとしてスーザン・グリフィン、キャロリン・マーチャント、イネストラ・キング、ヴァンダナ・

シヴァ、マリア・ミース、カレン・ウォレン、メアリ・メラー、C・V・ヴェールホフなどがいる。

(18) アルネ・ネスなどを代表とするエコロジー思想で、すべての生命の同等性を主張する立場から生態系の保存や環境保護を主張する。

(19) 生存活動維持のための生命の再生産を含む自然に根ざした労働を意味し、ミースなどが提唱した。

(20) 青木などの生殖技術批判論の意義については、河上(一九九八)参照。

(21) 「エコフェミ論争」は一九八〇年代に青木の女性原理論をめぐって、上野千鶴子のマルクス主義的フェミニストたちとの間で展開されたフェミニズム論争。

(22) これらの運動を担った女性たちは自分たちの立場がエコフェミニズムであると公言していないが、思想的にはソーシャル・エコフェミニズムであるといえるであろう。

(23) 綿貫礼子(二〇一二)、一八八頁

(24) 一九九〇年代のこうした西欧のエコフェミニズムの理論発展は、奥田暁子などの翻訳によって紹介されてきたが、日本での理論発展はなかったようである。

(25) ミース「自然を女たちの敵にしたのはだれか」『チェルノブイリは女たちを変えた』一四四―四五頁。ヴェールホフ(二〇〇三)参照。

(26) 大橋由香子は「母として脱原発の運動をしている人たちを批判したいのではなく、母ということで括られることへの違和感が大きい」「女も(男も)多様なのに、『お母さんたちの運動』とひとまとめにして持ち上げる雰囲気に問題を感じている」という。『インパクション』一八一号、二三頁。

(27) 『クリティーク』12。このなかで加納実紀代、石塚友子、堤愛子などが母たちの運動の危うさを批判している。

(28) ヴェールホフ「こどもを進歩のいけにえにはさせない」『チェルノブイリは女たちを変えた』八頁、三〇頁。

(29) WAN的脱原発「母親/女性が反/脱原発を語ること」古久保さくら、二〇一一年七月二〇日記。

(30) 天野正子、一三頁。

参考文献

アドルノ『プリズメン』渡辺祐邦・三原弟平訳、筑摩書房、一九九六年
甘蔗珠恵子『まだ、まにあうのなら』地湧社、一九八七年
天野正子『生活者とはだれか』中公新書、一九九六年
淡路剛久・植田和弘・川本隆・長谷川公一編『生活と運動』有斐閣、二〇〇五年
クラウディア・フォン・ヴェールホフ『自然の男性化／性の人工化』加藤耀子・五十嵐蕗子訳、藤原書店、二〇〇三年
緒方正人『チッソは私であった』葦書房、二〇〇一年
マリーナ・ガムバロフ他『チェルノブイリは女たちを変えた』グルッペＧＡＵ訳、社会思想社、一九八九年
レオニー・カルディコット＋ステファニー・ルランド『地球の再生』奥田暁子＋鈴木みどり訳、三一書房、一九八九年
河上睦子「生殖技術への視座――エコ・フェミニズムを中心に」『相模女子大学紀要』六一号、一九九八年
河上睦子「環境倫理思想としてのエコフェミニズム」『唯物論研究』八五号、二〇〇三年
河上睦子「日本におけるエコフェミニズム理論の問題と可能性」『エコフェミニズムの可能性』天理大学おやさと研究所編、二〇〇三年
河上睦子「技術主義と心身のゆくえ――繋がりを求めて」『人間社会研究』創刊号、相模女子大学人間社会学科編、二〇〇四年
栗原彬『証言　水俣病』岩波新書、二〇〇〇年
近藤和子・鈴木裕子編『おんな・核・エコロジー』オリジン出版センター、一九九一年
佐藤慶幸『女性と協同組合の社会学』文真堂、一九九六年
Ｉ・ダイヤモンド、Ｇ・Ｆ・オレンスタイン『世界を織りなおす』奥田暁子・近藤和子訳、学藝書林、一九九四年
長谷川公一編『講座・環境社会学』第四巻、有斐閣、二〇〇一年
原田正純『胎児からのメッセージ』実教出版、一九九六年
マリア・ミース『国際分業と女性』奥田暁子訳、日本経済評論社、一九九七年
綿貫礼子編『廃炉にむけて』新評論、一九八七年
綿貫礼子・上野千鶴子『リプロダクティブ・ヘルスと環境』工作舎、一九九六年

綿貫礼子編『放射能汚染が未来世代に及ぼすもの』新評論、二〇一二年
『インパクション』一八〇号(二〇一一・六)、一八一号(二〇一一・八)
『クリティーク』12号、青弓社、一九九八年
ウィメンズ・ネットワーク(Women's Action Network)のホームページ

2　「風俗」を考える

――買春処罰というアイデア――

文倉寿子

はじめに

日本には風俗と称するものがある。(1)一般に風習と同意である原義とは異なり、「風俗」は略称で、正確には風俗営業と呼ばれるものである。風俗営業とは、広辞苑第六版（二〇〇八年一月）には「客に遊興・飲食または射幸的な遊技をさせ、一定の設備を伴う営業の総称。一九四八年制定の『風俗営業等の規制および業務の適正化等に関する法律施行規則』により規制される。料理店・カフェ・待合・キャバレー・ダンスホール・マージャン屋・パチンコ店など」と説明されている。同辞典第五版（一九九八年一一月）にも類似の説明があったが、第六版になってあらたに「なお性風俗特殊営業とは異なる」と付記された。この説明は辞書的には当を得ているのかもしれない。しかし風俗という名称で巷間に流通しているイメージはもう少し別のニュアンスをもつものではないのか。たとえば以下の二つの報道にでてくる「風俗」はどうであろう。

（1） 子育てする風俗嬢

二〇一〇年七月大阪で幼い二児が餓死しているのが見つかったという事件があった。子供たちの母親（二四歳）は離婚して風俗嬢として働いていたがアパートにカギをかけて子供たちを放置してホストや男友達と遊んでいたと報道された。二〇一二年三月大阪地裁において殺人罪で懲役三〇年の判決が出た（控訴中）[2]。

母親という役割に期待される義務を怠って、あろうことか幼児を餓死させた事件は多くの人にショックを与えたはずである。とりわけ幼い命を散らした子供たちの運命に涙した人は少なくなかったであろう。遅すぎたことではあるが事件後いろいろな疑問が呈された。それほど育児がいやになっていたのなら親など相談したり頼る人はいなかったのか。幼児が泣いていたら隣人は関心を持たなかったのか。児童福祉のネットは機能しなかったのか。私が気になったのはこの母親のことである。年若くして母親になって二児を恵まれたのに離婚することになり風俗嬢をしながら一人で育てていたという女性。

ネットにはこの女性の生い立ちがさまざまに載っている。たまたま父親はある高校のラグビー監督として名の知れている人であったらしく詳しい情報があった。それによれば父親の数度にわたる結婚もあり、この女性本人もネグレクトの被害者であるということである。どの程度の被害なのかはわからないが裁判においても弁護側からこの点は指摘されたようなので信憑性のある情報なのであろう。

（2） 風俗に行く芥川賞受賞者

その半年後二〇一一年一月一七日芥川賞受賞者の一人西村賢太は受賞インタビューの中で、受賞を知ったとき何をしていたかという問いに、自宅で「そろそろ風俗行こうかなと思ってました」と答える[3]。聴衆からは笑いが漏れたらしい。その場に居合わせたわけではないから真偽はわからないが「笑いのどよめき」という報道もあった。これは同時に受賞した朝吹真理子との間の違いを際立たせようという西村の戦略であったのかもしれない。四三歳にして受賞した西村は中卒で、港湾労働などさまざまな職に就き、本人の弁によれば問題のある父親の家庭に育った由。一方二六歳の朝吹は慶応大学大学院修士課程を修了、財界の大物や文学者を輩出している名門の出である。

一　日本の「風俗」

(1)　風俗とは何か

売春のこと? 当たっているとも言えるし当たっていないとも言える。日本では一九四六年に内務省が従来の公娼制度（管理売春）を廃止する通達を出したが私娼は稼業の継続が認められたため、キリスト教団体（矯風会、廓清会など）が残存制度撤廃を請願し、地方自治体や婦人団体などからも売春処罰のための措置を求める運動が起きた。一九五三年には議員立法として処罰法案が参議院に提出された。押し戻す勢力と推進する勢力の応酬が繰り返された結果一九五六年五月には売春防止法が公布されることになる。この法は、第二条に売春の定義があり、第三条に「何人も、売春をし、またその相手方となってはならない」と売春の禁止をうたっている。以下、未成年の売春や売春周旋、人身取引などについては刑罰が明記されているが、単純売春（売春者が管理を受けずに買春客と性交関係をもつこと）(4)には刑罰が定められていない。

こうして買売春は禁止されたが、新しい形の性産業が生まれてくる。それは売春防止法以前の一九四八年七月に公布・施行された「風俗営業等取締法」を言わばかいくぐるもので、従来の売春は個室付き浴場（トルコ風呂のちにソープランド）をその舞台とすることになる。この法律は一九六六年の改正を経て一九八四年の大改正後、上記広辞苑第六版の説明にあるように「風俗営業等の規制および業務の適正化等に関する法律施行規則」略称「風営法」または「風適法」となり、目下さまざまな形のいわゆる風俗店（店舗型と無店舗型、本番系風俗と非本番系風俗）はこの法律の第四章性風俗関連特殊営業等の規則の規制のもとにある。古典的な買売春は禁止されているが、売春防止法とは別の法律の規制のもと、風俗営業の中の性風俗関連特殊営業というくくりで買売春およびその他の性産業は行われているということになる。売春防止法に触れずに性産業を営業しようという知恵がさまざまな形の性交類似行為営業を産んだのである。(5) この風営法または風適法による性産業は売春のイメージを明るくしたとジェンダー法学に詳しい若尾典子は指摘する。(6) そこで働く女性たちのイメージが「やむを得ず仕方なく」というものから「進んで選んで」と言う形になったためであるとして、その結果買春のイメージも明るくなり買春客が増えたともいう。

西村のインタビューの「風俗に行く」がはたして買春（本番系風俗）なのかそうでないのか。どちらにしても文学賞受賞インタビューで「風俗に行く」と答えることができるのは、若尾の指摘通り風俗営業ができたことで買春のイメージが明るくなったせいもあるだろうし、「風俗」と言う言葉が一種のブラックボックスでソフトなものからハードなものまで入れてしまうことができるからでもあろう。一方の風俗嬢の仕事の内容も非本番系風俗なのか本番系風俗（売春）なのかは報道を見たかぎりではわからない。

（２） 風俗とジェンダー

ともに義務教育しか受けておらず問題のある家庭で育った二人、片や芥川賞作家となった西村は風俗に行こうかと考え、片や二四歳の母親は離婚後二児を育てるために風俗店で働く。男性にとっては風俗とは消費に「行くところ」であり女性にとっては生活のために「働くところ」である。風俗という世界がジェンダー構造そのものであるから男性と女性の風俗との関わり方はこのようにしかなりえない。西村が従事してきたさまざまな仕事の中にも男性しかできない仕事で風俗店の仕事に劣らずきついものもあったであろう。しかし芥川賞を受賞して作家として社会的に認められた。今後の成否は本人の努力と運にかかっているであろうがとりあえず将来への道ができたのである。一方、この二児の母親は年齢も西村の半分ぐらいなので、今回のような事態に至らずにこれから二〇年も生きれば別な人生が待っていたかもしれない。その意味では単純に比べることができないが、彼女の歩みは恵まれない境遇の少女が風俗嬢となっていく一つの典型とも見える。中学生のうちにすでに学業に見切りをつけ家出したり早すぎる初体験もして性暴力も経験している。このような過去を乗り越えて、在学中の大学生と結婚し二児の母親になったということは、二人が若すぎるかもしれないということはあるものの一般には幸せな家庭生活の始まりとなるはずであったろう。幼児を連れて離婚するという時点から彼女の不幸が始まる。離婚の事情はわからない。しかし結果として離婚によって経済的な自立を迫られた彼女は学歴も資格もなくしかも扶養すべき幼い子供が二人いるという苦境に立たされたことになる。

　彼女が実際にどのような経緯で風俗嬢になったのかはわからないが、一般的に風俗嬢となる理由としては①拘束時間の割合に収入がよい、②資格がなくても働くことができる、③労働時間を比較的自由に選ぶことができる、④短期間に比較的高収入を得られる、などがあげられる。[7] 逆に言えば女性にとってこのような条件の仕事は他に見つけることが困難ということでもあるし、資格がなくても働かざるを得ない状況に置かれた女性の受け皿になるということでもある。彼女の場合も同様の動機があったのではないかと推察される。

問題は風俗と言う仕事の性質にある。内容がどんなものであれ風俗というのは男性の性的欲望に奉仕するという大原則は変わらない。性行為を伴う本番系風俗であれば、本来相互的であるはずの性行為を客の満足のためのみに行わなければならないし、非本番系風俗（性交類似行為）であれば、男性の一方的な性的欲望満足のための奉仕行為をしなければならない。風俗嬢が仕事に誇りをもちつつも「人に言えない」と感じるゆえんであろう(8)。

そのため、心身ともに健康上の問題が起きがちであること、内容によっては客からの暴力を受けやすいこと、収入を比較的容易に得られることから浪費しがちであるだけでなく、自らの望まない行為を繰り返すような仕事内容であれば、常にストレスにさらされることからどこかでそれを解消しなければならない。この女性の場合それが男友達やホスト遊びになったのであろう(9)。そのとき幼児二人の世話というのが二四歳の母親にとって負担になってきたのではないか。特段の問題がない家庭の母親であっても、この若さで二児の面倒をみるということは生易しくないはずであるが、まして一人で風俗の仕事をしながら育てるというその大変さは想像に余りある。近くに支援する肉親とか友人、あるいは福祉機関などがあれば何とか切り抜けることができるであろうが、彼女にはそういう人たちがいなかったようだ。隣人との付き合いというのも簡単ではなかったかもしれない。それも風俗の仕事が人に言えなかったということもあるかもしれない(10)。風俗の仕事によって彼女は経済的には生活することができたけれども支援する人間ネットワークをもたなかった。

扶養すべき幼児を連れた無資格のシングルマザーが孤立無援に陥って、自分の稼ぎで食べていかなければならないという場合、子供を公的機関に預けて自分一人が食べられる仕事を見つけるという解決もあるだろう。しかしそれも一人でこのような解決を見いだすのは容易でないであろうし、彼女の場合すでに援助交際の経験もあったと報じられているので性産業へ足を踏み入れるのに敷居が低かったこともあるのかもしれない。メディアの報道から知る限りでは、風俗嬢として働く日常の影響で、母親という自画像が次第に薄れてまだ遊びたい盛りの若い女性という出産以前の自分に戻って行ってしまったのではないか、あるいは子供たちの父親であるパートナーとの共同作業において果たしていた母親という役割が片方の父親が消えてしまったことで母親であり父親であるという大きすぎる役割になったためそれを担うのに耐えられなくなったのではないかとも考えられる。そもそも自らもネグレクトの被害者であったとすれば母親というロールモデルもなかったことになる。(11)

(3) 他の可能性

彼女の場合、彼女を支援する家族、学歴か何らかの資格、相談できる友人、公的援助のいずれかがあったなら風俗業界に入らずとも二児を育てることができたかもしれない。公的援助を除いて他の三つの条件は相互に関わりがある。少なくとも彼女の場合は家庭の問題がそれ以外の問題にもつながって行ったように思われる。彼女だけではなく風俗業に入るあるいは援助交際を続ける少女たちには、彼女たちを案じて見守る人がいなかったという共通した不幸があるように見える。(12) 親による虐待は死亡という取り返しのつかない結果になったときに世間の目に触れるが、その手前の状態で苦しんでいる子供たちは三面記事に現れる数よりもずっと多いに違いない。家庭や親が安心の砦にならない少女たちや孤立無援の若い女性たちを呑み込んでいく援助交際や風俗業。その手前で、あるいは深みにはまらないうちに彼女たちを救い出す方法はないのだろうか。

もちろんそれよりも前に、少女や若い女性が孤立無援な境遇に追い込まれないためにはどうすればよいかという問題がある。(13) それには親の虐待や育児放棄がなぜ起きるかということから始めなければならない。親から子への負の連鎖が起きてくるのは親に対する経済的支援や子育て支援が不足しているからでもあろう。そこにもおそらく母親だけの単親家庭の貧困率の高さなどジェンダー問題が存在する。そのような言わば川の上流にある問題対処の重要性はよく認識しているが、ここでは下流の問題すなわち恵まれない境遇の少女や女性が性産業に流れていくのを防ぐにはどうしたらよいか、そもそも防げるのかを考えることを課題としたい。

もし彼女が風俗嬢にならず通常の職業に就く道があったとしたらそれはどんな条件のもとに可能であるのか。資格がなくても風俗業と同じくらいの収入が得られて時間の自由もきく、そのような仕事があるのか。日本の現状では難しいと言わねばならない。資格がなく、高収入が必要な女性は、水が低きにつくように風俗業界に入って行くおそれが非常に大きい。彼女たちが風俗業界に向かわないためには、他に代わりになる手段があること、風俗業界が存在しないことだろう。この二つは二者択一ということではなくて同時に満足されなければならない。

この二つの条件、すなわち、代替の職業があることと、風俗業が存在しないことという二つを満足させるためには何が必要か。

子連れのシングル女性もまともに生活できる収入が得られる職業についていえば、シングルなので仕事以外に育児家事も一人でやらなければならないから働ける時間が限られてくる。そうなると収入の額にも響いてくるはずである。子供の年齢に応じて短時間労働が認められる制度とそのとき不足してくる収入を補う手当てが必要であろう。子供をもつ女性が働けるように制度の側から対処するとすればこれが不可欠と思われる。現在は「働く女性」という表現があるが、この表現が消える日が待たれる。すなわち男性女性を問わず未婚既婚を問わず経済的に自立が原則とされること、換言すれば、女性も男性も就労することで自活できるだけの収入を得られることが当然とされることである。その場合、女性の出産を初めから視野に入れた労働制度を作ること、何らかの理由で自立がかなわない場合や時期は公的な支援が得られることが必要である。

後者の条件、風俗業を瞬時になくすことはできないにしても次第に減少に向けることはできないか。従来の対策は風俗嬢や援交少女など女性のほうの行動に目が向けられてきて、どちらかというと彼女たちの責任を問う傾向が強かったが、需要のほう、すなわち客の男性の責任を不問にしてきたのはバランスに欠けるであろう。すでに若尾[14]も指摘しているように買春する男性に認められている権利というものをよく検討しなければならない。売春防止法も、施行後半世紀以上経って社会とりわけ男性女性の関係も大きく変わっていることを視野に入れて現状に即しているかどうかを考える必要がある。この法を、問題は買春する方にあるという認識に立って改正すべきとしてその試案（宮本節子）も出てきている[15]。

いわゆる買売春を含む性産業、それを日本では風俗（業）と呼んでいるのであるが、その風俗を即廃止することはできないにしても消滅に向ける方策を考えるのが本稿の目的である。買売春のない社会の到来を目標に掲げてきたヨーロッパの多くの国、その中でも、公娼制度を作り上げ、のちに買売春廃止主義へ転換したフランスの対処を参考にしたい。

二 買売春廃止主義

（1） フランスの廃止主義のこれまで

私生活の自由などを根拠に買春客には目をつむってきたフランスでも遂に買春を軽犯罪とする法創設の提案決

議が二〇一一年一二月国民議会をほぼ全会一致で通った。まだ決議の段階ではあるがこれはかなり画期的なことである。ここに至るまでを振り返ってみよう。

1　概説

フランスは買売春に関して第二次世界大戦後は廃止主義を標榜してきた。

買売春は太古の昔からあったとされ「世界最古の職業」と形容されることもある。この表現が正鵠を射ているかどうかについては多くの議論があるが、いずれにしても空間的にも時間的にも普遍的な現象と言えるようだ。時代、社会、文化によってその現象の現れ方はさまざまであり、対峙する統治者のとる態度もさまざまであった。その多様さを概観すると、大きく三つに分けられるというのが通説になっている。すなわち①禁止・②管理・③黙認の三つである。①は買売春を法で禁じる、②は合法化して国家などが規則によって管理する、③は合法として黙認するが、望ましくない形や方法は法で禁じ、将来的には買売春のない社会をめざす。廃止主義はこれに当たる。

なぜ③を廃止主義と呼ぶかと言えば、この潮流は英国およびフランスなどヨーロッパ大陸に現れたが、当時娼婦が受けていた非人間的な身体管理に抗議して、そのような非人間的な扱いを必要とする管理売春（規制主義）をやめようという主張から始まったからである。当初は「管理売春を廃止する」という意味であったのが時代が下がるとともに「売春そのものを廃止する」というように意味が拡大してきたのである。

フランスは管理売春施設ともいうべき売春宿（メゾン・クローズ）の閉鎖を一九四六年に決めた。全国的に一斉に閉鎖が決まったわけではなく地域によって遅速があったが、閉鎖をうたった俗称マルト・リシャール法[16]が発効したのはこの年である。売春宿の経営者は売春周旋業者ということになるが、彼らは占領軍（ドイツ軍）に協力した者が多かったので、いわゆる愛国感情も手伝ってこの売春宿閉鎖は問題なく決まったとされている。しかし管理売春がすぐ撤廃されたわけではなく、娼婦には社会保健カードを携行することすなわち登録と衛生検査を強制することになる。それらの措置がなくなるのは、国連の一九四九年制定の人身売買禁止条約(17)をフランスが批准する一九六〇年である。

2　一九六〇年から一九九〇年

民主主義共和国の精神（憲法）に反しさえしなければ、法律で禁ずることによって市民の自由を制限することはできるだけ避ける。その精神ならびに私生活の保護の原則からフランスでは買売春は合法とされてきた。この「自由」は買売春問題においてもフランスの特徴であるように思われる。一九六四年私が初めて留学生としてフランスに渡り翌年パリの街中に住んだときに遭遇した街角に立つ娼婦の人たちは、他の住民から決して他者とみなされていなかったように感じた。自分は肉屋であったり魚屋であったりするのと同様に彼女は娼婦であると住民は思っていたのではないだろうか。パリに向かう前住んでいた東京の娼婦の人たちを知っていたわけではないので当時の状況を日仏比較することはできない。そもそも日本では一九五八年売春防止法が施行されてからはいわゆる街娼の人たちは表向きいなくなっていたはずであるから、おそらく会おうと思っても彼女たちに出会うことは難しかったであろう。一方貧乏留学生夫婦であった私たちが住んだのはパリ二区のアパート。あたりはまだ les Halles という日本の築地にあたる中央市場があったところである。下町ではあるが別に歓楽街というわけではない。買い物かごを下げたおばさんといった風情の娼婦も珍しくなかった。一九六〇年代までは売春者の八〇%がフランス人であったという。私が一九六五年にグルネタ通り rue Grenéta でみかけた娼婦の人たちはまさにその一人であったのだろう。

ところが一九九〇年以降フランスを含むヨーロッパの買売春の様相は大きく変化する。顕れた変化は、一つは外国人売春者の急増（今日フランスの売春女性の九〇％は外国人と言われているが、売春者に関する統計数字は推定である部分が大きく、この数字も支援団体の一つアミカル・デュ・ニ Amicale du Nid によれば、フランス人売春者が三〇％に近くなっているという）、もう一つはインターネットを使用した買売春の出現である。とりわけ前者のほとんどは人身取引業者と売春斡旋業者が介在する性的搾取、すなわち不法買売春である。ベルリンの壁が壊されソ連が崩壊しコソボなどの内戦、アフリカ各地での内戦と言う具合に国家が不安定になる状況が世界各地で起きた。結果的に国家間の経済格差が大きくなって、それがいわゆる人身取引を招くことになる。ごく簡単に言えば貧困国から富裕国へ人間が流れる現象であるが、自発的に取引業者に頼る者もあれば騙されて業者の手に落ちる者もある。被害者女性の多くは売春を強いられることになる。その結果たとえばフランスやドイツに外国人売春者が増えることになった。

当時のヨーロッパ諸国は前述のように廃止主義が主流であって、買売春そのものは個人の自由の範疇として合法あるいは黙認とされてきた。しかし人身取引の被害者でありかつ周旋業者に搾取されている売春者が増えていくことになって、問題は単なる買売春だけではなくなり、国境を越えた人権侵害という犯罪への対処を必要とするようになっていく。国連はつとに一九四九年に人身取引禁止条約を制定し各国に批准を促していた。批准国は、人身取引や売春周旋による性的搾取に対して取締を行う義務を負うことになる。また、たとえばフランスでは路上売春者急増による環境の悪化など住民の被害が増大し、苦情も増えて行政は対処を迫られることになったのである。その結果メゾン・クローズ再開案も一再ならず出てくる。

3 ディナ・デリク委員会の勧告

従来の廃止主義では対処しきれない事態になってきたと言うべきだろう。行政側としては「女性の権利および男女機会平等実現のための議員代表委員会創設を目指す一九九九年七月一二日法」を初適用して作られた上院議員代表委員会（委員長ディナ・デリク Dinah Derycke）が二〇〇〇年に買売春問題に取り組んだ。この委員会は買売春を女性への暴力であると規定し、売春者が買売春の世界から抜け出るための社会復帰支援に尽力すること、課税法を買売春法規制にみあったものに改正、買売春防止のための啓蒙・教育活動を実施、買春の処罰も考慮に入れる、人身取引被害の売春者救済のため、無条件あるいは取引業者告発と引き換えに一時滞在許可承認などを入れた勧告[18]を出した。

この勧告は、買売春が男女不平等の直接的な顕れであると断じ、買売春をジェンダーに関わる社会問題であるとみなしていて、爾後の買売春施策の指針となる。[19]この勧告に従った政策が実際に行われていれば今回の調査団は必要なかったかもしれない。

4 国内治安法

デリク勧告の二年後、二〇〇三年三月国内治安法[20]が施行される。これは前大統領のニコラ・サルコジが当時国務大臣として制定したものである。デリク勧告は当時の女性の権利・職業訓練省副大臣ニコル・ペリ Nicole Péry のもとで、買売春を女性に対する暴力とみなしてその防止という観点に立っていたが、国内治安法は名称が示す通り公的秩序維持の視点から買売春対策に取り組んだのである。住民の苦情にこたえ、かつ人身取引組織の同定・解体も目指し、周旋業者の摘発ももくろんだ。そのために使った手段が「消極的客引き」も軽罪とすることである。消極的客引きとは一見矛盾した表現であるが、要するに積極的に客引きをしなくても、たとえば道路で客の顔をじっと見たり同じ場所を行ったり来たりする、あるいは用ありげにたたずんでいるというように、客からの誘いをしやすくする行為も客引きとみなすのである。一九三九年以来客引きは違反とされてはいたが、消極的客引きが軽罪となったのは初めてである。軽罪者とされると売春者は留置されたり、罰金や二か月の禁固を受ける恐れがある。人身取引や売春周旋の被害者であるかもしれない売春者が他方では犯罪者とみなされ得ることになる。

当該法施行後、売春者が逮捕を恐れて街中から市街の外や森の中などに行動範囲を移し、彼らの身の危険が増大しただけでなく、支援するアソシエーション[21]の手が届きにくくなった。またこの罪の定義がはっきりしないために警察の自由裁量度が高くなり結局売春者が被害を受けることも起きた。この法の目的の一つは、留置された売春者が人身取引業者や周旋業者に関する情報を警察に提供すれば臨時滞在許可証などさまざまな便宜をはかることによってこれらの摘発に役立てることができるというものであったが、実際にはそのような仕組みはうまく機能せず摘発の効果はあまり上がらなかった。何よりも売春者は犯罪者として扱われることを恐れたからでもある。また情報を提供した売春者の家族が故国で業者組織から脅迫されることもあって、支援組織からは情報提供という条件をつけることに反対の声がある。この国内治安法は改善の余地があるものであった。

5　二〇一一年一二月決議採択へ[22]

フランスおよびEUにおける買売春問題への関心に退行が見られるのを懸念する国民議会議員七名の超党派調査団が二〇一〇年六月作られて、その手になる調査レポート[23]（以下『レポート』）が二〇一一年四月に出された。四百ページにわたるこの『レポート』には調査から導き出された三〇項目の提言が付けられている。第一項目は（法によって）買春を軽罪とすることとある。売春者への支援、人身取引および売春周旋の撲滅、関連公共政策の実施などのこの提言に基づいて同年一二月六日六項目からなる決議案が国民議会に提出されたのである。

調査団は、フランス国内ではパリおよび次いで売春者の多いリヨンやマルセイユ、ボルドーなどの都市、また、ヨーロッパでは買春客処罰に踏み切ってすでに一〇年以上を経過しているスウェーデン(24)、買売春を合法化し国の管理のもとにおいているオランダ、合法化はしていないがフランスとは異なる政策をとっているスペインを訪れ、関係諸機関など計二〇〇名を対象とするインタビューを行った。その中には現役売春者、元売春者が一五名含まれていて、彼女たちの一部は議会でも聴取を受けた。当事者である売春者の作る団体や支援団体の証言や意見も聞いて調査団の出した結論は、フランスは廃止主義を堅持し買売春のない世界を目指すということであった。

近年国内で行われてきた対策は、治安維持などにはある程度効果があったものの売春者自身のケアや福祉については不十分であることが指摘された。売春者救済を考える場合、二〇〇三年国内治安法により消極的客引が軽罪とされたことのもたらす不都合をどうするかということが問題になる。人身取引組織の解体や売春周旋業者の摘発につながることはあるものの必ずしも想定された効果を上げておらず、むしろ売春者にとっては行動範囲を制限されたり支援を受けにくくなったりするデメリットが大きかったからである。

売春者を支援しつつ買売春を将来的になくすために調査団が考え出したのは、スウェーデンの一〇年以上の実績前例にかんがみて、買春処罰という手段を選ぶことである。多くは人身取引被害者である救済すべき売春者に損害を与えずに、買売春廃絶に向かうために、一九九九年の買春処罰法以来路上買売春のみならず買売春全体が減少しているというスウェーデンの例を参考にしようというのだ。買春客だけでなく人身取引業者もスウェーデンを回避するようになるので減り、性的搾取につながる売春周旋業も減少するということが確認されたと調査団は報告している。現在のヨーロッパのように国境を接している各国間の往来がほぼ自由である場合は、ある国から売春者および買売春件数が減ったのであれば隣国へそれが流れていったのではないかと一般に考えられるのではないだろうか。実際、スウェーデンとノルウェー、デンマークの間でその現象がみられると『レポート』には統計つきで指摘されている。[25] しかし国の間で移動が起きただけであれば買売春全体が減少したことにならないのではないかという疑問は呈されていない。スウェーデンの成果を評価するにあたっても人身取引業者がスウェーデンを忌避するようになるという結果を評価していることから考えると、特定の国の中であれまず減らすことを実現し、それを周りの国にも広げてゆくという戦略なのであろうと思われる。実際スウェーデンの成果を見て隣国のノルウェーは同じく買春処罰に踏み切っている。すぐには考えにくい変化ではあるが、世界全体に買春禁止が広がれば世界レベルで買売春を根絶することができるはずである。

5―① 売春者を被害者とみなす

今回の提案は買春を犯罪とする一方、売春者とりわけ人身取引業者や売春周旋業者に搾取されている売春者を被害者とみなすということを明確にしている。しかし現行刑法には客引きが軽犯罪であるという条文が生きているので、買春客処罰という措置をとってから一年後に、措置によって起きた変化を総括し、現行の消極的客引き処罰について存続の必要があるかどうかを見ることが提言されている。

ちなみに、買春客を処罰するということは売春者にとっては収入が減少または無くなることにつながるので、売春に代わる収入源を彼（女）らに保証しなければならない。人身取引被害者の場合、不法滞在であることが一般であるため、まず滞在許可を被害者に与えてから職業訓練に入るということになる。国内治安法では、一定条件のもとでの滞在許可付与というこの約束がうまく機能しなかったことは前述のとおりである。

5―② 買春客の責任

管理売春を廃止してからのフランスの買売春対策では、買春は黙認しつつ売春者を違反者または軽犯罪者とみなしてきた。売春者の行う客引きについて、積極的なものも消極的なものも、時々小さい変更はあったものの原則として違反または軽罪としてきたからである。今回の調査団長ダニエル・ブスケ Danielle Bousquet（社会党議員）はこれを欺瞞であると喝破する。同一行為の当事者の一方は黙過し、他方は犯罪者とすることはおかしいというのだ。むしろ売春者のほうは、自ら選んだのではなく売春周旋業者に強いられるか、あるいは貧困のゆえに売春をせざるをえない場合は被害者とするべきであり、責任を問うべきは買春客の方であるとする。

このようなラディカルな対策を提言するに至ったのは、これが偏にフランスの廃止主義を堅持するために残された手段とみなされているからだろう。スウェーデンの成功例に力を得ていることもある。それに今回調査団の言う買春者処罰とは、買春者に責任を自覚させることを第一の目的にしており単に買春処罰に終わるものではない。多くの場合、重大な人権侵害である人身取引や性的搾取の上に成り立っている売春という行為が存在する大元の責任は買春客にあると調査団は考えている。二〇〇三年の国内治安法は、売春者の客引きを軽犯罪とする一方、買春客の行為については未成年あるいは特別な弱者を相手にする場合を除いて違反や軽罪としていない。その結果、買春客は自らの行為に免罪符が与えられたと安心し、売春者が不本意とする要求に従わせることや暴力をふるうことも黙認されていると勘違いすることになった(26)。そのような買春客の勘違いに対して、諸悪の根源は買春客にあるということを理解するようにというのが調査団の出したメッセージである。

このように買春処罰というような提案がなされるようになったのは、買春客の実態がおおよそ知られるようになったことも寄与していると思われる。買春は今まで黙認されてきたがゆえに、特に問題を起こさない買春客であれば原則的には警察や法廷などに召喚されることもなかったのでその実像が知られてこなかった。しかし近年買春客に対するアンケートや調査が行われるようになり、特に二〇〇四年『巣』が行ったアンケート[27]によって、買春客の多くは普通の男性であることが判明した。すなわちパートナーがいる人過去にいた人を合わせると七〇%になり、子供がいる客は半数を超える。中には一種の中毒にかかっているような買春嗜好の男性もいたり特殊なタイプの性行為を求める男性もいるものの、多くはストレスの解消であったり、パートナーが受け入れない行為を求めるためであったりする。余分なお金がなければ行かないという答えも少なくなかった。結局、買春客は自らの行為が重大な人権侵害であると認識していないがゆえに買春に及ぶ、あるいは買春を繰り返すのである。このような「普通の」男性に対しては責任を自覚することを要求できるはずであろう。すでに二〇〇五年ヨーロッパ内では買売春において需要のほうを問題にするよう各国に対してヨーロッパ審議会から提言が行われてもいた[28]。そしてまた、この買春客処罰によって買売春のない世界を目指すのであれば、並行して教育や防止キャンペーンなどを行う必要がある。これもすでにスウェーデンでは行っていることである。

（2） 売春か、セックス・ワークか

前述したように、買売春に対処する統治者側の原則は三様であった。最近は統治者側の対処ではなく、④セックスワークを認めよという売春者自身の要求の出現が見られる。これは売春を一般の職業と同じステイタスをもつものと認めることを要求する売春者の運動から来ている。自己決定権をよりどころに売春する自由あるいは権利が認められるべきであるというのである。他に就ける職業がない場合、あるいは売春と比べて自らの必要に合わない職業しかない場合、あるいは売春こそ自分に向いている職業であると考える場合、売春は職業と認められるべきであり、売春者は労働者としてのステイタスを与えられるべきであるという。フランスでは『十六区グループ』Le collectif du XVIe arrondissement や『セックスワーク組合』STRASS がその流れにある。そもそも売春者は必ずしも全員が人身取引の被害者でもなく、強制されているとも限らないと言うのが彼女たちの主張である。強制売春か自由売春かという区別をすること自体がセックスワークに労働というステイタスを与えることになる。売春者をセックスワーカーと認めることが彼女たちの力になるとして、日仏ともにこの主張を支持するフェミニストたちもいる(29)。売春をセックスワークと言い換えることは、買売春の減少または根絶ではなく買売春の社会の中での位置づけややり方の改善のほうに軸足を移すことである。管理主義をとっているオランダでは売春者をセックス・ワーカーという労働者として認めている。

フランスにおいては税法と刑法は独立していることを根拠に、売春者も売春周旋業者も課税される。言わば市民としての義務を果たしているのである。社会保障に関しても自由業というカテゴリーで拠金ができるようになっている。そのような点を見れば一般の職業と同じと言えなくもない。しかしたとえば職業安定所では売春の仕事を紹介したりしない。売春のための職業訓練もあり得ない。フランスの伝統的な独立売春の現代版ともいうべきセックスワーク派の主張に対し、今回の調査団は、「セックスワークは身体を売るわけではなく性的サービスを売るだけである」という論理を受け入れず、売春を一般の職業と認めず、めざすべきは買売春のない世界であると反対の立場を明確にしている。

ところで現在のオランダの管理主義(30)は一九世紀のフランスの管理主義とは当然同じではない。当時の社会と今の社会では人間関係もモラルも変わっている。管理する精神が異なるのである。オランダが管理するのは不法な買売春を減らすためである。二〇〇九年一一月に提案された新しい法案では、売春者、売春施設、仲介者などすべてが登録を要し、免許保持を義務付けられるようになる。免許なしの買売春は不法として刑罰の対象となる

（売春者は違反、買春者は軽罪）。登録の際に売春者に対してはその権利を知らしめ、売春以外の道を示唆することで彼女たちの支援を行うことになる。売春可能年齢を一八歳から二一歳に引き上げる。自治体の意向で「売春ゼロ」地域とする選択もできるようになる（売春施設をもたない、しかし自宅での売春は可能）。

このような法制の精神は、買売春の是非といった倫理的な問いをやめて買売春は社会の所与とみなし、ありうるデメリットを減らす方策を考えるということである。売春者が意に反して就業することがなく、客からの暴力も防ぎ、搾取や未成年売春にも目を光らせるために管理を行うのである。

オランダ方式でも人身取引業者や売春周旋業者の被害者である売春者を救済し支援することは不可能ではない。実際オランダは人身取引業者との闘いにおいてスウェーデンよりも効果をあげていると自負している。(31)

ではなぜフランスは買春処罰を手段に買売春をなくそうとするのだろうか。

調査団が問題にするのは、何よりも買売春は共和国を成り立たせている民主主義に反するというのである。すなわち憲法にうたわれているように、身体は商品とちがって売ったり買ったりできないし、傷をつけてはならないこと、男女平等に反してはならないことという大原則に買売春は反していると主張する。売春には暴力が付随しやすいだけでなく、そもそも意に反する性関係を繰り返す売春そのものが暴力被害を受けることであると断じる。(32)

今日の社会がフランスも管理主義をとっていた一九世紀とは異なるのは何よりも男性と女性の平等という概念が一般になったことであろう。この点から買売春を認めるわけにはいかないというのがフランスの立場である。

前述の決議文には「買売春に関するフランスの廃止主義を再確認する」という前置きがついている。憲法第三四条――一　一九四六憲法の前文「法は女性に対してあらゆる領域において男性と同じ権利を認める」を引用し、さらに、国連の人身売買禁止条約、性差別禁止条約、パレルモ議定書なども援用して、フランス国民議会は、①フランスは最終的に買売春のない社会を目指す廃止主義をとることを再確認する、②性欲を抑えられないという理由から買春を正当化するのはセクシュアリティの古い解釈である、③売春を始めるときには多く束縛によることや、売春には暴力の被害がおきがちであることなどから売春は職業とは認められない、④売春に代わる仕事を保証し売春者に基本的権利を保証する政策がまず必要、⑤売春者の大部分は性的搾取の被害者であるから、人身取引および売春周旋業者の取締りを優先させる、⑥買春客および社会全体の心性の変化、教育や責任自覚などの地道な活動によって初めて買売春を減らすことができる、と考えるとしている。

フランスの標榜する廃止主義および今回の買春客処罰の法制定提案に対しては、セックスワーク派売春者や関連団体、買売春容認者のみならず議員やフェミニストの間にも、その有効性について、あるいは自由束縛の危惧などから疑問の声がある。しかし、売春は身体全体にかかわることから、身体を売ったり買ったりしないようにすることを国家の義務ととらえるがゆえに、この案は少なくとも次善の策であるとして今回の決議となったのであろうと思われる。

三　買売春や風俗のない世界

(1) 両性平等に反する買売春

買売春の世界は当然ながら性の偏りが顕著である。まず、売春者のほとんど(八五%)は女性、買春客のほとんど全員は男性。(33)

買春が正当化されるとき、男性の性欲は抑えられないという理由があげられる。そのような性欲をもった男性がパートナーを見つけられないとき売春者がいないと困るというのである。また売春者がいるおかげで一般女性がレイプを免れるとして買春が正当化されたりする。しかしなにゆえ男性の性欲だけが問題にされなければならないかと調査団は反論する。それに買春客の多くはパートナーがいる普通の男性であることも判明した。売春者のおかげで一般女性がレイプを免れるというならば、売春者は報酬と引き換えにレイプを受けていることになる。そのような事態は法治国で許されるわけがない。

ちなみに二〇〇五年に刊行された日本の『風俗嬢の意識調査』[34]には興味深い結果が見られる。風俗嬢と大学生に「売春するのは悪いことだと思いますか」という問いを発したところ、後者のうち四〇%が「悪いこと」という答えでそのうち二%には「男尊女卑、女性が性の対象になるのがいやだ」と言う理由があげられた。前者すなわち風俗嬢においては四九%が「悪いこと」と答えたがこのような理由はあがらなかった。調査の解説者によれば大学生は一般的な問題ととらえ（自分は多分やらないことと思っている）、風俗嬢のほうは自分の問題としているからであろうという。確かに風俗嬢のあげている理由は第一位が「本番はいやだ」であり「店で働いたほうがいい、安全」「捕まる、犯罪だから」などと続く。一方の大学生の一位は「お金で性、体、自分を売るのはよくない」、次に「嫌悪感がある、何となく」。

『レポート』に現れる売春者自身の証言も男女平等というような原則的な面には言及なく、自らの受けた暴力被害から買春客を非難している印象である。当事者である売春者は現場で「これはいやだ、これは我慢できない」という言わば具体的な許しがたい経験を積み重ねてきたのであろう。

自分は仕事のときまるで器具として扱われていると話す売春女性がいる。「一番つらいのは金で買われたということ。（客は）『お前は無力なんだ。僕が払うのだから。何だってやれるのさ。排泄用の容器に使ってやる』って言われた[35]」

客と売春者の間に存在する「金」が買春男性に不当に力を与えるのである。たとえばコンドームを使う約束であったのに途中で外したりする客は、売春者の体を借りるために金を払ったということで何をやっても許されるという幻想を抱くに至ったものである。「私たちに暴力をふるったり、唾をはきかけたり、ののしったりする客もいる。金を払ったからって[36]」とは元売春女性の証言。客のほうでは「女をいたぶろうと思っているわけじゃない。支配したいだけさ[37]」と心理を説明している。

「娼婦は物だって思える。（略）楽しみのために何か買うようなもの。[38]」と言う客もいれば、「娼婦には魂がなければ一番いいのに。（略）すごく精巧な機械仕掛けの人形であればね。[39]」

買春男性は売春女性を自分と同じ人間と思っていないか、報酬を払うことで女性を人間として扱わない権利を手にすると理解する、あるいは同じ人間である女性を物扱いすることの後ろめたさがあるとしても報酬を払うことで帳消しになると感じるのであろう。そもそも性行為は相互的なものであるはずなのに、一方の快楽のために他方が報酬を受けて奉仕するという形は性行為の本質にもとるし、奉仕する側にとってはうれしくないことであろう。日本で「非本番系風俗」と呼ばれる性交類似行為は男性の快楽のために女性が奉仕という形が一層はっきりしている。

結局金を持っている方が持っていないほうの人権（性的自己決定権と言ってもよい）を買うことになるのが買売春ではないか。女性が男性の性的欲望に奉仕しなくても収入を得られるようにならないと売春はなくならないのであろうか。

(2) 買売春はなくなるか?

今から二〇〇年以上前、フランスの空想的社会主義者として知られるシャルル・フーリエ[40]はこう書いている。

「(略) 私は次のようにはっきりと言うことができる。自由な状態にある女は、体力を要しない仕事であるかぎり、精神ないし肉体のあらゆる機能において男性を凌駕するであろう、と。(略)

文明の重圧は女の上にのしかかっている。女こそが文明を攻撃すべきであったのだ。ところが今日、女の存在はいかなるものか? 彼女たちは窮乏のみに生きている。産業においてさえ、裁縫や文筆のような細かい仕事まですべて男が占領しており、他面では女が辛い野良仕事に骨身をけずっているという具合だ。(略) それでは、資産をうばわれた女の生活手段はいったい何か? 女の仕事か、それとも魅力のある場合にはその女っぷりか? 然り、売淫である。多かれ少なかれ隠蔽されているにせよ、売淫こそは女の唯一の元手である。哲学はそれでもなおこの点を非難している。だがこれこそは女が文明によっておとしめられ、結婚の奴隷状態によって追い込まれた境遇なのである。(以下略)」(『四運動の理論[41]』巌谷國士訳 二四七―二四八頁)

フランス文学者鹿島茂はこの作品を引いてフーリエが「女性の社会進出が進めば、売春は減るという社会学的事実を的確に指摘している」と評価している(毎日新聞二〇一二年二月二一日朝刊)。そして「売春のような屈辱的なハード・ワークというものはもっと実入りがよく誇りをもてる仕事が存在するなら、自動的に減少する(ただし、人間の本質からして消滅はしない)はず」と断ずる。そうであるならば、今日の世界に斯くも買売春が繁盛しているのは女性が実入りのよい誇りを持てる仕事が見つけられないことを示していることになる。フーリエの考察が果たして鹿島の解釈通りかどうかは検証の余地があるが、たしかに他に高収入かつ誇りの持てる仕事があれば売春に従事する女性は減るであろうことは推察できる。なぜなら、売春に足を踏み入れる動機は何よりも生活の不安定と経済的なものであること、他の道があれば抜け出したいと思っている売春者が多いことが『レポート』には明らかであるし、『風俗嬢意識調査』においても風俗の仕事を選んだのは収入の面が大きいことがうかがえる。結局買売春を減らすためには女性が高収入かつ誇りの持てる仕事に就けるようにすればよい。しかし、事は簡単ではない。女性が就職活動の入り口でジェンダー差別を受け、就職してからも給与や昇進機会の点で差別を受ける、あるいは出産がハンディになるというような現状が変わらなければならない。それには私たちの心性の変化が前提となる。女性の自己イメージおよび男性のもつ女性イメージ、相関するこの双方の変化が必要である。望ましい社会は、女性が自分に自信をもち、男性が女性を男性と同様に評価する社会。ところが現状では、そもそも買売春の存在自体が男性の欲望に奉仕するという女性イメージを固定するのに与っていることを買春客へのアンケートは示しているのである。そのような女性イメージは男性と同格の人間としての女性イメージとは相いれないことは言うまでもない。

ちなみに鹿島は売春が減少はしても「人間の本質からして消滅はしないはず」としているが、その理由を、女性の金銭と贅沢への欲求、それに何よりも単調な生活から抜け出したいという「終わりなき日常」への嫌悪による女性の「心のうつろ」が満たされないことに見ている。(42) 本当だろうか? さらに、買春経験者の一人も、売春は必要でありなくならないと言う。なぜなら男性買春客と売春女性は需要と供給がマッチした関係であり、言わば相互扶助であり、他の誰にも迷惑をかけていないからであると。これまた本当であろうか?

むすびにかえて

上記の二つの例から推測するのは性急に過ぎるとの誹りを免れまいが、セクシュアリティとジェンダーの関わりを考えると、一般に男性と女性がそれぞれ抱いている買売春や風俗のイメージは異なると推測される。買う側の性に属している者は買われる側の性に属している者の心情を想像するのが困難なのであろう。自らと同じ性の誰かが男性の性的欲望を満たすことで生計をたてざるを得ないと考えると、その誰かは自分と地続きの存在であると私には感じられる。他人ごととは思えない。女性であればみな私と同様に感じるとはもちろん言えないが、女性が日常感じている現在の社会のジェンダー不均衡を目に見える形であらわしているもの、それが買売春や風俗ではないのか。

第一節（3）において、女性が経済的必要に迫られて性産業に流れて行くことを防ぐためには、代替の職業があること、風俗業界が存在しないこととしたが、フーリエの指摘からは、結局この二つが同一の問題であることがわかる。女性が自活できる収入を得られる職業に就くことができ、出産や育児をしながらも仕事が続けられることである。そのためにはどんな制度や支援が必要かということが女性の立場に立って検討され決定されることが望まれる。検討の場に立案の場に女性が多数参加することが有効であろう。

私たちがフランスに学べることは買春処罰というアイデアだけではなくそのような政策が出てくる過程・枠組みでもある。公娼制度廃止以来六五年が過ぎてこの提案が国民議会を通ったが、その間買売春問題に取り組んだ政治家たちはおおむね女性である。そして今回政権をとった社会党は自らが二〇〇〇年に制定したパリテ法[43]に従って大臣の数を男女同数にし、そのうちの一人女性の権利大臣は就任早々買売春の「消滅」を目指すと宣言した。このような政治風土の中から買春処罰のアイデアは出てきたものと考えられる。フランスは日本と同様女性の政界進出が少ないことで知られてきたが上記のパリテ法などでそれを是正しようとしている。日本でも女性が真剣に望めば社会は変わりうると思える。

変化を待ちながらも買春客の責任を問うという戦略は試行に値するものと言えるだろう。フーリエの行間を読み取った鹿島の上記の指摘は正しいにしても、売春が「自動的に減少」するのを気長に待つのではなく。

この戦略を日本に適用する場合、重要なのはこの「買春客」には有償で性交類似行為を求める客も含めることである。すなわち本番系風俗と非本番系風俗はいずれも「女性の人としての尊厳を害し、性道徳に反する」(44)という点で違いはない。中里見博が複数の判例を挙げて提言しているように、売春防止法の改正を待つ間、風営法または風適法の改正を行って、性風俗営業を届出制ではなく許可制にし、「人格を蹂躙し社会道徳上有害な性的役務をさせる営業を許可しない」(45)ようにすることが望まれる。

注

（1）買売春の言い換え、あるいは拡大呼称としての「風俗」は必ずしも日本に限らず他国にもあるのではないかと推測する。たとえば二〇〇二年のタイ全土の風俗店数を一二二二七店としている。小島優・原由利子（二〇一〇）、七三頁の注。ただし単に日本の語彙の応用かもしれない。

（2）Sankei.jp.msn.com/affairs/news/120327/trl12032719220010-nl.htm

（3）http://www.asahi.com/viewvideo.jspx.?Movie=48464141/peevee.flv

（4）若尾典子（二〇〇五）、一三三頁。若尾は「単純買春」と名付けるべきであるとして、おそらく巷間に流通しているという理由で「単純売春」を用いると書いている。

（5）この言葉は売春防止法案審議時にすでに使われているが、当時は主に男娼行為を念頭に置いていたらしい。中里見博「性風俗営業の人権侵害性――『性交類似行為』をさせる営業等の違法性に関する判例法理」『ポルノ・売買春問題への法的・理論的アプローチを考える』六二頁。

（6）若尾典子（二〇〇五）、一九一頁。

（7）要友紀子・水島希（二〇〇五）、一九頁。

（8）同書四三、四四、六二、六三頁。人を喜ばせる仕事としてポジティブにとらえている。

（9）風俗嬢がなぜホストにはまるかという点については、娼婦がヒモを必要とする理由の一つとして売春という仕事への蔑視がないとされている点が参考になろう。鹿島茂（二〇一一）、七二頁。

（10）要・水島（二〇〇五）、四三頁など。

（11）この女性の行為の淵源を彼女自身の成育歴に見て、「強い不安があると無意識に目の前のことに集中し、不安を意識から締めだす『解離』という認知操作」をしたのではないかとする心理鑑定を紹介したシングルマザー記者の記事は説得的。反橋希美「大阪2児放置死事件　厳罰だけで虐待抑止は困難」『毎日新聞』二〇一二・五・二二朝刊九面。

（12）鈴木大介『家のない少女たち――一〇代家出少女一八人の壮絶な性と生』参照。

（13）鈴木大介は児童福祉の充実に尽きると言っている（同書二四五、二五〇頁）。

（14）若尾典子（二〇〇五）、二七九―二八一頁。

（15）宮本節子「売春防止法見直しのための私案」『ポルノ・売買春問題への法的・理論的アプローチを考える』四〇―六〇頁。

（16）Loi no 46-685 du 13 avril 1946.　俗称 Loi Marthe Richard。

（17）「人身売買（および他人の売春からの搾取の）禁止（に関する）国連条約」

（18）*Rapport d· activité 2000 Les Politiques publiques et la prostitution* (Sénat n.209).

（19）文倉寿子「フランスの買売春制度」植野妙実子・林瑞枝編著『ジェンダーの地平』第六章参照。

（20）Loi no 2003-239 du 18 mars 2003 pour la sécurité intéieure.

（21）フランスには買売春廃止を目指す団体や、公衆衛生的な活動をする団体などの支援アソシエーションに加えて、売春者自身の互助団体などいくつものアソシエーションがある。

(22) 当時はサルコジ大統領のもと、保守のUMPが与党であったが、二〇一二年五月社会党のオランド大統領に代わった。次いで六月に国民議会選挙が行われ、その結果社会党が絶対多数の与党となった。新大統領を支えるエロー内閣のもと女性の権利大臣となったナジャ・ヴァロ・ベルカチェムNajat Vallaud-Belkacemは買売春を廃止すべきは自明であり対策が不十分であるとして廃止のため努力することを明言している（ジュルナル・デュ・ディマンシュ紙2012.6.23）ので路線は受け継がれると期待できよう（ルモンド2012.6 .26）。

(23) *Rapport d'information des travaux d'une mission d'information sur la prostitution en France.* déposé par la commission des lois constitutionnelles, de la législation et de l'administration générale de la république, Enrégistré à la Présidence de l'Assemblée Nationale le 13 avril 2011. No3334. http://www.assemblee-nationale.fr/13/rap-info/i3334.asp

(24) 最近その後にノルウェー、アイスランドが続き、間もなくアイルランドも続く見込み。

(25) スウェーデンでは一九九九年からの一〇年間に路上売春者が八〇〇名から四〇〇名に半減。対するにノルウェーは一九九九年から二〇〇八年の間に三倍になりデンマークは二〇〇三年から二〇〇八年の間に二倍になった。『レポート』二一四、二一五頁。

(26) オランダは管理主義をとるが、買春客の暴力に対して処罰できる法を準備している。

(27) その結果がSaïd Bouamama, *Les Clients en question*, Paris, Le Mouvement du Nid, 2004に紹介されて分析が行われている。『巣』le Mouvement du Nidはカトリック神父が一九三七年に創設した団体。買売春廃止のための啓蒙運動に取り組んでいる。買春客の実態はJanine Mossuz-Lavau 2005二九五—三二二頁なども参照。

(28) ワルシャワ条約Convention du Conseil de l・Europe sur la lutte contre la traite des êtres humains, signée à Varsovie le 16 mai 2005.

(29) フランスではマルセラ・イアキュブMarcela Iacubら。

(30) オランダは一九一一年に閉鎖を決めたメゾン・クローズを二〇〇〇年一〇月一日に再開した。即合法化が行われたわけではなく黙認の時期が長く続いたが、次第に管理法制を整えつつある。ヨーロッパで廃止主義から（新）管理主義に転換した第一例とリリアン・マティウーは言っている。なおオランダは一九四九年の人身売買禁止の国連条約に署名していない。オランダに関する最近の情報は主に『レポート』から得ているので法制のその後など再確認を要する。

(31) 二〇〇〇年からの一〇年間に人身取引事件が九〇〇件摘発されたが同時期にスウェーデンでは五〇件であるとして、オランダ方式の有効性を主張する。『レポート』一八〇頁。ただし、この数字はオランダの管理売春が人身取引を誘発していることを示しているのではないかとフランス調査団は疑問を呈している。
(32) 日本でも若尾典子（二〇〇五）、二七二頁が、買春男性が相手（売春女性）の望まない性関係を強制してはならないということを理解していないと強制わいせつや強姦の罪を犯すことになると指摘。宮本五〇頁は買春を性暴力と定義し、一人の女性を輪姦する社会的システムと言い切る。
(33) 男性買春客に比べればごく少数ながら女性買春客も顕在化している。現状からはすぐには考えにくいことではあるが万一買春客が男性、売春者は女性という性風俗業界におけるジェンダー構造が変化するようであれば、男女平等を理由に買春反対を唱えられなくなる。その場合は、相互的であるはずの性行為を一方の性が買ったり売ったりすることの不都合を論点にすべきであろうと考えるが再考の要あり。
(34) 要・水島（二〇〇五）、五一—五八頁。
(35)『レポート』二〇二頁。
(36) 同右
(37) 同書二〇七頁。
(38) 同書二〇三頁。
(39) 同書二〇二頁。
(40) フーリエを空想的社会主義者と定義したのはマルクス、エンゲルスであるが、鹿島はこの「総括」がフーリエの真価を見えなくしたと批判。石井洋二郎もフーリエは今こそ評価されるべきであるとする（『科学から空想へ』藤原書店、二〇〇九年）。
(41) Charles Fourier, *Théorie des quatre mouvements et des destinées générales : prospectus et annonce de la découverte*, Leipzig 1808. の訳。現代思潮社、一九七四年。
(42) 鹿島（二〇一〇）、二八二頁。
(43) 選挙など一般に公選職へのアクセス男女不平等の解消のための一種のポジティブアクション。各党が候補者を男女同数にする義務を負う。全部の選挙に適用されるわけではなくペナルティによって義務を免れる道もあるが、社会党政権になって改善が期待される。Loi tendant à favoriser l· égal accès des femmes et des hommes aux mandats éléctoraux et fonctions éléctives. [2] 俗称 La loi sur la parité .

(44) 中里見博「性風俗営業の人権侵害性——『性交類似行為』をさせる営業等の違法性に関する判例法理」『ポルノ・売買春問題への法的・理論的アプローチを考える』六三頁。

(45) 同六八頁。

参考文献

青山薫『セックスワーカーとは誰か　移住・性労働・人身取引の構造と経験』大月書店、二〇〇七年

浅野千恵「セックスワーカーを搾取しないフェミニズムであるために」、河野貴代美編『セクシュアリティをめぐって』シリーズ〈女性と心理〉第二巻、新水社、一九九八年

石井洋二郎『科学から空想へ』藤原書店、二〇〇九年

鹿島茂『パリ、娼婦の館』角川学芸出版、二〇一〇年

鹿島茂『パリが愛した娼婦』角川学芸出版、二〇一一年

要友紀子・水島希『風俗嬢意識調査——一二六人の職業意識』ポット出版、二〇〇五年

小島優・原由利子『世界中から人身売買がなくならないのはなぜ?』合同出版、二〇一〇年

鈴木大介『家のない少女たち——一〇代家出少女一八人の壮絶な性と生』宝島社 SUGOI 文庫、二〇一〇年

中里見博「性風俗営業の人権侵害性——『性交類似行為』をさせる営業等の違法性に関する判例法理」『ポルノ・売買春問題への法的・理論的アプローチを考える』論文・資料集 vol.10 ポルノ・買春問題研究会、二〇一〇年

宮本節子「「売春防止法見直しのための私案」同書

文倉寿子「フランスの買売春制度」、植野妙実子・林瑞枝編著『ジェンダーの地平』中央大学出版部、二〇〇七年、第六章。

早川紀代「占領軍兵士の慰安と買売春制の再編」、および年表(奥田暁子・平井和子作成)恵泉女学園大学平和文化研究所編『占領と性　政策・実態・表象』インパクト出版会、二〇〇七年

フーリエ、シャルル『四運動の理論』巖谷國士訳、現代思潮社、一九七四年

若尾典子『女性の身体と人権』学陽書房、二〇〇五年

Saïd Bouamama, *Les Clients en question,* Paris, Le Mouvement du Nid, 2004

Charles Fourier, *Théorie des quatre mouvements et des destinées générales : prospectus et annonce de la découverte*, Leipzig 1808. http://classiques.uqac.ca/classiques/fourier_charles/theorie_quatre_mouvements/theorie_4_mouvements.html

Lilien Mathieu, *La condition prostituée*, Les éditions Textuel 2007

Janine Mossuz-Lavau, *Les lois de l· amour, Les politiques de la sexualité en France (1950-2002),* Petite bibliothèque Payot, 2002

Marie-Elisabeth Handmann et Janine Mossuz-Lavau, *La Prostitution à Paris,* Editions de La Martinière, 2005

Rapport d'activité 2000 Les Politiques publiques et la prostitution (Sénat n.209)

Rapport d'information en conclusion des travaux d'une mission d'information sur la prostitution en France. déposé par la commission des lois constitutionnelles, de la législation et de l'administration générale de la république, Enrégistré à la Présidence de l'Assemblée Nationale le 13 avril 2011. No3334. http://www.assemblee-nationale.fr/13/rap-info/i3334.asp

3　一人ひとりの生とつながり

——中国の性暴力被害者と日本人が創ってきた関係——

早川紀代

はじめに

二〇一一年三月一一日から一年以上がすぎた。私はこの間、いろいろな人たちと同じように、人類が創造してきた文明のあり方や国家や社会のあり方、私が専攻する歴史学や女性史のあり方などを考えつづけてきた。私は今、人類が創造してきた文明の数かずは、民族間の競争や対立、国家の成立と対立のなかで、個別の一人ひとりの人間や個別の民族にとっての有用性から民族集団や国家集団のそれへと変化した、近代における国家と民族の再編と経済の進展はそれを促進し、合理性と効率を求める結果になっていったと考えている。私の幼稚な、また単純な思索の根底に、地域でくらす人びとの生活がどんなにさまざまであり、自然や社会によって否応なくおかれてしまった情況への人びとの向き合い方も、また非常にさまざまなのだということに気がついたことがある。

たとえば、ひとくちに漁業に携わる人びとといっても、マグロ漁やカキの養殖、白魚漁などさまざまであり、働く人びとも大小の船の所有者や出来高賃金で雇われている人もいる。水揚げを手伝う妻やその他の人びと、セりを行う人びとがいる。仲買のしかたもいろいろだ。魚の小売店があり、漁師がかよう酒場や喫茶店、食堂があり、それらを経営する女性たちがいる。缶詰工場などの加工場では大勢の子持ちの既婚女性たちが働いている。そして町には漁業者や家族がかよう医院や病院があり、学校があり、役場があり、養護老人ホームや寺や神社や教会がある。そして人びとは生活をさまざまにつくってきた。そこで形づくられている人間の関係もみんな異なる。

まるで小学一年生の社会科の教科書でとりあげられている、社会をつくる人びととそのつながりを、七〇歳の私は、三月一一日の出来事と今日までの被災地の人びとの生活に接して、リアルにつかむことができた。不遜ないい方であるが、いのちをもちつづけることができ、そしてさまざまな思いをもちながら生活している、生きようとしている人びとの言葉や姿をとおして、私は私たちがつくっている社会というものの姿を少し摑むことができた。

テレビや報道写真などにみる、また被災地の旧田老町でみた津波によって破壊されたくらしの跡地は、泥沼の地域を除けば、かつてよく指摘されてきた原爆投下後の広島や長崎、無差別爆撃をうけた東京や、その他の都市の姿と同じであった。個別の生活と人びとが重なりあってつくっている社会と破壊されたくらしの跡地は、私がこの数年かかわってきた日中戦争中、日本軍によって破壊されつくされた中国・山西省の盂県の村むらとそこでくらす人びとの生活と姿に重なってみえてきた。

そこでこの小論で、私は日中戦争中に突然村にあらわれた日本軍兵士によって破壊された村と村の暮らしのなかで、日本軍兵士から性暴力を長期間にわたってうけた女性たちと一九九〇年代から今日まで日本人のあるグループがつくってきた関係、つながりについて考えてみることにした。なぜなら、彼女たち、彼らが築いてきたつながりは、破壊された関係を止揚して、人間社会がもつ本来の人間のつながり、人びとの関係の原点を復元しているように思われるからである。彼女たち、彼らがつくってきた関係、つながりは、侵略戦争の被害者と加害の国の人間たちがつくってきたつながりであるが、一国の社会の人間関係、人びとが生みだすつながりにも妥当すると思われる。小論では、このつながりがどのようなものであるか、またつながりが生成する過程を考えてみたい。このテーマについて私は現在まとまった結論をもっていない。そのため叙述は試行錯誤するが、ご容赦願いたい(1)。

なお、本文の叙述に入る前に、私がこの小論を執筆する方法上の態度を、簡単に述べる。

私は本稿が分析の対象とする、日本人のグループに二〇〇四年からかかわってきた。このグループとともに日本軍に侵略された中国の被害地と被害女性を訪れてきた。したがって、本論を執筆する私も、当事者の一人である。しかしながら、グループの人びとと私との間には、被害女性はもちろんのこと、村の人びとにたいする感情や態度、村の風俗、あるいは資料の分析も、その蓄積には架橋できない差がある。けれども、私は対象を客観的に論ずるのではなく、私もこの関係、つながりにかかわってきた当事者であることに拘って叙述したい。こうした方法上の態度によって、テーマの内容をよりよく掘り下げることができると思われるからである。

また、本論で使う「関係」、あるいは「関係性」というタームと本論のタイトルとして使用し、既述の範囲でも使っている「つながり」というタームについて、一言触れておく。私自身もまだ明確な定義づけができていないが、本論で使う「関係」には、人間と人間の社会的関係（たとえば、公共圏における制度によって形成された関係をふくむ）と親密圏の個人的関係があるが、総じてすでに成立している人と人の間柄、またはそれが意味するものをさす。一方、「つながり」には人と人が交わることによって生成されていく、動的な間柄という意味をもた

山西省盂県

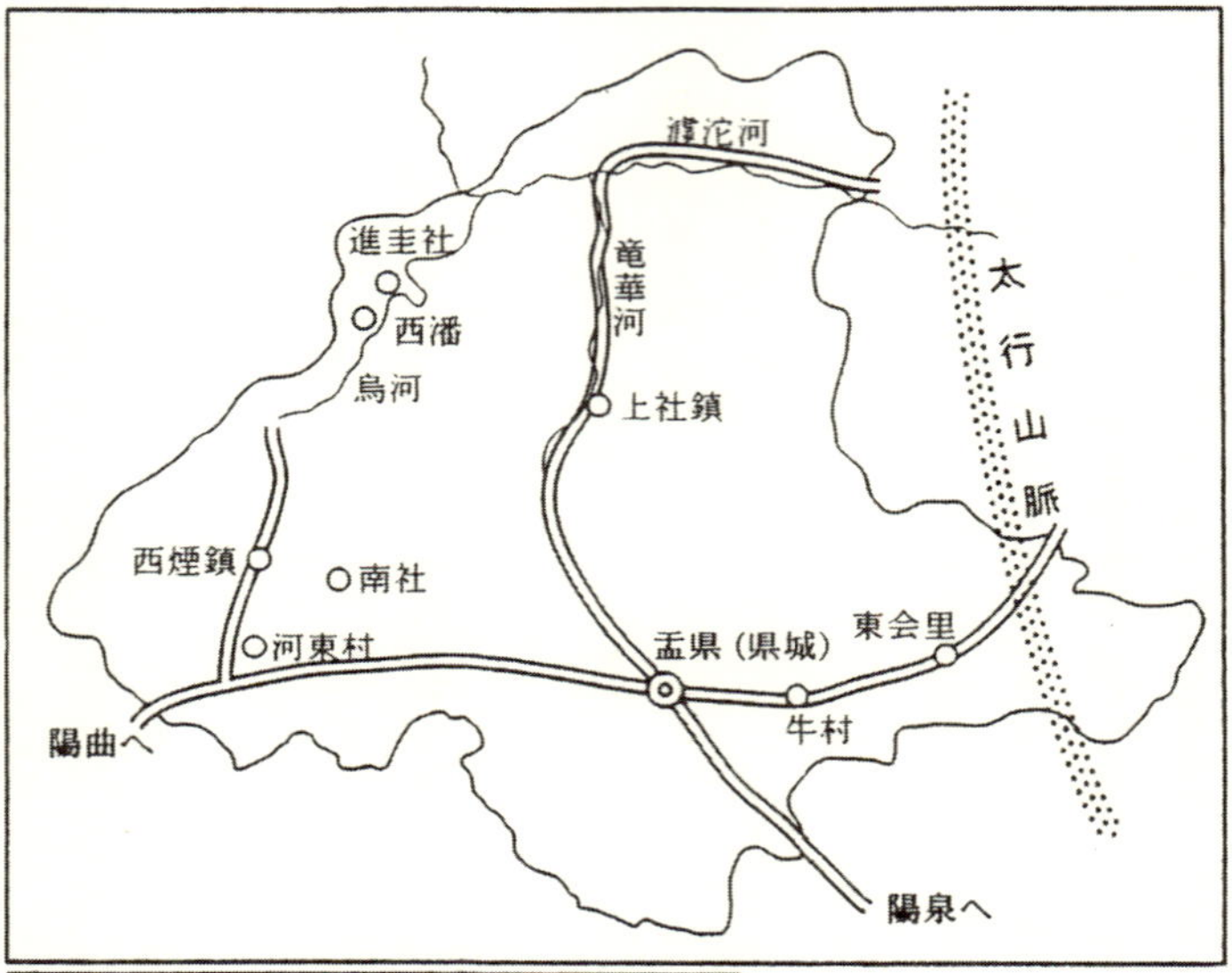

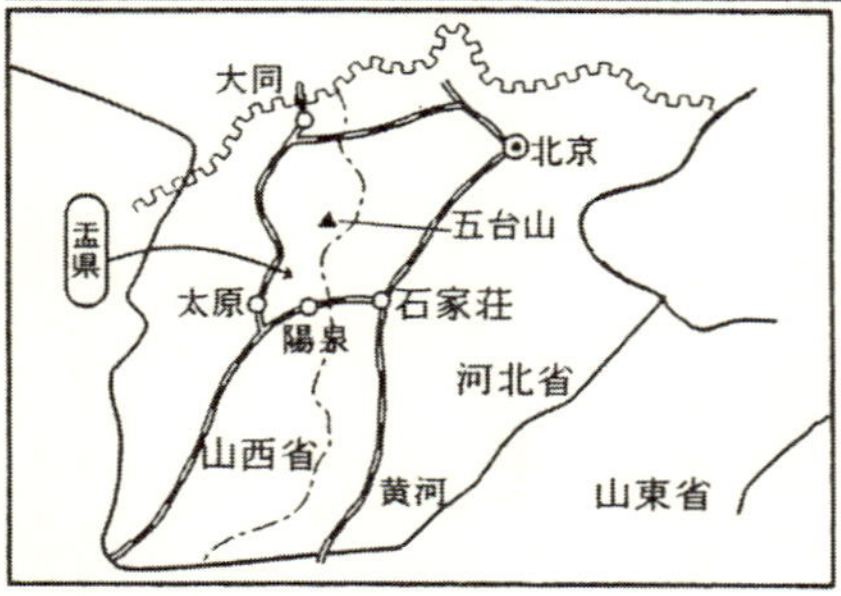

出典）『黄土の林の性暴力』128頁

せている。

一　山西省盂県の村むらの女性と日本人のグループ

（1）日本人グループの山西省訪問

本稿がとりあげる山西省盂県《さんせいしょううけん》西部は、分厚い黄土が堆積する山や台地、浸食された河谷とわずかな平地からなりたっている山西省東部に位置する地域である。盂県は日本の神奈川県ほどの面積である。五月から九月にはひまわりやトウモロコシ畑、玉ねぎ畑が茂り、樹木の緑が広がるが、他の季節には緑は少ない。けれども、春には桃やその他の花、柳の芽が黄砂の町を美しく彩る。標高五〇〇メートルから一〇〇〇メートルの高地のため、米や麦は育たず、主食は粟やヒエ、ジャガイモ、トウモロコシであり、共和国成立後にひまわり畑の耕作が広がった。現金収入は少ない。生活は貧しいが、厚みのある生活文化と長い地域社会の歴史をもっている。

この地を一九九六年一〇月に訪れた日本人のグループがいる。近代中国民衆運動史を研究する石田米子、高校歴史教師加藤修弘、弁護士川口和子、清井礼司、会社員福田昭典たちである。グループのメンバーは、日本軍の「慰安婦」（当時は「従軍慰安婦」と表示した）にされた女性や、日本に強制連行され鉱山などで労働させられた韓国人男性を招いて、一九九二年一二月に東京で開かれた国際公聴会や、一九九六年に開かれた各地の証言集会で中国人女性万愛花《まんあいか》に出会った。

私も参加した九二年の国際公聴会で証言した万愛花は、お話中に失神して倒れた。彼女が女性として日本軍兵士からうけた強姦・性暴力と共産党員として日本軍兵士によって加えられた拷問にたいして、自己の尊厳を回復しようと立ち向かう万の姿にメンバーは感動した。万がくらす太原《たいげん》の町で、また、被害をうけた場で万から話を聞きたいとメンバーは思い、太原を訪れたのだった。(2) 石田は、公聴会で他の女性たちは女性たちに付添われているのに反し、男性に付添われた万の孤独な姿に接し、万を支えているのは抗日の同志の名前を明かさなかったという自負のみではないかと思い、万の生活の背後に何があるのか、知りたいと思った。(3)

日本人グループは以後今日に至るまで、若干のメンバーを除き訪問するメンバーは変わっているが、(4) 盂県の主として三つの地域、日本軍が盂県占領の拠点とした河東《かとう》村、西煙鎮《せいえんちん》、進圭社《しんけいしゃ》など日本軍兵士によって性を犯された地でくらす、年齢を重ねている被害女性を毎年必ず二回訪ね、語りに耳を傾け、医療費を補助してきている。

(2) 女性たちの裁判の開始

一九九七年三月に訪問した時、女性たちは「打官司」(裁判)をしたいという気持ちを日本人グループに伝えた。養女など遺族をふくむ一〇人の被害女性は、九八年一〇月に損害賠償と文書による謝罪を日本政府に請求して、東京地裁に提訴した。日本人グループは、「山西省における日本軍性暴力の実態を明らかにし、大娘たちと共に歩む会」(略称「山西省・明らかにする会」、以後略称を使用する)をつくって裁判を支援する。当時の日本軍の行為を卑劣な行為と事実認定をおこないながら、被害者の救済を立法、行政措置に求め、請求棄却した二〇〇三年東京地裁の判決、同年の東京高裁控訴、二〇〇五年控訴棄却、同年最高裁上告、同年上告棄却とつづいた裁判を、出廷して証言をするために、高齢の女性たちは盂県の村むらから太原にでて、さらに北京から飛行機にのって来日するなどして闘いつづけた。

女性たちは「打官司」して裁判に勝ちたい、裁判はどうなったかと思う反面、村の家では「死にたい」とよく口にした。日本の高齢者がよくいうように。

会のメンバーは歳をかさねている被害女性を親しみをこめて大娘《ダーニャン》とよびかける。けれども日本流に尊敬と多少の間隔をもって〈おばあさま〉とよぶのが私の気持ちにぴったりし、また叙述の方法と合致するので、本稿では以後おばあさまとよばせていただく。

「山西省・明らかにする会」のメンバーと訴訟をたたかった被害女性のおばあさま方は、河東村の尹玉林《ゆんぎょくりん》、楊《よう》時珍《じちん》、楊喜何《ようきか》（提訴後一九九八年死去、三女の李愛芳《りあいほう》が訴訟を継承）、楊秀蓮《ようしゅうれん》（被害女性故南二僕《なんにぼく》の養女）、南社《なんしゃ》村の高銀娥《こうぎんが》、西煙鎮の趙潤梅《ちょうじゅんばい》、張先兎《ちょうせんと》、進圭社・羊泉《ようせん》村の万愛花、尭上《ぎょうじょう》村の趙存妮《ちょうそんに》、侯党《こうとう》村の王改何《おうかいか》の一〇人である。[5] 会のメンバーは、一〇人の訴訟を決意した被害女性の他に他の被害女性や村の男性たち、女性を支えてきた地域の男性たちから聞き取りをしながら、女性たちが蒙った被害を個別に、そして具体的に復元してきた。[6]

（3）聞き取りの過程

この過程は、おばあさまたちが日本軍兵士によって犯されたのは彼女たちの恥や責任ではなく、日本軍兵士が殴打などをともなっておこなった性暴力・強姦なのだということに気がつき、自分の名誉を取り戻したいと考える過程であった。それは事件から五〇年以上もたってやってきた日本人たちの、おばあさまたちの体験への、だんだんと深まっていく人間としての共感に支えられて生まれた。メンバーたちは、自分はなぜおばあさまたちを訪ね、彼女たちの苦しく辛い語りに耳を傾けるのかという自問自答につねに迫られていた。

メンバーの日本人男性の声を聴いて身体が震えてとまらなかった尹玉林をはじめ、おばあさまたちはお話しの途中で気分が悪くなったり、震えたり、失神した。五〇年以上も誰にも話すことができず、自分の身体と心に封じこめてきた体験を語ることは、容易なことではなかった。メンバーたちは、はじめは語ることがおばあさまたちにとって容易ではないことであるとは思っていなかった。とぎれとぎれに語るおばあさまたちの体験が、だんだん脈絡のある、ひとつの物語を形づくっていく過程で、おばあさまたちは自分が悪くて性を犯されたのではないという自覚とご自身の尊厳に気付いていった。

現在、一九二二年生まれの尹玉林、一九二六年生まれの張先兎、一九三〇年生まれの万愛花が、病をかかえながら、万は入退院をくりかえしながら、暮している。他のおばあさまがたは鬼籍にはいられた。

(4) 聞き取りの方法

以後の叙述に先だって、会のメンバーが女性たちから被害の状態を聞き取るときの方法上の態度について触れておく。メンバーは、語る人間とそれを聞く人間の関係は一方的なものではなく、双方向のものであり、双方向から関係が形づくられる、生きた関係であることを強調する。この関係のなかで事実認識が深められるという。

私がメンバーと行をともにするなかで、また、メンバーがまとめた『黄土の村の性暴力』から得た、双方向の関係性とは具体的につぎのようなものである。語りに真摯に耳を傾けること、矛盾する語り、あるいは、深まる被害の語りに加害の国の人間であるけれども共感できる人間としての感性をもって耳を傾けること、資料調査による知見と資料、歴史書に記録されていない女性たちの語り、記憶が事実であることを確信し、それに共感し、信頼することである。また女性たちの語りから、被害を受けた状況はそれぞれ異なることに着目し、被害とその環境の個別性と具体性を非常に重視することである。

二　被害女性たちの語りからみる村の女性たちの生活

（1）　父権と夫権の村の生活

被害女性たちは一九二二年から一九三〇年の間の生まれである。彼女たちはご自分の年齢を、「私は戌年《いぬ》」というように干支であらわし、生年月日は旧暦でいう。彼女たちが生まれた家や嫁ぎ先は、おおよそ三〇ムー（ムーは畝で一ムーはおよそ六七アール、地域によって面積の基準は異なる）から三〇〇ムーぐらいの粟などの畑をもち、運搬や耕作のためにロバやラバ、馬を飼っていた。ほぼ自足自給のくらしである。祝いごとのある時には村に旅回りの一座がやってきた。

趙潤梅や高銀娥、尹玉林は自然な足だったが、ほとんどの女の子は小さい時に足の指を丸めて布できつくまき、足の成長を抑える纏足をほどこされた。纏足をした女性は良い結婚ができるといわれた。儒教が新たな体制維持のイデオロギーになった一〇世紀から一二世紀の宋の時代に成立した風俗が続いていた。女の子は貧しい家では幼児の時に年長の結婚相手を親がきめ、婚家に売られたり（童養媳《トンヤンシー》）、養女にだされた。結婚は父親がきめた。王改何は一二歳で、趙存妮や尹玉林は一四歳で、他の女性たちも一五歳、一七歳などで結婚するなど、早婚だった。女性たちに対してこうした権力をもった父たち、あるいは夫たちが、また男性たちが村の構成員であった。父や夫がなくなった女性だけの家は村のなかで弱い立場におかれていた。面子がたたなかった。

しかし、父たちの権力が一方的につねにふるわれたわけではない。楊秀蓮の養母の南二僕（被害女性）は、三歳のときに二〇数歳年上の男性の結婚相手にきめられ、一七歳で婚家へ入ったが、相手と性格があわず、実家に戻ってくらしていた。正式な離婚はしていなかったようだ。一方、子どもたちの親にたいする尊敬の気持ちは強かった。楊喜何は出産して二〇日後に実家に帰る村の慣習にしたがって実家に戻ったときに、日本軍兵士から強姦された。婚家に戻ったあと、やってきた日本兵は彼女がいないと父母に暴力をふるい、父は喜何に実家に戻るよう請うた。母は父にその行為を止めるようにいった。楊喜何は父母が暴力にあうのは忍びがたく、定期的に実家にもどり、日本兵から犯されつづけた。趙潤梅も養父母が日本軍兵士から暴力を振るわれるのが、自分の状態はさておいてもっとも心配なことだった。父や夫や男の権力によってなりたつ地域社会のなかで生活する女性のくらしを、万の生活はよくあらわしている(7)。

(2) 万の生活史

万は一九三〇年に現在の内モンゴル自治区のある村に生まれた。父は晋劇の旅回りの芝居団の座長だった。父はアヘンを買うために、娘が四歳の時に羊泉村の二〇歳代後半の貧しい男性の結婚相手として、八歳と偽って売った。羊泉村は抗日の軍である共産党系の八路軍の活動拠点にちかく、抗日活動が盛んで、万は児童劇団で活動し、数えの一四歳のとき共産党に入党した。日本軍と八路軍の抗争が続き、日本軍がこの地域に燼滅作戦（敵軍の兵士や兵器だけではなく、該当地域の食糧や物資を奪い、人家その他を焼き、住民を殺して無人の焦土にする作戦）をとった一九四二年に、万は漢奸（日本軍に協力する親日の村人）の密告によって日本軍に拉致・監禁された。

万が自力で監禁場所から脱出した後、共産党の男性たちは万の考えを聞かず、彼女を離婚させ、共産党の指導者は「彼女を買う」といって結婚した。その年に再び日本軍に拉致され、強姦と輪姦をうけ、その後拷問をうけた。強姦と輪姦、その後の拷問がくりかえしおこなわれた。万は再び脱出した。抗日幹部は「日本兵から強姦されなかったか」と聞いた。万は再び拉致され、強姦され、輪姦され、拷問をうけた。強姦も輪姦も女性の性と人間性にたいする拷問であるが。三回目の拷問で万の腰骨はくだけ、耳はさけ、立ち上がることはできず、意識はなくなり、冬の河に裸で放りなげられた。妊娠していたことがわかったが、身長が二〇センチメートルちかく縮小して身体が変形してしまったため産むことはできず、彼女を助け世話をした女性が掻きだした。羊泉村の夫の病死の知らせが届き、彼女は一六歳で寡婦になった。彼女は養女を貰い、各地を渡り歩き、裁縫などの仕事によって生きていく二人の暮らしがはじまった。このように、中国の村の男たちの権力と日本軍兵士による二重の暴力が重なって彼女を囲繞した。もちろん、二つの国を同一線上で比較の対象にすることはできない。

(3) 女の世界と男の世界

村の娘たちは、ほとんどが学校教育をうけていない。また父母やその他の人びとから読み書きを習うこともなかったので、自分の名前を漢字で書くことができない。また数字を使って長さを表すなど、抽象的な考え方はできなかった。万は八路軍の児童団で活躍したが、女子をふくめた識字運動については語っていない。男の子は学校に通う子と通わない子がいた。日本軍が村を占領したとき、村や村人が生きのび、女性の強姦が最小限ですむための手段として、日本軍が要求した協力組織をうけいれた村の組織である維持会を設立した。河東村にすむ楊《よう》時通《じつう》はその会計係をした。彼は小学校に通って読み書きができたので、八路軍の「掃盲・識字運動」の教員もした。

纏足をした女性たちも畑仕事をしたようだが、纏足のため女性たちは遠くにでかけることはできず、また印刷物を読むこともなかったので、女性たちが暮す世界は狭かった。それに対し、男性たちは村全体の出来事をしっており、見聞は広かった。儒教の教えである、男性と女性がくらす世界は異なっている、異なっていなければならないという「男女有別」が生きている村の生活であった。さらに貞操観念は女性にたいして厳しく要求され、また女たち自身も強くもっていた。

三　村に日本軍が突然やってきた

（1）村むらの日中戦争

日本軍が山西省に侵攻する以前には、この地域は中華民国成立以来軍閥の閻錫山《えんしゃくざん》の勢力のもとにあった。盂県の村むらも閻錫山の支配のもとにあった。閻錫山軍閥は、たとえば河東村の地域ではこの地の一〇数か村を統一する役所をおき、村むらには村長をおいて税と食糧を徴収していた。閻錫山は華北への日本軍侵略にたいして三六年に抗日救国の組織を創立した。

一九三七年七月の盧溝橋事件をきっかけに、日中戦争、日本軍の中国侵略が本格的にはじまった。あらたに編成された北支那方面軍の第五師団が山西省を攻略し、閻錫山軍と八路軍が日本軍に対峙した。日本軍は新編成の第一軍を山西攻略にあて、鉄鉱石の集散地陽泉《ようせん》と省都太原を三七年に占領し、翌年に陽泉に第一軍傘下の独立混成第四旅団司令部を、太原に第一軍司令部を設置した。盂県の県城を占領後、三九年に独立混成第四旅団独立歩兵第一四大隊本部をおき、その翌月四月にはこの地方の行政・経済の中心地である西煙鎮を占領して砲台を築き、この地方の攻略の拠点とした。こうして穏やかな自給自足の盂県西部の村むらに日本軍、独立歩兵第一四大隊が大部隊で押し寄せ、この地は戦場になった。西煙鎮から河東村にやってきた日本兵は、家いえから食糧をとりあげ、放火した。結婚していた女性たち三人を強姦した。河東村のみではなくこの地帯の村むらは同じような経験をしただろうと推測する。

三八年に山西省と河北省の境界の太行山地に、各地の抗日勢力によって成立した統一戦線が統治する晋察冀《しんさつき》辺区が成立し、辺区の政府が設立され、華北地方の抗日勢力の拠点になった。一九四〇年八月からおこなわれた八路軍の「百団大戦」とよばれる華北における大規模な攻撃によって、盂県西煙鎮の日本軍は撤退し、西煙鎮地方は八路軍の支配下にはいった。撤退せざるをえなかった日本軍は、四〇年九月から晋中作戦といわれる報復作戦、敵性ありと認められる地域から物資を奪いつくし、人家を焼きつくし、敵性あるとみられる人びとを殺しつくす燼滅作戦（三光作戦）を展開した。同年末に日本軍はこの作戦の一環として河東村に進駐し、羊馬山とよばれる西煙鎮一帯をみとおせる丘に、村人の家や門を壊して資材にし、村びとを徴集してトーチカを築いた。また、村内にも傀儡政権の部隊である警備隊が駐屯するトーチカを築いて、河東村を拠点化した。(8)

(2) 戦場の村と女性の性

この攻撃のなかで乳飲子をもつ尹玉林は、当時流行したチフスでなくなった夫の遺体がある家に乱入した日本兵に強姦され、助けようとした父母は暴力を振るわれた。姉も別の部屋で強姦された。その後尹は山上のトーチカに連れていかれ、強姦された。酌を強制されるなど弄ばれた。トーチカには他の女性もいた。尹は子どもに乳を飲ませるために家に帰り、そして連行されることを繰り返した。

河東村には尹玉林のように日本軍兵士によって手当たり次第強姦された女性たち、他村の掃討作戦で拉致され、トーチカに監禁され犯された女性たち、さらに村の維持会が村内の家から、たとえば南二僕のように夫婦仲の悪かったために夫に支障なしとして選んだ女性、家族に金銭を払って家族と本人が納得した上で選んで民家にいれられた女性、彼女らは日本軍兵士の性の対象にされた女性たちである。日本兵はさまざまな形で、人口三〇〇人の小さな村のなかで、女性を日常の事柄として犯し続けた。南二僕や楊喜何など女性を専有する指揮官もいた。女性たちは二〇日から四〇日後に家族が畑やラバやロバを売ってつくった身代金とひきかえに家族のもとに戻った。が、生殖器官をはじめ身体も心も壊され、回復するのに数年かかった。南二僕には、また日本兵との間に子どもが生まれた。子どもはなくなった。(9)

河東村は前述した維持会を設立して、日本軍の要求する物資調達を請負い、それを周辺の村むらに割り当て、また日本軍に情報を提供する義務を負った。この小さな村は日本軍の要求に応えるために疲弊していった。村が生きのびるため、女性への暴力を最小限にするために、あるいは女性の性を犠牲にして、維持会をつくって対応した河東村のほかに、日本軍に占拠された村の対応はいくつかあった。これから触れる西煙鎮の南社や進圭社の村は抗日の姿勢を保持したため、弄り殺された抗日の村長をはじめ大勢の村人が殺された。また日本軍に協力する表の村長と八路軍に協力する裏の村長をつくって対応する村など、さまざまであった。けれども、維持会をつくることが村を守る万全の備えであったとはいえなかった。なぜなら、河東村の維持会の会計を担当した楊時通の妹の楊時珍も強姦をくりかえし受けたからである。

一九四一年四月には河東村の日本軍は支配を拡大しようとし、撤退を余儀なくされた西煙で四〇人以上の人びとを殺した。この時に殺された村人の隣家にすむ趙潤梅や結婚式をあげてまもない張先兎が被害にあい、連行された。秋からはじまる日本軍の晋察冀辺区掃討作戦は、盂県で一五〇近くの村を無人区にする計画であり、西煙鎮と進圭社の村むらが重要目標として含まれていた。この作戦のなかで四二年に趙存妮や、羊泉村の万愛花、進圭社の村むらにすむ、中国先行裁判の原告の周喜何《しゅうきか》、郭喜翠《かくきすい》、劉面煥《りゅうめんかん》らが被害にあった。四一年末に西煙と進圭社にトーチカが建設され、進圭社は独立歩兵第一四大隊中隊の拠点になった。河東村と西煙には一四大隊の分遣隊が配置された。分遣隊は、中国戦線が長期持久戦になり、制圧地域を維持拡大するため配置された一〇～二〇人程度の小隊である。中隊から孤立して長くトーチカにいるため、軍規が乱れ、小隊長以下は思いのままにふるまった。駐屯する日本軍の食糧運搬や女性たちをラバにのせ運んだ、当時一四歳だった河東村の楊宝貴《ようほうき》によると、「バカ隊長は悪いことはなんでもした」。

トーチカができてもこの地域は抗日活動が強く、日本軍の支配は確立していなかった。四二年に日本軍は抗日分子を一掃するために、侯党村などの共産党会議の開催を密告によってしり、この地を襲った。リーダーであった張先来《ちょうせんらい》は村民の前で拷問をうけて殺害され、婦女救国会のメンバーである妻の王改何は拷問をうけた後、河東村に連行され連日輪姦と強姦をうけた。王改何は、「痛みと恥ずかしさで、泣けて泣けて、気が狂いそうに」なった。

こうして盂県西部の村むらでは、ある日突然やってきた日本軍によって、村の生活と人びとの関係は一変した。村の大地は荒らされ、村人は傷つき、女性たちは長く心身の後遺症と生活の不安に苦しんだ。なお、おばあさまたちは性をおかされることを強姦とはいわない。「ふみにじった」「蹂躙した」「ひどい目にあわせた」「いじめた」と表現する。

四　女性たちの戦後の生活

（1）　村びとと社会の批判

中国では一五年にわたる抗日の戦いのあと、抗日軍は再び共産党系の人民軍と国民党系に分裂して闘い、一九四九年一〇月に中華人民共和国が成立した。山西省ではさらに、日本軍の一部の兵士が合流した閻錫山軍が人民軍と闘った。中国人にとって解放とは建国の年である。しかし、日本軍兵士の性暴力をうけた被害女性たちにとって、解放は日本軍が撤退し、日本軍の拘束から完全に解放された時をさす。(10) 被害女性たちは両親や親戚が畑や家畜をうって銀元を手にいれ身代金を払って日本軍から解放されても、二か月から数年身体は回復せず臥せっていた。高銀娥は夫から日本軍兵士によって強姦されたことを責められ、姑や村人の視線が気になり離婚した。趙潤梅は神経がおかされ、なかなか回復しなかった。結婚している女性も、ようやく結婚できた女性もなかなか妊娠しなかった。そのため離婚され、再婚する女性もいた。女性が結婚しないで生きていくことは、この地方ではできなかった。そして夫にも子どもにも被害を話すことはなかった。楊喜何は三女にだけ伝えた。三女の李愛芳は母の死後訴訟を引き継いだ。

前述した南二僕は、小隊長の移動後、古参兵に専有され、一度逃げたが彼女の弟が仕返しの暴力にあったため、この隊に戻った。彼女の祖父や叔父たちが畑をうった代金を身代金として渡したが解放されず、家が焼かれた。南二僕が村に戻ることができたのは、日本軍が盂県を撤退した数年後だった。彼女は楊喜何の弟の楊喜順と結婚した。この結婚に楊喜順の父は娘が被害を受けたにもかかわらず、日本兵と関係した女となぜ結婚するのかと反対し続けた。一九五〇年から二年間おこなわれた反革命鎮圧運動のなかで、彼女は日本兵と関係をもち子どもまで産んだと指弾され、「歴史的反革命分子」として投獄された。この間に結婚した相手は「反革命分子」と知って、彼女を離別した。事実が判明し解放された後、六〇年代の文化革命運動のなかで再び糾弾された。彼女の身体は病んでいた。南二僕は六七年に自ら死を選んだ。彼女は再婚した夫、楊喜順に、「この子が大きくなったら、私が日本兵からどんな被害をうけたかをすべてこの子に話して、私に代わって無念を晴らしてもらいたい」といった。養女の楊秀蓮は四歳だった。

楊秀蓮が小学校三年の時、授業で抗日時代の勉強をし、母たちの話を先生がした。村の子どもたちは「お前の母さんは日本兵から強姦された」「村の恥」といって楊秀蓮をからかった。彼女は抗日について作文を書くことが出来ず、先生から叱られた。母についてその後ふれることはなかった。万愛花の国際公聴会出席のため渡日の世話など、被害女性の世話を西煙でしていた農民李貴明《りきめい》が訪ねてきた九二年の翌年、死ぬ直前に父は母の体験を楊秀蓮に初めて伝えた。父もまた六〇年代に南二僕と結婚したとして糾弾されていた。

日本軍に襲われた村むらの人びとは、性を犯された女性たちが誰か知っていた。しかし、「敵の女であることによって人間としての尊厳を蹂躙された女性たちは、『敵によって蹂躙された女』であることによって、その存在自体が村の名誉を傷つけるもの」であった(11)。あるいは女性を守れなかった男たちの権威の傷として、村人は沈黙してきた。許婚が犯された八路軍兵士は彼女との結婚を渋った。女性団体もまた、女性たちがうけた被害を女性の恥と捉えた(12)。彼女たちは恥ずかしいと思いつづけ、自らを責めて出来事を忘却の中に閉じ込め、向き合わないようにしてきた。けれども自分の人生のなかでもっとも忌まわしく、辛く悲しく、胸のうちに収まりきれない過去であった。

(2) 丁玲が描く沈黙

中国の女性作家丁玲は一九三九年に「新しい信念」を執筆し、山西省の村で強姦された婆と孫娘を描いている。瀕死の孫は野に捨てられ野犬に喰われて亡くなるが、婆は日本兵の前で中国人の爺と性交を強要されながら生還し、子どもたちに反対されながら体験を語り歩く。丁玲は四一年に再び性被害を扱った「霞村にいた時」を執筆する。この小説では、主人公の一七歳の女性は日本人将校に専有された後、共産党の要請にしたがいスパイ活動をおこなう。性病にかかり、一年後に村に戻った彼女を、村びとは「淫売婦」と蔑む。かつて反対した恋人との結婚を勧める家族や恋人と別れ、主人公は「すべての人にわかってもらわなくてもいいことだってある」と、知らない人たちの間で暮すことを選ぶ[13]。

主人公は家族や恋人、村びとや共産党員が彼女の絶望を理解できないことへの絶望から一人で生きようとした。盂県の女性たちが強制され、また自ら受け入れざるをえなかった沈黙と異なる沈黙であるが、性にかかわる社会や人びとの対応をよく表している。しかしながら、おばあさまたちが生きてきた中国社会の状況を単純に批判することはできない。破壊しつくした村むらで虐殺し、強姦する兵士たちを生みだした日本社会への自問をつねに伴わなければならない。

(3) 記憶と記録[14]

盂県や山西省の戦争損出調査、戦犯調査や抗日戦争の公式記録には、性の被害をうけた女性たちの個別の記録はない。抗日戦争の記録には「強姦無数」とあるだけである。名前を記された女性は抗日活動家の女性である。さきに記した進圭社の周喜香は八路軍に奪還された記録はあるが、性の被害をうけたことは記されていない。記録と被害女性たちの重く持続する記憶との溝は、記録の作成が上位レベルの機関になるにしたがって深い。一九五六年に行われた中国の戦犯法廷である太原戦犯法廷では、九人の有罪判決をうけた元日本軍兵士のうち三人が強姦罪を認め、不起訴になった一二〇人のうち四三人が強姦・輪姦と女性を強要して「慰安婦」にした罪を認めている。しかし、五四年にうちだした、日本の民衆と軍国主義者を区別し、民衆に責任なしとする周恩来の外交政策が影響して、[15] これらの罪は日本人に記憶されることはなかった。南二僕が中国社会のなかで批判に曝されていた時期であった。一方、高齢のおばあさまたちの必死の抗議に接するまで、戦後の日本社会も人びとも、日本兵の女性にたいする加害の具体的事実を知らず、その責任を感じることはなかった。自分の行為を告白した元日本兵は、現在でもごくわずかである。中国社会もまた、女性たちの性の被害の事実とその記憶を封印してきた。

中国社会がすべてこうした状況であったのではない。盂県、あるいは山西省、中国全土で初めて、被害女性から一九八〇年代に聞き取りをはじめた羊泉村の小学校教師、張双兵《ちょうそうへい》、前述のおばあさまたちの世話を九〇年代初めからしてきた農民李貴明がいる。彼らは二人とも一九五〇年代生まれの男性である。家族ぐるみで日本人グループの調査を支えてきた山西省外事弁（外務省の出先機関）の官僚何清《かせい》、通訳などの仕事をしてきた山西大学教員趙金貴《ちょうきんき》、李書霞《りしょか》たちがいる。張双兵と李貴明は、韓国の教会連合・挺身隊問題研究会の女性たちが「慰安婦」にされた女性たちの真相を究明する頃と同時期に、被害女性から聞き取りを始めていたのだった。

五　被害女性たちと日本人グループとの交信

（1）　敬意と共感、信頼の関係

盂県西部の女性たちを一九三九年から四五年の間に突然に襲った出来事を、王改何は暴力を用いて性を犯され続けた屈辱だと語り、趙潤梅は苦しく辛いと語り、万愛花は日本兵が憎いと語る。「山西省・明らかにする会」の日本人との出会いは、この六〇年ちかく閉じ込めてきた体験と重く沈んだ記憶、六〇年をへるなかで変形し、けれども核の思いは強くなっている記憶に立ち向かうことであった。

この作業は前述したように、おばあさまたちにとって痛苦であった。この仕事を支えたのは会の日本人の、おばあさまたちの具体的な被害の事実を見極めたいという意識と、おばあさまたちの被害と生活への敬意と共感の気持ちであった。いや、それ以上に、おばあさまたちの胸やお腹に閉じ込めてきた記憶を吐き出したいという強い思いだった。おばあさまたちの出会いと聞き取りは、二回目から双方に親しみが生まれ、やがて敬意と共感と、双方向の思いが重なり合って信頼の関係が生まれていった。相互の信頼は、おばあさまたちの語りに耳を傾けるごとに、資料調査を重ねるごとに少しずつ深まっていった。そのことによって実態をより深く認識できるようになった。おばあさまたちは付添いの男性家族の存在を気にしなくなり、そして村での聞き取りでは村びとの存在を気にしなくなった。村びとのなかにも変化があらわれた。

石田によると、最初の出会いからの一年間が、被害女性たちとの間に、もっとも濃縮した関係がうまれた時期であった。

おばあさまたちは一九九七年三月の四回目の調査の頃から、「長く胸にわだかまってきたことを日本人の前に思い切り吐き出し（出口气《チューコーチ》し）、自分を苦しめた日本の責任者に謝罪させ、この一生の損害をいくらかでも償わせ、名誉を回復して村の中で胸を張って生きたい」と考えるようになった。「本当はこの事はずっと黙っているつもりでしたが、お腹に固まりのようなものがあり、死ぬ前にどうしても話しておきたくなったのです。自分は無力で何の役にも立たない人間かもしれないけれど、誰にもいえず自分ひとりで抱えてきたこのつらい気持ちを話したのは、日本政府に謝罪して欲しかったからです。そうでないと死んでも死にきれません。どうか私だけではなく多くの中国人女性に辱めを加えた日本軍の罪を明らかにし、私たち女性が何の落ち度もない被害者であることを証明して尊厳（名誉）を回復してください」と楊喜何はいう。(16)こうして裁判が始まった。

（2）日本人の自省と変化

おばあさまたちが自分に罪はなく、日本政府に責任があることを自覚する過程は、また日本人グループが一人ひとりの生活、存在のあり方を自省する過程でもあった。訴訟弁護団のひとりであり、最初から現地調査に参加している一九六〇年代生まれの川口和子は、東京高裁の第一回口頭弁論（二〇〇四・一一・二）で、私はなぜこの訴訟に参加しているのかと、精神史を含めて自分の生育史を述べた。被害女性の戦後の生活をふくめ、女性たちとの向き合い方を自分の生育史から問い直した。日本人の加害責任を追及してきた加藤修弘は、横浜大空襲でなくなった母の死の原因を空襲法などの戦時政策から追及し、一冊にまとめた。石田は、自分は二回解体した、一回は戦後の男女平等とアジア解放の息吹のなかで軍国少女の自分が解体し、二回目は山西省の出会いで研究者としての自分が解体した（『朝日新聞』「ひと」欄　二〇一一・二・一二）という。福田詔典は父の戦争体験の聞き取りに向かう。

私はどうであるか。山西省に通い始めた最初の頃は、バスの窓外に広がる中国の農村風景に魅了され、また、この街道を行軍する日本人兵士の疲れきった姿を想像していた。いつごろからかはっきりしないが、日本人兵士の姿は消え、村の人びとの当時の暮らしを思い描くようになった。二〇〇八年から九年にかけて高銀娥と趙潤梅、王改何が相次いでなくなった後、二〇一〇年の三月に訪問した時は、帰りの飛行機の窓外の雲間から三人が白く長いドレスをまとって、私に向かって歩いてくる錯覚にとらわれた。これらは現象にすぎない。けれども、山西省とおばあさまと、会のグループとの出会いは、九〇年代後半から意思的に始めていた研究方法上の私の模索を進展させていることは、確かである。私自身のなかにあるさまざまな差別感覚・意識の克服は、まだ途上であるが、個別の人びとの具体的な生へと私の関心を向かわせている。制度や法の分析をおこないつつ、そのもとで生きる人びとに、私自身をふくめて、私の関心は向かっている。

(3) 会の現在の活動

「山西省・明らかにする会」の人びとは、他の「慰安婦」問題に取り組んでいる団体と共同し、長い準備をへて、山西省武郷《ぶきょう》にある国立八路軍紀念館との共催で、「第二次大戦期日本軍の女性に対する犯罪パネル展」を開催した。参観者が多く、二〇〇九年一一月から二〇一一年五月までの長期にわたる展示であった。アジア地域全体での女性たちの被害と同時に、山西省盂県の女性たちがうけた被害と彼女たちが自分の尊厳を回復していく過程を展示した。おばあさまたちの歴史の復元を、おばあさまたちが生まれ育ち、被害を蒙った地、今も暮している地でおこなった。その後、このパネル展は盧溝橋人民抗日紀念館、陝西大学女性文化研究所など、各地で開催されている。

会は、また一五年戦争をしらない世代、とくに青年たちへの継承をはかっている。最初の取り組みは山西大学で行われた会のメンバーによる報告会であり、希望学生をまじえた村とおばあさま方への訪問であった。会のメンバーが学生たちに、女性たちが閉じ込められ、強姦をうけた建物を説明している風景を、私は感無量の気持ちで眺めていた。その後、日本の青年をふくめ、盂県の村むらを訪問する青年たちが増えている。

（4）人間らしい温もりのある道連れ

通訳をしている山西大学の李書霞は、会とおばあさまたちとの交信をつぎのように記している。「戦争のために生涯苦難をなめつくした彼女たちにとって、それは（会の訪問―筆者注）晩年の生活における強力な精神的支えと慰めになりました。毎年二回の訪問・見舞いは彼女たちの一年で最も特別な祭日です。短時間の交流と慰問がもたらす長い余韻は、発展から取り残された黄土高原の村で彼女たちが安らかに晩年を生きるための支えとなっており、（略）、彼女たちが老いと病苦を乗り越えるための強い原動力となっています。同時に、（略）、（会の訪問は）彼女たちの生活する村にとっても大きな出来事であり、（略）、彼女たちは村の中心人物になり、村人たちも彼女たちに配慮するようにだんだん変っていきました。（略）、被害者に対する持続する、そして人間らしい気持ちに基づくこのような配慮と支持は、彼女たちの尊厳の回復にとって大きな役割を果し、（略）、彼女たちは心の底から晴れることの決してない晩年に人間らしいぬくもりある道連れを得、尊厳ある晩年の生活を過ごすことができるようになったのです[17]」。

むすびにかえて

中国・山西省の女性たちが受けた性暴力被害は、盂県のような占領地や戦場での性暴力だけではなく、太原や陽泉に設置された「慰安所」による性暴力もあった[18]。「慰安所」は東アジアや東南アジアのさまざまな地域、沖縄をはじめ日本の各地に設置された。植民地や占領地の女性たちは戦場の性暴力と「慰安所」の性暴力に脅かされ、被害をうけてきた。「慰安所」設置の理由や日本軍兵士がこうした性暴力を行った理由、また日本社会の性の風土について記したいが、この小論の本旨と若干ずれるので省略し、国内外の裁判は、この問題をどのように把握したか、少々触れる。

加害の国、日本の女性の提唱によって実現した「女性国際戦犯法廷」（二〇〇〇年一二月開催、於東京）において、五大陸出身の五人の判事団は、日本軍「慰安所」制度と強姦は人道にたいする罪であるという各国検事団の共通訴状を検討した。判事団はまず、被害女性たちが性交する器官をもつモノとして、死とつねに直面する暴力に曝されて日常生活を送っていたことに注目した。つぎに酷使され、あるいは不適切な中絶手術による、妊娠不能などの生殖器官の損傷をとりあげ、第三に娘の強姦を防ごうとした父が殺されたことをはじめに語る被害者に、衝撃が二重の体験として折り重なって、記憶の深層を形づくっていることを重視した。

戦後「日本軍協力者」とされ、穢れた身と蔑まれて、沈黙の生活を送ってきた生活にも着目した。さらに、戦前と戦後の生活が相乗して、ＰＴＳＤが発症し、そのなかで暮す被害女性たちのＰＴＳＤの深刻さに関心をもった。判事団は女性たちにこうした生活を送らせた仕組みを性奴隷制度と判定し、これを「人道に対する罪」と規

定した。(19)

日本の司法は、山西省の女性たちの被害を「(前略)その加害行為の凄まじさから想像されるとおり、(略)およそ耐え難いものであった。(略)旧日本軍による直接の加害行為が去った後の精神的苦痛もまた、極めて過酷なものであった。(後略)」(二〇〇三年四月二四日　東京地裁判決)と事実を認定した。しかし一〇件九三人の女性たちによる日本軍「慰安婦」裁判は、一件を除いて敗訴であった。女性たちが日本政府に求めた明確な謝罪と賠償、再発防止の処置は、今日まで行われていない。国連人権委員会をはじめとする国連の各種委員会やILOなどの機関、韓国、フィリピンなどの被害国議会、米国下院議会などの各国議会、EU議会なども日本政府による明確な謝罪と賠償を行うよう決議をしている。

しかし、日本社会には「慰安婦」は売春婦であったと主張し続けている人びとや「慰安婦」展示を暴力で阻止しようとする人びとが存在する。

具体的な個別の被害の調査から始まった中国のおばあさまと加害の国の日本人との一五年以上にわたる交信は、敬意と共感、信頼と温もりのあるつながりをつくってきた。この敬意と共感、信頼と温もりは、一人ひとりの被害女性が体験した具体的な歴史の事実に徹底的に拘わりつづけてきたことから生まれた。この方法はまた資料の分析においても貫かれた。日中戦争史を戦場になった村の人びとの生活とその変化から組み立ててきた。

「山西省・明らかにする会」の人びとは、どの被害者にも妥当する物語、マスターナラティブを創らなかった。性暴力をうけた女性たちも自分の体験にこだわった。日本人は日本社会の自国と同盟国中心の偏狭なナショナリズムを背負って、つねに自分たちはなぜ被害女性の語りに耳を傾けるのかと自問しつづけた。彼らの自省は新しい自己像を生みだした。中国では、少数の人びとが「慰安婦」問題に積極的に取り組まない政府や婦女連合会のもとで、被害女性を支えつづけてきた。

このような関係、中国・山西省・盂県の人びとと日本人のグループの間に生成してきたつながりは、すでに何回も述べてきたことであるが、具体的に情況と人びとを把握するという作業のなかで、生きている個人に具体的に、個別に向き合うことから、生成した。社会のなかの、あるいは社会を創る人間のつながりの原点は、個別の、具体的な生きるという実存に徹底して拘ることにあるのだろう。

注

（1）日中戦争中に日本軍兵士から性暴力をうけ、東京地裁、高裁、最高裁へ提訴した被害女性たちと日本人グループの関係については、オーラル・ヒストリーにおける話者と聞き手の関係の観点から、「性暴力を生き抜いた人びとに耳を傾ける」（『日本オーラル・ヒストリー研究』第七号、二〇一一年）にまとめている。本稿は人と人との関係はどのようにして形成されていくのかという角度からまとめなおした。

（2）石田米子「盂県西部における性暴力被害者への聞き取り調査の概要」石田米子・内田知行編『黄土の村の性暴力』二〇〇四年、創土社。

（3）石田米子「中国における日本軍性暴力被害の調査・記録に取り組んで――被害女性たちの「出口气（心にわだかまるものを吐き出す）の意味を考える」中国女性史研究会編『中国女性史研究』一一号、二〇〇二年。実際に、万愛花は私がもし同志の名前を明かしていたら、私はこのような場で証言することはできなかったと語っている。

（4）テレビプロデューサー池田恵理子、会社員川見公子、田巻恵子、小林千春、佐藤佳子たちが参加している。

（5）山西省盂県の被害女性の訴訟は、この他に進圭社や隣村の羊泉村にすむ女性たち四人が一九九五年に、二人の女性が九六年に提訴している。

（6）聞き取りの内容は、前掲『黄土の村の性暴力』に被害女性の生の言葉ではなく、非常に整理された形で所収されている。被害女性、村人についての以後の叙述は、引用文献が提示されていない限り、本書に依拠している。当時の状況の整理された形での復元は、聞き取りによってだけではなく、山西省档案館所蔵の各種の戦争損出調査、『盂県文志史料』などの刊行物、日本の防衛省防衛図書館所蔵の日本軍関係資料などの史・資料に典拠して行われている。また聞き取りは、被害女性が話す言葉は通訳者も理解が難しい方言であったり、通訳者の解釈による日本語表現があるため、通訳の言葉のメモを整理し、通訳者のテープと中国語のテープをそのままおこして文章化したものをつき合わせた。話者は日本語漢字を音で発話するが、音は人によって異なっていたため、人名などの確定はできなかった。

会のメンバーは九八年から始まる訴訟という条件もあって、個別的にかつ具体的に女性の語りを聴いた。

本稿は、「山西省・明らかにする会」の調査結果を、二〇〇四年から会の皆さんと山西省盂県に行きはじめた私の体験をまじえて、再構成したものである。

なお、被害女性の氏名は敬称を用いないで記させていただく。

(7) 中国の女性の社会的地位や生活の状況の概略は、中国女性史研究会編『中国女性の一〇〇年』(青木書店、二〇〇四年)、日中韓編集委員会編『新しい東アジアの近現代史』下巻第五章(早川執筆)「家族とジェンダー」(日本評論社、二〇一二年)などを参照。

(8) 山西省における日中戦争史は、加藤修弘「大娘たちの村を襲った戦争」(前掲『黄土の村の性暴力』)を参照。

(9) 被害をうけて女性が出産した子どもの数は少なくないと推測される。村びとは成長した子たちを知っていたが、沈黙していた。母だけではなく子の悲しみも封印された。「出口气」五六号、二〇一一。二〇一〇年一二月に来日した革紹爛さんと羅善学さんの親子は、証言の席で戦後の生活を語り、号泣された。前掲早川論稿。

(10) 内田知行「劉面煥ダーニャンの【解放後】」山西省・明らかにする会機関誌『出口气』五四号、二〇一〇年。

(11) 石田米子「日本軍性暴力にかんする記憶・記録・記述」前掲『黄土の村の性暴力』二三二頁。

(12) 江上幸子「日本軍の婦女暴行と戦時の中国女性雑誌」中国女性史研究会編『論集　中国女性史』吉川弘文館、一九九九年。

(13) 江上幸子「戦時性被害という『恥辱』の語り」『近きに在りて』五八、二〇一一年。

(14) 山西省の記憶・記録に関して以下の論考を参照、石田前掲「中国における日本軍性暴力被害の調査・記録に取りくんで」「日本軍性暴力にかんする記憶・記録・記述」、同「講演記録　中国山西省における日本軍性暴力に関する調査に取りくんで」神奈川大学人文学部『人文研究』一四四号、二〇〇一年。

（15）荒井信一『和解は可能か』岩波書店、二〇〇六年、一六〇頁。

（16）メンバーによって整理された楊喜何の語りでは、「尊厳を回復させて下さい」となっている（四八頁）。しかし、被害女性たちが「尊厳」という言葉を使うことはないので、整理者の感覚がはいった表現として理解し、名誉という言葉を補った。また、石田によると、名誉という言葉を被害女性が使用しはじめるのは、訴訟を開始した頃からである。

（17）『出口气』五五号、二〇一一年。

（18）中国戦線における日本軍による強姦の実態については、笠原十九司「中国での日本軍性暴力の構造」西野瑠美子・林博史編『「慰安婦」戦時性暴力の実態Ⅱ』緑風出版、二〇〇〇年、山西省の「慰安所」と性暴力の関係については、石田米子・内田知行「山西省の日本軍「慰安所」と盂県の性暴力」前掲『黄土の村の性暴力』。

（19）「女性国際戦犯法廷」についてはＶＡＷＷ―ＮＥＴ　ＪＡＰＡＮ編『女性国際戦犯法廷の全記録』Ⅰ、Ⅱ（緑風出版、二〇〇二年）を参照、概略は早川紀代「戦争責任のはたし方」早川紀代編『戦争・暴力と女性　植民地と戦争責任』（吉川弘文館、二〇〇五年）を参照。

参考文献

荒井信一『和解は可能か』岩波書店、二〇〇六年
新井利男・藤原彰編『侵略の証言　中国にける日本人戦犯自筆供述書』岩波書店、一九九九年
石田米子・内田知行編『黄土の村の性暴力　大娘たちの戦争は終らない』創土社、二〇〇四年
石田米子「日本軍性暴力の記憶・記録・記述」『黄土の村の性暴力』
石田米子「中国における日本軍性暴力被害の調査・記録に取りくんで――被害女性たちの「出口气」（心にわだかるものを吐き出す）の意味を考える」中国女性史研究会編『中国女性史研究』一一号、二〇〇二年
石田米子「講演記録　中国山西省における日本軍性暴力に関する調査に取りくんで」神奈川大学人文学部『人文研究』四四号、二〇〇一年
内田知行「山西省の日本軍「慰安所」と盂県の性暴力」『黄土の村の性暴力』
内田知行「劉面煥ダーニャンの〈解放後〉」山西省・明らかにする会『出口气』五四号、二〇一〇年

江上幸子「日本軍の婦女暴行と戦時の中国婦女雑誌」中国女性史研究会編『論集　中国女性史』吉川弘文館、一九九九年
江上幸子「戦時性被害という『恥辱』の語り」『近きに在りて』五八号、二〇一一年
笠原十九司「中国における日本軍性暴力の構造」西野瑠美子・林博史編『「慰安婦」戦時性暴力の実態Ⅱ』緑風出版、二〇〇〇年
加藤修弘「大娘たちの村を襲った戦争」『黄土の村の性暴力』、山西省・明らかにする会『出口气』五四号（二〇一〇年）、五五号（二〇一一年）、五六号（二〇一一年）
中国女性史研究会編『論集　中国女性史』吉川弘文館、一九九九年
中国女性史研究会編『中国女性の一〇〇年』青木書店、二〇〇四年
早川紀代「性暴力を生き抜いた人びとに耳を傾ける」日本オーラル・ヒストリー学会『日本オーラル・ヒストリー研究』第七号、二〇一一年
早川紀代編著『戦争・暴力と女性　植民地と戦争責任』吉川弘文館、二〇〇五年
早川紀代「家族とジェンダー」日中韓編集委員会編『新しい東アジアの近現代』下巻、日本評論社、二〇一二年
VAWW―NET　JAPAN編『女性国際戦犯法廷の全記録』Ⅰ・Ⅱ、緑風出版、二〇〇二年

コラム1

名もない一人の女の逸話から

「この人は出来る限りのことをした」

新約聖書マルコ福音書一四・八a、聖書を知るキリスト教徒にはおなじみのエピソードの中に、イエスの口を通して記された上記の言葉がある。文脈は概ね次の通りである。磔刑による死の直前、イエスはエルサレム東側の街ベタニアのとある家で、食事の席についていた。するとその家に、上質の香油の壺を抱えた一人の女が突如入って来た。彼女は無言でイエスに近づくと、唐突にその壺を叩き割り、香油をイエスの頭に注ぎかけた。室内は純正なナルドの香りに満たされた。この香油は、三〇〇デナリオンは値のつくものであったと記されている。三〇〇デナリオンを現在の私たちの貨幣価値に換算すると、およそ三〇〇万円ともいわれる。女がイエスに注ぎかけたのは法外に高価な値の香油であった。この女の、みたところ極めて無礼で無駄な行為を咎めて止まないイエスの男弟子たちに対して、イエスは彼女を弁護した。

イエスの口を通してその理由が説明されるマルコによるこの逸話の括りの編集句、「はっきり言っておく。世界中福音の述べ伝えられる所では、この人のしたことも記念として語り伝えられるだろう。」の直前にあるのが冒頭の句である。

ところで、冒頭に記したのはカトリック、プロテスタントを問わず日本のキリスト教会が共通して用いる新共同訳聖書による訳文だが、岩波書店刊の聖書では同じ語が「この女は思いつめていたことをした」と訳される。

なぜこのように訳文が異なってみえるのか。

私たちが訳者ならこの文をどのように訳すだろうか。

この語のギリシア語原文は、ὅ ἔσχεν ἐποίησεν たった三語。

ὅ は関係代名詞単数中性対格。ἔσχεν は動詞 ἔχω（持つ）のアオリスト（過去時制）能動態三人称単数形。ἐποίησεν は ποιέω（行う）のアオリスト能動態三人称単数形。この三語を文脈から切り離し、試みに単純な英語に直してみれば、she did what she had ほどの文、すなわち「彼女は持っていたことをおこなった」のような直訳文となるだろうか。

しかし、新共同訳聖書の訳者も岩波聖書の訳者もそうは訳さなかった。各国語の翻訳においても其々に意を補った訳出が工夫されている。このギリシア語原文は、翻訳者にあたまをひねらせる箇所なのである。けれど、そもそもマルコはいったいどういう意味で、この三つの語によるテクストをこの逸話の中に書き留めたのだろうか。

多くのフェミニスト神学者／聖書学者によって、この逸話が高く評価され、頻繁に引用されるのは、前述のとおりのこの逸話の括りの句故であるといえるであろう。この一人の女の行為は、男弟子を咎めおいてまでイエスによって極めて高く評価された。女性はイエスの生前そして原始キリスト教の時代から、イエスの身近にあってまたイエス運動の中で非常に高い役割を演じ、イエスから認められていた。

しかしここではむしろ、先の三つのギリシア語単語に視点を合わせ、この逸話に思いを巡らせてみたい。

イエスの生涯の言行を物語形式で書き留めた新約聖書正典に含まれる四つの福音書には、いずれも上記の逸話が描かれている。中でも、最古の福音書マルコと最新の福音書ヨハネにこの逸話が登場すること、ルカにおいてこの逸話が他の福音書と異なる位置に置かれること、各福音書における逸話内部の個別の詳細の中で、様々に食い違う記述があると同時に、当時の一般的習慣等に照らし合わせてもむしろ辻褄が合わない細部に不思議に一致する記述が認められること。聖書研究によれば、それらについての諸分析から、この逸話の伝承史的価値は非常に高いとみなされる。即ち、この物語には歴史の核が含まれており、この女の逸話に近似する出来事は、実際にイエスの生涯において起こったものであると想定される。それが自然発生的に伝承として、人々の間に絶えることなく脈々と語り継がれていった。その伝承がやがてイエスの生涯の言行を書き記す際に不可欠なものとして、福音書記者によって書き留められた。何故そうなったのか。この女の振る舞いは、これをじかに見た人においても、また伝え聞いた人においても、その心に鮮やかに浸透して深い記憶を刻んだからではないか。この出来事の逸話はまた、既成の価値観や生き方について、本質から考え直させるような問いかけでもあり得たからではないだろうか。

細かい聖書分析を一旦度外視し、ただ想像を巡らせるなら、この ὅ ἔσχεν（彼女が持っていたこと／もの）はこの女の「全て」、しかしそれは彼女の持てる全財産であるとか社会的行動能力であるなどの意味ではおそらくなく、彼女がこれまで生きてきた人生における全て、言いかえれば、不条理な苦しみや悲しみ、幾重にも重ねられたそれまでの生活における日々の労苦、様々に体験してきた理不尽な扱い、幾度も傷ついた心、その都度それらを懸命な思いで超えてきた彼女の、自らに与えられた命を生きることに対する誠実な意志と努力と勇気……それらの一つ一つ、そして全体を表すものであるように私には思われる。そしてそのような意味における、ὃ ἔσχεν（彼女が持っていたこと／もの）は、誰によっても、勿論イエスの男弟子によっても、無礼であるという理由によっても、無駄であるという理由によっても、貧者に金銭を分け与えるべきであるという一見いかにも正当な理由によっても、否定されることはもとより、咎められることも蔑視されることもあってはならない。イエスは、彼女の生涯、命そのものを全て込みで全面的に肯定し、誰にも批判を許さず、受け止めたのではないだろうか。

この逸話を巡って、先に挙げた編集句に基づく高評価の他に、全財産を一人の男性や教会につぎ込むような逸話は頂けないとか、女性がイエスに香油を注いだのは頭であって足ではなかったはずだとか、当時のユダヤ社会の慣習に従えばやはり足であるはずだとか、頭を足にあるいは足を頭に書き換えたのはどの福音書記者であるかなどの議論が絶えない。しかし、そのようにしてこの逸話を私たちのイデオロギーの道具として共有しようと奮闘する前に、およそ二千年の時空を通り過ぎながら、私たちのもとへも伝えられてきた名もない一人の女のこの逸話から、改めてその最も根本にあるもの、すなわち、それぞれの人間の人生―命の大切さを第一のメッセージとして組みとることはナイーブに過ぎるだろうか。

彼女の、そしてこのような名もない一人一人の人の生涯―命はすべて、非常に純粋で高価なナルドの香油を凌いであまりある価値があるものであり、そのひとつひとつの命は、相互に周囲を潤し合いながら生きる力を与え合うかけがえのないものなのだと、古代の伝承の担い手たちは皆それぞれに、彼らの心のどこかで、この名もない女の逸話を受け止め、伝えていったのではないだろうか。

Ⅱ　社会的排除から包摂に向けて

4 「発達障害（者）」の増加は何を意味するか
――共に生きる社会に向けて――

牧 律

はじめに

三月一一日の大震災とそれに伴う原子力発電所で起こった大事故は、これまで私たちが作り上げてきた日本社会が抱え込んできたさまざまな歪みや疲弊を露呈させている。それはたとえば「今後原子力発電を全面廃止すべきかどうか」という議論に代表される、災害前まで推進してきた政策やビジョンの組み直しを意味するだけではなく、多様な生き方や考えを持つ人々が、この社会で共存するには、どのような取り組みが必要かを改めて模索することも含まれているように思う。

今回の震災では、家族や地域における「絆」の大切さが改めて印象づけられた。メディアは被災者の方々が世代を超えて協力し合い、助けあって災害復興に尽力する姿を感動的に報道した。そして家族や知人たちと速やかに結束し、協力しあえるつながりが災害復興の大きな力になっていると賞賛し、その絆の強さをわたしたちも見習うべきものとして伝えている。確かにその姿は、多くの日本人がすでに過去のものにしてしまった密度の濃い人のつながりと交流の温かさを思い出させ、プライバシーに踏み込まない近隣との人間関係に慣れてしまった多くの人々に、ノスタルジックな気持ちを抱かせる大きな効果を上げたように思う。

だがそのような伝統的な家族・共同体意識に裏打ちされた密度の濃い交流を、現代に生きるわたしたちがそのままに継承することが、良い人間関係の再生に成りうるのか考えてみると、それは少し違うのではないかと言う気もするのである。

災害勃発後一〇日ほど経ち、住まいを失った被災者の方々の多くが体育館等に一時避難して集団生活を始めた頃、小さな記事が三月二十二日付の朝日新聞に掲載された。

「自閉症の子 わかって周囲に遠慮　車中泊一週間で限界」

「大船渡の特別支援学級在学のA君には発達障害の一種である自閉症の障がいがあり、(1)多くの自閉症児と同じく環境変化や強い刺激が大の苦手である。見知らぬ人に囲まれたり、サイレンや雷の音を聞いたりすると、耳を塞いで「どうしよう」と大声で泣き続ける。しかし彼の母親は、『誰もがAの障がいを理解してくれるとは限らない。いつ大騒ぎしてしまうかと思うと、避難所には入れなかった』と語り、災害発生後の一週間を車中で過ごす生活を選んだと語った。だが車中での生活は大変辛く、一〇日近く経った現在ではこの暮しを続けることに限界を感じている。A君も家族も疲れ果てているがどうしたらよいかわからない」というのがこの記事のおおよその内容であった。

A君のような「発達障害」を持つと言われる子どもたちは、新しい場所が苦手な子が多い。以前は障がい児といえば、「知的・肢体不自由等のハンディを持つ子」という意識が一般的であった。しかし近年「社会性の障がい」と言われる発達障害、とりわけ知的に問題のない高機能自閉症と言われるアスペルガーや、ＡＤＨＤ（注意欠陥多動性障害）に代表される、「軽度の発達障害」と言われる特性を持つ子どもたちの存在が知られつつある。

また「発達障害」が注目される以前から、「不登校」や「引きこもり」の増加は大きな社会問題となっていたが、従来学齢期の子どもや若年層の問題と考えられていたこの現象が、中高年の人々にも広がっている事実が近年の調査から明らかになってきた。その調査によると、取り分け過疎化が進む地方に住む中高年の人々に「引きこもり」が多く見られ、その生活状況もかなり深刻であるという。(2) そしてこのように世代を超えて増加している「引きこもり」の人々の多くが、実は「発達障害」の特性を持つ人々で、このことが生活上の困難を引き起こす一因であることに、彼ら自身も気づかないまま引きこもっているという指摘もされるようになった。(3)

このように「発達障害」は、主に社会生活にうまく適応できない人々の特性として近年語られるようになり、現代の社会病理を考えるときに外せないものとして、医学的にも社会的にも関心を持たれている。

では一昔前には殆ど問題とならなかった「発達障害」と言われる人が増加し続けているという現状の背景には、どのような社会的疲弊やねじれがあるのだろうか。

私が「発達障害」に関心を持つようになったのは、ここ一〇年間の自身の子育てを通してである。中年近くなって初めて母親になった私は、子どもや子育てに対する社会の眼差しが、私が育った時代とはかなり異なっていることを事あるごとに思い知らされた。たとえば成長過程にある子どもたちが喧嘩をし、揉め事を起こすのは普通のことだと思っていた私の感覚は古く、子どもたちは仲良くそして聞き分けよく振る舞えないと問題視されることを身にしみて知った。そのような周囲の眼差しの中で、特に学齢期において皆と同じことができない子どもたちの喪失感は強く、それを見守る親の心配もまた尋常ではないことも体験した。言い換えれば私は子育てを通して、「みんなちがってみんないい」という建前の裏で、皆と歩調を合わせられない人々を排除する方向へと向かうこの社会の冷たさを肌で感じたのである。福祉の時代が叫ばれ、ノーマライゼーションの社会理念が日本に紹介されて久しいが、表面的には共生に向けて歩きだしているように見えるこの日本社会の、どのような歪みが発達障害の人を増加させているのだろうか。

本稿では以上のような前提を踏まえ、とりわけ発達障害の中でも現在において明確な基準のない「軽度の発達障害」に焦点を当て、この一〇年で急速にこの概念が浸透した日本社会に内在する問題を探ろうと試みる。従って本稿では、「発達障害（者）」そのものについて医学的・教育的見地から語ることを目的としない。むしろ現代社会の諸現象を、発達障害という概念フィルターを通して見据え、それを礎としながら共生ではなく弱者排除に向かう社会の意識と構造を明らかにし、そこに批判的分析を試みたいからである。本稿では「障がい」を用いるが、「発達障害」のような名称、『発達障害白書』「国際障害分類」等に記されている法律用語等は、そのまま直さず「障害」と表記していることを付け加えておく。

一　発達障害とは

（1）「軽度の発達障害」定義から見たその曖昧性

ではまず「軽度の発達障害」とはどのような障がいなのか、『発達障害白書二〇〇九年度版』からの記述を見てみよう。

「発達障害とは、『発達過程が初期の段階で何らかの原因によって阻害され、認知、言語、社会性、運動などの機能の獲得が障害された状態』と言える。広義の発達障害には重症心身障害（重複障害）、視聴覚障害、脳性麻痺、知的障害、自閉症、てんかんが含まれるが、これらの中で精神発達遅滞（知的障害）を合併していない（ＩＱ七〇以上）「狭義の脳の発達障害」を発達障害支援法では「発達障害」と定義している。そしてここでいう「発達障害」とは「軽度の発達障害」としてまとめられることが多い。（中略）軽度の発達障害の範疇に入る疾患は、学習障害（ＬＤ）・注意欠陥多動性障害（ＡＤＨＤ）・高機能広汎性発達障害（高機能自閉症、アスペルガー症候群）・発達性協調運動障害・軽度知的障害等である」(4)

このように二〇〇五年に施行された「発達障害者支援法」では、上記の白書に提示された軽度の発達障害児の諸疾患を新しく「障がい」として規定した。(5) そして「学校教育における発達障害者への支援、発達障害者の就労の支援、発達障害者支援センターの指定等について定めることにより、発達障害者の自立及び社会参加に資するようその生活全般にわたる支援を図り、もってその福祉の増進に寄与することを目的とする」と彼らへの支援の重要性にふれている。(6) また国際的判断基準では、社会的適応に際して最も重要になりやすい領域での障がいを優先して診断するとしている。(7) たとえばＡＤＨＤとアスペルガー症候群では、より重大な問題であるとされる社会性の障がいを優先するという。このような一連の発達障害を規定（認定）する解説からどのような事が見えてくるだろうか。

（２）障がい概念の多様化の流れの中で

第一に注目すべきは、現代における障がい概念の多様化である。世界保健機構（ＷＨＯ）が一九八〇年に発表した「国際障害分類」では障害分類を、1機能・形態障害（Impairment）――生理的レベルでとらえた障がい、2能力障害（Disability）――個人レベルでとらえた障がい、3社会的不利（Handicap）――社会的レベルでとらえた障がい、と規定した。この分類は障がいを機能・形態障害、能力障害、社会的不利の三つのレベルに分けてとらえるという、「障がいの階層性」を示した点で画期的なものであったが、同時に障がいをマイナス要因としてのみ捉えることについて批判が起こり、当事者側からプラス志向への変換も必要だと言われてきた。

そのような批判を受けて世界保健機構が二〇〇一年に発表したのが「生活機能・障害・健康の国際分類」である。ここでは「国際障害分類」で使われていた障がい名が「心身機能・構造」（機能障害）、「活動」（能力障害）、「参加」（社会的不利）という言葉となり、これらを阻害する要因として環境因子と個人因子があるとされ、それらが相互作用することにより、生活の質に変化が現れるとしている。[8] ここでは新たな阻害因子に環境が加えられ、すべての人間のＱＯＬ[9]がそれらの阻害因子の相互作用によってプラスにもマイナスにもなりうるという前提に立っている。

これは、「人は多様な要因によりいつでも障がい者になる可能性がある」という考え方に立ち、障がいを「永続的な心身の機能不全」であると捉え、回復する可能性があることを視野にいれた幅のある定義を特徴としている。とりわけその支援ニーズの所在を、特に環境因子との関連において検討する姿勢を打ち出し、その取り組みをポジティブな方向へ転換しようとする積極的な意識が見られる。言い換えればここには「本来すべての人はそれぞれの立ち位置と条件は異なっても、平等に生きることができる」という、人権と平等意識を基礎とした新たな障がい観への転換と確立を目指す姿勢が感じられるのである。

しかし同時にＱＯＬの阻害要因に新たに環境因子が加えられたことは、発達障害を持つ人々への理解が、これまで彼らを語るとき混在していた「個性や特性を持つ人」という、障がい枠にとらわれない漠然とした捉え方から、よりはっきりと彼らは「障がい枠に括られる人」なのだと周囲が判断する布石になってしまったと考える事もできよう。

本来ならこの国際障害分類が目指す障害概念を、旧来のマイナスのイメージに満ちたものから、リハビリテーションによる改善も可能なポジティブな概念へと変化させていこうとする前向きな考え方は、社会性の領域で判断されることの多い発達障害の人々を、より生きやすい方向へと導くための改善を目指したものであったはずだ。しかし未だ旧来からの差別的な障がい者理解が抜けきれない社会では、時代やその国の習慣等の条件によって、よくも悪くもなりうる個性とも言えるべき発達障害の「障がい」を、ポジティブに理解する下地はまだ出来ていないように思われる。未だ多くの人が考える「障がい」とは、恒常的にその困難性が続くものであり、健常とかけ離れたものであると考えている人々が多いし、そのような社会において、「障がいをもつ人」と理解されることは、社会的不利を背負うことになりかねない。

もちろん「障がい」を計る要素に新たな視点が加えられたことは、それらについてより多角的な判断と検討がなされる可能性が広がったことであり、従来の「障がい」に対する一元的視点を無くすことにつながる良い点があるとは考えられる。しかし障がいか否かを計る要素が多様化すればするほど、さまざまなケースがそれに当てはまることになり、それは結果的に障がい枠の拡大につながる危険があるように思われる。

また周囲だけではなく、自身で発達障害を疑う当事者も、自身が抱える苦しみからそれを生理的なものに起因した個人因子の阻害による「病理」であると考え、なかなか自分の環境的な問題までは思い至らないのではないだろうか。ここに環境因子を障害要因と考えることの可能性と弊害があることに、わたしたちは気づくべきだと思う。

知的・肉体的なハンディを持つ障がい児達の教育に長く現場で携わってきた宮崎隆太郎は、子供の成長発達過程で変化し、改良されてゆく可能性のあるこだわりや集中力の欠如等を「障がい」と呼ぶことに強い疑問を感じているという。彼は一九七一年に養護学校から拒否された重い障がい児達ばかりを集めた障がい学級を担当したが、この時の子どもたちの約三分の一が成人後も未だに重度・重複のままであるという。そして彼は「彼らの障がいは、年を重ねても殆ど改善しなかったのであるから、障がいとはそもそも発達や成長過程によって変化するものを指すのではなく、容易に社会参加できないようなハンディこそ障がいと呼ぶことができるのではないか」と語っている(10)。

ここには「障がいとは何か」という、人間の存在に大きく関わる命題に対し、十分な思想的練磨がなされないままに障がい枠を広げる方向に進む、現代社会に対する宮崎の批判が込められているが、同時にこのことは、人によって「障がい」に対する理解の幅が異なる事実を示していると考えることも可能であろう。

(3) 教育的判断と医学的判断のはざまで

第二に考えなければならないのは、「発達障害」への対応が、教育的判断と医学的判断との混在の渦中にあるという点である。白書にもあるように軽度の発達障害児は「ちょっと気になる子」であり、その多くが集団生活を始める学齢期以降に、学校生活において問題が発生している子どもたちである。入学後皆と集団行動ができない、友達とうまく付き合えない、授業中徘徊する等、多くは学校内でトラブルが多発する形でその問題は表面化する。そしてクラスにおいて、児童を集団統率しなくてはならない担任の下で、その統率から外れる子どもたちが彼らの教育的指導の限界を超える問題児として発達障害の可能性を指摘されることが多い(11)。そして殆どの場合、彼らに自信を失わせないような関わり方が症状を悪化させず有効であると説かれている(12)。

つまりとりわけ軽度の発達障害児に対する対応は、医学的な関わりと同時に、教育的配慮が重要だという訳である。このような発達障害児への対応マニュアル等を読むと、彼らへの適切な対応の仕方は、障害を持たない子どもたちへの良い対応とほぼ同様のものであることに気づかされる。つまりここでは「療育」が、健常の子供たちへの「良い教育」と大差がないことが語られている。たとえ障がいがあろうとなかろうと、良い環境と適切な周囲からの対応は、子どもの成長には不可欠のものであり、もし彼らを取り巻く要素が著しく不適切な場合には、障がいをもたない子どもの場合であっても、情緒的問題の発生につながる危険性が高いことは現在において常識である。

それ故「軽度の発達障害児」を語るとき、環境と対応によって左右されるという彼らのふるまいが周囲との軋轢をうむ場合では、そのような行動が生来の疾患からくるのか、それともその子どもに合わない現場の不適切な対応の結果なのか、すぐに明確な判断はできにくい。そのうえ多忙と教室運営の困難に疲弊している教師たちの多くは、トラブルを起こす子どもに日々余裕をもった指導をすることは難しい。そのような状態の中では、ゆっくりと見守るよりも迅速な「医学的治療」へと周囲が急ぐ傾向は容易に理解できることである。

他方診察にあたる医師や問題行動を指摘された子どもの親は、しばしば現場での対応のまずさと教育的配慮のなさを問題視するというように(13)、そこでは教育と医学の齟齬が発生しやすいのだ。だが私が不安を感じるのはその齟齬という点についてではない。近年現場の教師も親も、子どもを取り巻く周囲はこぞって「ちょっと問題のある子」の困難を軽減させるために、医学的処置へと急ぐ傾向がある。ここに近年顕著な教育から医療への流れの傾斜があり、現在では早期の診断が不適応の症状を悪化させない最良の方法であるという認識が定着しつつある。

周囲の人々は、そのような迅速な対応が子どもの幸せにつながると考えるし、診断に傾く気持ちが、彼らの善意からである場合がほとんどであることを否定する訳ではない。しかし「発達障害」という医学的診断がついた時から、その特質は「障がい」と判断され、人々の意識の中で「マイナスなもの」と思われることに対するやりきれなさを私は感じてしまう。実は発達障害の特性はその時点では厄介なものであっても、場所が違えば長所にもなりうる可能性を持ち、彼らのもつユニークさやこだわりの強さは時に素晴らしく有益にもなりうる可能性を持つ。つまり欠点と長所が裏腹であるという発達障害の特性は、その凸凹こそが「発達障害」であるゆえんだからだ。

本来人の成長に継続的に関わっていく教育は、その効果や結果が現れるには長い時間を要す。そこで子どもたちが安心して過ごせる「ゆとり」や「間」がなければ、子ども自身の「気づき」や「意欲」を促す良い教育は成り立ちえないであろう。軽度の発達障害の特性をもつ子どもたちも同様であり、ゆとりある教育の中で彼らの「障がい」は障がいでなくなり、並外れた良さになる場合も多いのである(14)。

しかし八〇年代から始まった「ゆとり教育」という学校教育の方向性は、授業数の削減や教える内容を減らした結果、学力の大幅な低下を招いたという批判を受け、二〇〇七年からその見直しが始まっている(15)。文部科学省が実施してきた「ゆとり教育」が果たして本当に学校教育の「ゆとり」につながったかどうかは大いに疑問である(16)が、現在は教育の方向性が「脱ゆとり教育」へと向かう流れの中で、教育現場では子どもへの対応と指導が余裕のあるものではなくなっている。それ故ゆったりとした時間の流れの中で子どもの成長を見守ることが難しい現状では、教育的取り組みよりも医療的「診断」へと子どもたちが急がされる傾向に、拍車がかかっているように思われてならない。

二　発達障害と現代社会

（1）発達障害と少年犯罪

では「発達障害」という言葉はいつ頃から社会に広まったのだろう。この問いを考えてみたとき浮かぶのが、「切れる」という言葉の出現とその意味の社会的変容である。以前「切れる人」と言う言葉は刃物の切れ味と同じく、「物事がてきぱきとできる人」という良いイメージがあったように思われる。しかし現代においてそれは「キレる人」を指し、昂ぶった怒りの感情が、我慢の限界を超えて一気に露わになる様子を表すことを指す。(17)

このように言葉のもつ意味が、人を好意的に受け止めるものから、「（相手と）距離を置きたい気持ちになる」状態を指すものへと変化したのは、二〇〇〇年前後に起こったいくつかの少年犯罪の影響が大きい。元々一九九〇年代に現代の若者を説明する際、「キレやすい」という言葉がメディアなどで使われ出したが、(18)それが一気に広まったのは、少年による重大犯罪についての報道が頻繁に伝えられたことにある。そしてこの報道の多さの中で「キレる」事が「発達障害」ゆえと理解され、マイナスのイメージと共に「発達障害」の名称が人々の間に記憶されることになったのである。

犯罪学者である浜井浩一は、当時少年の重大犯罪が著しく増加していなかったにも拘わらず、少年犯罪についての報道が急増してきたことを指摘している。(19)とりわけ一九九七年に起きた神戸市小学生連続殺人事件以降、佐賀のバスジャック事件[20]、長崎の幼女誘拐殺人事件[21]と少年少女が起こした事件の報道が、この頃から突出する形で増加している。しかしながら実際には刑法犯少年の検挙数は多少の増減はあるが、全体として平成に入った時期における少年の検挙人員は、戦後の占領期よりも減少していたのである。しかし残念ながらその事実は、人々の意識の間に殆ど定着しなかったようである[22]。

浜井は「視聴者を意識するマスコミが、しばしば殺人事件の被害者を主役とする『人間ドラマ』としての報道を作り、加害者や加害者側の弁護団をモンスターとして描いている」と批判しているが[23]、そのような報道姿勢も観る側に事件の残虐性と異常性を強く印象づけたといえよう。そしてこれらの一連の報道は、犯行に至った加害者少年たちの「切れやすさ」こそが発達障害の特質だと見る人に強く印象づけ、奇異の眼差しで見る社会的風潮を強めたと思われる。

精神科医である高岡健は、「少年事件の報道が過熱する理由のひとつは、少年事件における彼らの動機の不明瞭さが介在しているからであり、このような犯行動機の追求には、事件を引き起こした少年の性格や障がいに、事件の要因を帰属させがちである」と指摘している[24]。

つまり言い換えれば、人に対して向かう残忍・凶暴とも見える犯行の動機が何であるのか犯人自身が明確に語らない場合、その動機の不明瞭さ故に、本人の「精神的欠陥」や「発達障害」にその犯行動機が結びつけられ易いということである。そしてとりわけ成長期にある少年たちによる犯罪の場合、彼らが「発達障害」を抱えているということが犯行動機として、納得のいく理由として人々に受け止められたと推察することができよう。

人は常に自身が生きてきた背景と経験に照らし合わせて、なぜ・一体、どのような経緯を経てその事件が引き起こされるに至ったのかを推し量ろうとする。しかし未だ多くの人々にとって、浮浪児が多くいた占領期や[25]、高度経済成長期の若者の反抗により引き起こされる少年非行については理解可能でも、「いらつく」「キレる」という単純な言葉でしか心の葛藤を表現しない少年たちの心の闇を推し量ることは難しい。それゆえ少年犯罪がどのような背景で引き起こされるのか手応えのある分析がないまま、少年犯罪に対応する側も依然として混沌の中にあると言っても過言ではない。

「少年事件が増減する主たる原因は、評論家や識者が強調するような核家族化や父権の不在でも、学校の偏差値教育や管理体制でもバブル崩壊に踊らされた拝金主義でもない」と記される一方で、[26]「少年非行の現状を見ると刑法犯検挙人員は減少傾向にあるものの、少年人口に占める刑法犯検挙人員の比率はなお高水準にあり、また少年の一般刑法犯検挙人員に占める再非行少年の比率が上昇し続けるなど、予断を許さない状態である」という、前述の主張と相反するともいえる記述も近年刊行の『犯罪白書』の中に見られるのである。[27]そのような現状の中で「発達障害」という名称は、本来の概念が知れ渡ることなく、単に彼らの「病理」を指すものとして、言葉のみが広まってきたと考えることができよう。

（2） アスペルガーへの注目と偏見

そして犯行に及んだ少年達の何人かが広汎性発達障害であった可能性が大きく報道されるに至って、広汎性発達障害に分類されるアスペルガー症候群と言われる名称が、瞬く間に世に出回り語られるようになった。[28]このように発達障害と少年の重大犯罪が、極めて強い相関関係があるかのように受け取られたことは、発達障害を持つ人々をあたかも犯罪予備軍のように考える人を増大させる大きな要因となった。

とりわけ通称「アスペルガー」という名称は、この特性を持つ人々が多く持つ特徴としてしばしば取り上げられる、こだわり、社会性の低さ、コミュニケーションの困難等の総称として、あたかもその特性自体が欠陥であるという認識を、急速に社会に広める役割を果たしてしまったようだ。そして二〇〇七年、時代の流行や流れを巧みに捉えた「ユーキャンの新語・流行語大賞」において、KYという言葉がノミネートされ[29]、これは元々当時の首相の発言を揶揄したものであったが、KYは「その場の状況を察知できない人」を指す言葉として一般的に使われるようになった。そしてほぼこのKYと同様に「アスペルガー」という言葉も、「その場の空気を読めない」「頑固で融通が利かない」「何をするか分からない」人という、マイナスのイメージを表す言葉として、大きな誤解の中で広まっていった[30]。

この傾向を重大視した自閉症協会及び発達障害の親達の会等は、この言葉の一人歩きが発達障害を持つ人々への偏見を増長させるとして抗議声明を発表している[31]。またこの頃アスペルガーやその他の発達障害への正しい理解を促すための本が出版されるなど、発達障害とその関連の言葉の流布は、一つの社会現象にまで発展したことは記憶に新しい。

以上のような「発達障害」についての一般的な理解と社会的広まりを概観したとき、我々の社会は、「自分とは異なるもの」や「よく理解できない不透明な存在」について、その本質を知ろうとしないまま、それ自体をカテゴリー化しようとする傾向があることに気づかされる。それはアスペルガーだけではなく、たとえばADHD傾向のある子どもたちは、その行動の特質ゆえに「のび太・ジャイアン症候群」と命名されたり[32]、「片付けられない女性スペシャル[33]」というテレビ番組がADHDと関連づけて放映されたことでも明らかである。

このようなカテゴリー化の中で進む「発達障害」に対する世間の関心の高さは、人々に「発達障害をもつ人々」の困難についての理解を促すプラスの面がある一方で、片付けられない女性＝ADHDのように、マイナスイメージの強い特徴を、短絡的に発達障害とつなげて理解する傾向にも拍車をかけたように思う。

三　発達障害とジェンダー

現在「発達障害」と判定される子どもの男女差は、ADHDの場合2~9対1の割合で男子が多く、自閉症も専門家が語る割合にはばらつきがあるものの、概ね3~5対1~4の割合で男子に多く見られるという(34)。なぜ子どもにそのような障害が発生し、特に男子に多いのか等については、現在は医学・医療的立場から多角的に研究がなされ、遺伝子や染色体、脳の男女差等が、生物的な個人因子の要因として注目されている(35)。

だが一方で社会構造的な観点から眺めると、そこにはこれまで日本社会で無意識に機能してきた男女の性別役割分業や、社会が求めるジェンダー規範等が、「発達障害」の特徴を際立たせるものとして存在していることに気づかされる。また当事者だけではなく、発達障害児をケアする母親たちが多大に感じるストレスの根源には、社会の、また自分自身の中にも存在する、無意識のジェンダーバイアスが影響していることも見逃すことができない。以下ではそのことに少し触れてみよう。

(1)　ケアされてきた男たち

まず現代における、軽度の発達障害を持つ人の増加を考えたとき、なぜここ一〇年という短いスパンのなかで「発達障害」がそれほど顕著な社会問題になってきたかということである。歴史上有名な人物で発達障害を持っていたに違いないと語られる人は多い。ADHDの支援NPOである「えじそんくらぶ」の団体名は、発明家トーマス・エジソンから付けられたものであるし、[36]『天才脳は「発達障害」から生まれる』[37]では、織田信長、葛飾北斎、野口英世等も「キレやすかった信長」、「あとかたづけができなかった葛飾北斎」、「浪費グセの野口英世」等、彼らの残した日記や手記を参考にした正高信男が、資料から垣間見られる彼らの様子から、それらの人々が発達障害であった可能性を推測している。

もちろんその可能性は推測の域を出るものではないし、正高氏の主張する「彼らが発達障害であった」という根拠が、「〜できない」という部分に偏っている事等、その論考について批判すべき点は多い。しかし彼が主張する「自己制御の弱さ」という「発達障害の特性ゆえに彼らは天才であり得、偉業を成し得たのではないか」という、発達障害であることが、マイナスの面だけではなく、プラスの部分を生み出してきた可能性に言及したことについては、全く異論を唱えるものではない。

しかしここで私が思いを馳せるのは、それらの天才たちの周囲にいた家族や家臣等、彼らの周辺にいた人々の苦労である。彼らが個性的であればあるほど、その凸凹な生き方を貫くためには、周囲の多大な援助が必要であったと推察するからである。そしてその周囲の助けこそが、彼らが破綻せずに溢れんばかりの才能を開花させることができた重要な要因ではなかったかと強く思う。つまり現代に即した言葉で言えば、彼らに周囲からの適切なケアとサポートがなされたからこそ、彼らの才能は開花しえたのだ。そして彼らがそのように生きることができたのは、家庭内や共同体内における男女の役割が明確に区別されていた時代であったからであり、男性である彼らは周囲からケアとサポートを享受できる、そのような地位と性を持つ存在であったからだと言えるだろう。それゆえ発達障害のサンプルとして紹介される「歴史上の人物」は、圧倒的に男性が多いのではないかと思われるのである。

とりわけ日本の近現代社会において、「男性は公かつ社会性のある働きをなし、女性はその男性を支える」という男女性別役割分業への強い共感は、男女共にその支持が強く、高度経済成長期を頂点とするほんの近年まで、その意識の増加は続いていた。(38) そして現代においてさえ国際比較において、日本の女性たちは未だに固定的役割分担意識を強く持ち、それは女子学生に代表される若い女性達にその傾向は顕著に現れていることがデータで明らかになっている。(39) 日本は女性が男性のサポートをすることを既存の事とする社会システムから未だ完全に抜けきってはいない国なのである。それ故長い間男性たちは、経済活動を男の任務としてこなすことで一人前の社会人として認められ、あらゆる場所で女性たちの有形無形のサポートを得ながら暮らしてきたのである。

しかしそれでも全体的には、社会は性別役割分業志向から男女共同参画へと変化しており、性別による仕事の分担を好ましいと考える人は年々減少している。たとえば夫が家事や育児をすることについて当然であると考える人は一九七三年の五三％を底辺として増加し続けているし、生活費も家事も夫婦で平等に担うという意識は、年々増加している。(40) それゆえ現在の日本社会はそのような性別役割分業と男女共同参画意識が入り交じる過渡期の流れの中にあると言ってよいだろう。

そのような流れの中で、遅まきながら男性たちは従来のケアとサポートを受け取る存在から、相互に与え合い支え合うフレキシブルな存在へと変わることを求められている。そしてこのようなジェンダー観の変容が、現代において男性の発達障害の増加を際立たせる要素と無関係ではないように思われるのである。

（2） ケアとサポートをしてきた女たち

では翻って歴史的に女性が発達障害であった場合は、どのような状態であったと想像できるだろうか。残念ながらその推察を裏付ける資料はほとんど見当たらないが、現在において自身を発達障害であると公表している人達の紹介を参考にすると、そこに紹介されている一三名の内、女性は一名のみであった。(41) これは多くのデータの集約ではなく、ひとつの例の紹介であるゆえ、これにより全体を語ることはできないが、この場合女性のカミングアウト数が極端に少なく、しかもその数が発達障害の男女差を上回る少なさであることから、我々の社会は未だに女性が自身の生き辛さをより公表し難い共同体なのではないかという思いがこみ上げる。

それは「発達障害の女性の辛さは周囲からのサポートをうけ難いことである」という指摘があることでも確認されるが、(42) 女性は整理整頓等に代表される日常生活を維持するための家事能力を既存の能力として期待されやすいため、それがなかなか難しいときに、その困難を「発達障害」と関連づけて考える傾向があるように思われる。つまり女性自身の中にある既存の性別役割分業意識がその後押しをするのである。

又当事者だけではなく、発達障害児を育てることに苦悩し、自分の育て方が悪かったのではないかと自身を責めるのは母親たちである。すでに障害児を育てる母親にストレスが多い事は明らかになっているが、(43) わけても発達障害児を持つ親のストレスは、他の障がいがある子を育てる母親も含めた中で最も高いという興味深い報告がある。(44)

発達障害は子どもの成長と共に改善が期待できるものであるという認識が一般的である。(45) そのためその改善への期待は母親たちを奮い立たせる要素になりうるが、同時に個性とも障がいとも取れる子どもたちの振る舞いは母親たちの不安を増大させ、健常の子どもたちのようにはいかない子育ての辛さが彼女たちの大きなストレスになっていることが想像できる。

また「発達障害児の母親たちは障害の特性から育児の責任をすべて自分で抱えがちになる傾向がある」という

指摘があるが、[46]育児から離れる時間を作ることや、積極的に仕事をするなどして自己実現を図ることが、そのストレスを解消する効果的な方法であるという。[47]これは「母親役割」という社会における強固なジェンダーバイアスからの解放が、母親にも子どもたちにも良い影響と結果を生み出す証と見ることができよう。

以上のように発達障害をジェンダーという観点から検討してみると、性別役割分業意識が廃れつつある時代の流れの中にあっても、依然として人々の意識の基底には、男らしさや女の役割に対する固定観念が根強く残っており、その役割に適応できない困難が出てきたとき、それを「発達障害」と関連づけて考える傾向があることに我々は気づくべきであろう。

四　発達障害とコミュニケーション

(1)　健常と障がいの間　「ボーダー」と言われる人たち

すでに述べたように、広汎性発達障害（ＰＤＤ）の一群である通称アスペルガーと呼ばれる人々は、概してコミュニケーション・社会性、想像力の三領域が弱く、さまざまなこだわりがあると言われている。[48]そしてアスペルガーという名称が他の「発達障害」よりも抜きん出てよく知られるようになった理由には、何よりも彼らの特性であると言われる社会性とコミュニケーション能力の低さが、周囲との軋轢を生みやすいからではないかと推測される。

『発達障害白書』（二〇〇九年度版）では「発達障害の二五年を検証する」という特集を組んでいるが、その中でここ一〇年の間にＰＤＤの増加が顕著であるという報告をしている。論拠としてここに掲載されている「旭川荘療育センター児童院、発達障害外来の統計」を参考にすると、ADHD、LD等と診断されるケースについては二〇〇一年までは微増加しているが、その後は減少しているのに対し、とりわけPDDと診断されるケースがここ一〇年の間に加速的に増加し続けている事がわかる。[49] そしてPDD以外の発達障害の診断数は変動が少ないのに対し、PDDのみが突出して増加し続けている。その理由として「小児のPDD傾向の存在に注目・重視する傾向が強まったことと関係がありそうだ」と言う分析が、この白書ではなされている。

また外来初診数五八七名のうちPDD、ADHD、LDいずれかの診断があったのは五〇九名（殆どがPDD）であったが、そのうちIQが七〇以上のケースは三九三名で、実に七七・二％もの人々が高機能群の発達障害、いわゆるアスペルガーの特性を持った人々であると考えられるとしている。さらに受診の背景には「診断幅が広がっただけではなく、例え知的障害がなく、特性の希薄な発達障害児（者）でも不適応がありうること、さらにその不適応を個性・性格として捉えるよりも、障がいとして捉える方が適切な対応につながりやすいといった臨床的事実がある」[50]と、たとえ「軽度の発達障害」であっても積極的に判定が下される現状と、その必要性について説明が加えられている。

このようなデータと分析から、とりわけアスペルガーの特性を持った人々がこの一〇年数多く診断され、しかも彼らの多くが「特性の希薄な発達障害児（者）」即ち通称「ボーダー」と呼ばれる、「障がいと健常の境界線上に立つ人々」であることに注目したい。そしてこのようなボーダーの人に「発達障害である」という判定を積極的に下そうする昨今の診断と判定を考えたとき、現代社会では、健常であるという範囲が非常に狭まっているということに改めて気付かされる。そしてそれほど現実の社会が発達障害の人にとって生きるのが厳しい環境であるならば、彼らを障がい枠に入れることが社会的不利益から彼らを回避させるための方策であり、ボーダーの人を健常の領域におくことが、必ずしもインクルーシブ[51]になるわけではない等と諦め気味に呟く自分に気がつき、問題の根深さの前に、自らを多数の論理へと埋没させそうになる自身の弱さに嘆息するのである。同時に彼らを障がい枠の中にいれるという「社会的区別」が、結局のところ「サポートが受けられること」を可能にするという、「排除」が「援助」に転換するパラドックスを引き起こす社会の捻れを前にして、その捻れを少しでも解きほぐす糸口を探したいと願う自分がいる。

（2）コミュニケーション能力とは

では一体どれほどの、そしてどのようなコミュニケーション能力が現代においては必要なのだろうか。それは結論から言うと、その場の環境と対人関係によって異なる多様なケースが想定され、くくることができないものであろう。たとえば家族間では少ない発語で十分な場合もあるし、精神医である青木省三が指摘するように、「礼儀作法やしきたりや上下関係の明確な時代においては、例え言語コミュニケーションが少なくても、パターン化した動作や言葉によって容易に共通理解を得る事が可能である」からだ[52]。

青木は長く木彫師として働いていたアスペルガー傾向をもつ男性が、その卓越した腕前を見込まれて大学の教員となったことで対人の仕事が増え、追い詰められてうつ病と診断された例を紹介しているが[53]、「職人として生きていくことが困難になったために失調する人たちの一群に、広汎性発達障害的な破綻を呈する人たちがいるのではないだろうか」と、口下手でがんこな職人気質を持つ人たちが、生き辛くなっている現代の社会に危惧を抱いている。

それゆえ青木は昨今発達障害の人々の特徴としてあげられる「コミュニケーション能力の不足」については

「彼らの能力がなくなったわけではなく、元々交流をそれほど持たなくても、口数が少ないことを善とする、非言語的コミュニケーションが豊かな土壌が日本にはあり、そこでは共有する社会規範・価値観・文化があった。しかしその規範や文化が多様で曖昧になればなるほど、その曖昧性を補うため高度なコミュニケーション能力が求められるようになり、それゆえに出てきた問題である」

と述べている。(54) そのような観点から見たとき、「コミュニケーション能力の欠如」とは、効率と均一を追求し、「ゆっくりと繋がり合う」関係性と多様性を切り捨ててゆく社会に慣れきった人々が口にする、「排除の言葉」のように聞こえないだろうか。

むすびにかえて――何が大切か

以上のようにいくつかの資料とデータを参考にしながら、現代の日本社会において「発達障害（者）」の増加が、社会のどのような状況を表しているのかを探ってみた。

本来世界保健機構が「国際障害分類」から「生活機能・障害・健康の国際分類」への移行で目指したのは、共生社会の実現に向けて「障がい」の捉え方を、人権と平等を射程にいれたより多様な幅のある概念へと変えて行くことであった。「障がい」はいつでもそして誰にでも諸処の要因の相互作用によって引き起こされるものであるという新たな認識は、障がいを持つ人・持たない人を分ける垣根のない社会の実現を志したはずであった。そこでは社会的市民をカント以来の自己決定できる「自律した人々」という捉え方ではなく、全ての人はその一生において、どこかで誰かに依存しなければ生きられないと考える、即ち「依存」が人間の基本的条件であるとすら考えるエヴァ・フェダー・キテイの「依存者」(55)を理解することに、その前提が通じるものがあるように思われる。

これまで「正義」の問題を考えるとき、たとえばロールズ(56)の政治理論で語られた平等と正義に対する理論では、「依存」は常にそのような議論の対象からは外され、平等と正義の理論は自律した存在を媒体としてのみ語られてきたとキテイは批判する。また彼女は、そうした「依存に対する関心を排除したまま政治を構築しようとする理論は、依存労働者の搾取か依存者の無視によってしか成り立たない」と批判し、より深く「他者へのケアの倫理」にも目を向けるべきだと主張している(57)。

然しながら現在の社会は、未だ旧来からの価値観と規範を引き摺る区別（差別）と同調圧力が強い社会であり、キテイが主張する「弱さ・脆弱さ」で繋がり合う関係とは大きな隔たりがある。

このような状況下において「異なる存在（人）」や「不可解な存在（人）」を受け止め共存しようとする方向ではなく、排除する方向へと世論を向ける方法に「対象のスティグマ化」が挙げられる。

少年犯罪の過剰な報道と、それに関連づけられて流された発達障害の名称は、高岡が言う「時代の矛盾を背負うがゆえに常に時代の先端を体現する存在である(58)」少年たちに向ける真剣なまなざしのないままに、その事件の残虐性・異常性のみを象徴するものとして「スティグマ化」に利用されたこと、それについても私たちは怒りを持って長く記憶すべきであると思う。このことからもわかるように「発達障害」は、今日の社会における弱者の排除と差別の構造を映し出す媒体となっているのである。

ではこのような状況下で、一体どのような社会変化につながる効果的なアプローチが可能だろうか。

まず気を付けなければならないのは、本稿の冒頭でも触れたが、家族回帰、共同体回帰へのノスタルジックな流れに安易に傾倒することである。人々が助け合い、家族が仲良くすることに全く異論を唱えるものではないが、これまでの地域共同体や家族内における人と人との関係は、水平の関係ではなく、歴史的に見ても上下の支配的な構造に基づく共同体であり家族関係であったことを忘れてはならない。またその支配構造は現代においても全く崩れ去ったわけではなく、家庭や地縁共同体という場は、その弊害を受けやすい場でもあることを心に止めるべきである。そしてこれらの場は「支配と抑圧」の舞台になりうると同時に、「協力と慰め合い」をえることのできる場にもなりうる、そのような両義的な可能性が混在する場であるという認識が必要であろう。

そしてそのような場で紡がれる生活の営みは、キテイが主張するように「個人的な価値や性差や性役割に還元しないことを前提とした『依存とケア』が、人間の基本的条件であることとして位置づけられ、そこから正義を論じることができる[59]」場合に、初めて共生への可能性とつながるように思われる。しかし江原由美子[60]は「依存批判の射程」と題した論考の中で、キテイが説くこの依存に立脚した関係性の結び方が「多様であり、一般的過ぎてそれが射程の広さにつながってしまう危険と裏腹である」と、評価しながらも同時にその実現の難しさについて指摘している[61]。

ではこのようなキテイが説く『ケアの倫理から始まる正義論』の具体的実践のモデルは何かと問い直したとき、社会福祉の視点からの取り組みである。「エコロジカル・アプローチ[62]」が類似する方向性をもったものであると考えられる。

発達障害の専門医である田中康雄は、精神科の医者として患者に診断名を下すことについて長らく悩んできたという。彼が診断名を下すことを躊躇するのは、諸処の成長や環境への適応の程度により変化を見せる発達障害の特性が、どの程度本人に影響するのか判断が難しいことや、障がい名がつくことにより当事者が困難をすべて発達障害のせいにしてしまいがちになることがあるからだという。そして何よりもそういうものなのだと「発達障害」の名称に田中自身が抱く偏見・不憫さという意識があったからだという。[63]

彼は二〇歳未満で発達障害を疑った人に診断名を告げたのはこれまで四名のみであるというが、それはその子の成長を助ける契機になると思えるケースでの診断告知であり、彼らがその診断を活用できる可能性を信じたときであったという。彼は「相手の存在を徹底的に肯定し、僕にとって大切な仲間という思いで個々の世界を自分のために説明し直すことで僕たちは結びついている、という共同体感覚（アドラー）を背景にして人間を理解するために診断名を使いたいのです」と語り、「診断に関する僕の躊躇は、個々に住む人達の世界を意味づけ、区別（差別）し、未来を予見するという行為者への不信だったのだと思います。相手を判断査定することへの関心から、相手と一緒に何ができるのかということに、僕はようやく関心を持つことができたようです[64]」と、自身が診断する側にいるものとして、診断される側の人々との間にある隙間を、「相手と一緒に何ができるのか」という相互に交流し協力し合う作業で満たす、そのような方向へと転換し可能性をつなげることで、医師としての躊躇と苦しみと偏見から解き放たれてきたと語っている。

医者と患者というしばしば最も権威と服従が発生しやすい人間関係を、お互いの苦しみの中で理解を深め共に歩んでゆく「穏やかな寄り添い」の関係に作り替えようとする田中のアプローチは、まさに環境と周囲に配慮したエコロジカルなものであり、キテイの言う「ケアの倫理」に通じるものではないだろうか。

そのような「弱さを基軸とした」持続可能（sustainable）なつながり合いへの志向は、現代社会の歪み凹みに新しい補強の土を埋め込むような穏やかな効果をもたらすのではないかと思われる。「発達障害」というものが効率と早急な結果を求め急ぐ高度な情報化社会への移行の中で問題となってきたものであり、「自然が育んだ多様な人間関係が非常に窮屈に制約された結果析出したもの」(65)であることを考えたとき、その穏やかなつながりが作り出す相互の思いやりの関係は、人間のつながりあいの原点に帰る安心感のあるものではないかと考えるからである。

注

(1) 「障害」は元々日常生活に支障があるという意味で「障碍」と表記されていたが、一九四七年交付の当用漢字に「碍」が無くなり「害」となったとされている。「害」はマイナス印象が強いことから近年「障碍」「障がい」と表記する場合も多い。(引用：青木清久篇『新版 精神保健福祉』学文社、二〇〇八年、一一三頁)本稿では「発達障害」のような名称以外に使うときは「障がい」と表記する。日本にいる自閉症と言われる人の人数は推定三六〇、〇〇〇—一、二〇〇、〇〇〇人。(出典)日本自閉症協会

(2) 二〇一二年七月一二日に報道されたNHKニュース「おはよう日本」では中高年の引きこもりは推定七〇万人にも上り、秋田県北部にある藤里町(ふじさとまち)で行われた調査では、町民三、九〇〇人のうち、実に一一二五人が引きこもりで、それは三〇人に一人の割合であると報道している。

(3) NPO法人「全国引きこもりKHJ親の会」の調査によると二〇一〇年の調査から引きこもり経験者の約四分の一が、広汎性発達障害の傾向を示したという。

(4) 日本発達障害福祉連盟編『発達障害白書 二〇〇九年度版』日本文化科学社、二〇〇八年

(5) わが国において「発達障害」という用語が行政施策の中で使われたのは、平成一四年「自閉症・発達障害支援センター運営事業」からである。

(6) 第二条、定義、発達障害者支援法(平成十六年十二月十日法律第百六十七号)

(7) 杉山登志郎『発達障害の子どもたち』講談社現代新書・一九二二、二〇〇七年、一四三頁

(8) 環境因子とは，人々が生活し，人生を送っている物的な環境や社会的環境，人々の社会的な態度による環境を構成する因

子のこと。他方個人因子とは，個人の人生や生活の特別な背景であり，健康状態や健康状況以外のその人の特徴のこと。http://sugp.wakasato.jp/Material/Medicine/cai/text/subject04/no4/html/section7.html

（9）Quality of Life とは、一般に、ひとりひとりの人生の内容の質や社会的にみた生活の質のことを指す。

（10）宮崎隆太郎『増やされる障害児』明石書店、二〇〇四年、一六頁

（11）「通級による指導を受けている生徒数の推移」（文部科学省データ）によると、生徒数は平成五年から毎年増加し、平成一五年には約二・五倍になっている。

（12）失敗が多く叱責を招きやすいＡＤＨＤ児に必要なのは「おだてまくる」ことが必要な体験である。「おだてまくる」前掲『発達障害の子どもたち』一三九―一四〇頁

（13）「先生にもっと骨を折ってもらいましょう」『こども・きょういくがっこうＢＯＯＫ　おそい・はやい・ひくい・たかい』No.58、ジャパンマニスト社、二〇一〇年、二四―三〇頁

（14）発達障害は、育て方や環境を整えることで改善する例も珍しくない。前掲『発達障害の子どもたち』四四頁

（15）昭和五〇年代の改訂から減り続けた授業数は二〇一一年から三〇年ぶりに増加する。『新学習指導要項』文部科学省

（16）結果として受験産業の興隆が起き、「ゆとり」にはつながらなかったという、諸処の批判もある。『「総合学習」進化する塾』産経新聞、二〇〇八年二月一八日

（17）「キレる」は国語辞典には掲載がなく、俗語として扱われている。

（18）「最近よく使われるようになった『キレる』という表現にみられるように、一見ささいなことでストレスや不満を抑制できなくなって衝動的に問題行動を起こしたと思われる事例が多く発生している」「青少年の非行等問題行動に関する現状認識」平成一一年七月二二日、青少年問題審議会答申

（19）浜井浩一『実証的刑事政策論――真に有効な犯罪対策へ』岩波書店、二〇一一年、七頁

（20）二〇〇〇年五月三日西鉄バスハイジャックをした一七歳の少年が起こした事件。

（21）二〇〇四年六月長崎佐世保市で六年生の女子児童が同級生を殺した事件。

（22）特にここ一〇年における刑法犯少年の検挙人員の推移では、凶悪、粗暴、窃盗等いずれにおいても、その犯罪数は減少している。『子ども・若者白書』平成二三年度版、五三頁

(23) 前掲、『実証的刑事政策論――真に有効な犯罪対策へ』三三五頁
(24) 高岡健編『孤立を恐れるな！　もう一つの「一七歳」論』批評社、二〇〇三頁
(25) 戦後の混乱期（昭和二六年が第一次のピーク）『平成二〇年版犯罪白書』
(26) 「少年法について考える――少年非行の推移を踏まえて現状を正しく理解するために」『ふぁみりお』第一六号、一九九八年五月二五日
(27) 「はしがき」『犯罪白書』平成二三年版
(28) 神戸の連続小学生殺傷事件の少年Aは「発達障害に起因する性的サディズム」二〇〇四年六月一日、佐世保小六女児同級生殺害事件の加害女児、二〇〇七年長崎男児誘拐殺人事件の加害男子は、「アスペルガー症候群」と診断された。
(29) 「空気を読めよ」、「空気が読めない奴だな」の頭文字。周囲の状況にふさわしい言動ができない人への警告（Japan Knowledge）
(30) アスペルガー症候群の特性は多様であり、コミュニケーション上の特徴が障害とは限らない。
(31) 日本自閉症協会は、「自閉症に対する偏見を助長しかねない」「自閉症と事件に因果関係はない」と抗議声明を発表。特に全国にある［アスペルガー症候群］の子をもつ親の会の反発は強く、各報道機関に「アスペルガーという名称を使用しないでほしい」と要望する出来事まで起きた。二〇〇六年一〇月
(32) 医学博士司馬理英子が命名した造語。『のび太・ジャイアン症候群』（主婦の友社）一九九七年を刊行。ＡＤＨＤをはじめて日本に本格的に紹介した同書は、大きな反響を呼び、ベストセラーとなる。
(33) 二〇一一年五月二五日ＮＴＶ放送
(34) 田中康雄は、女子の場合は発見されにくいからではないかと言っている。田中康雄監修『分かって欲しい！　気になる子』ラポムブックス、二〇〇四年、二二一―二九頁
(35) 「自閉症が男子に多いのは？ 知れば得する？ 脳科学―自閉症」国立特別支援教育総合研究所客員研究員、渥美義賢 http://www.nise.go.jp/cms/6,4134,13,257.html
(36) 「ＮＰＯ法人えじそんくらぶ」は自身もＡＤＨＤであるという高山恵子現代表が一九九七年に設立。
(37) 正高信男『天才脳は「発達障害」から生まれる』ＰＨＰ新書、二〇〇九年

(38) 戦後日本女子労働力率は一九七五年を底辺として上昇に転じる。『労働力調査』「夫は仕事妻は家庭」という性別役割分業に賛成する意識が最も支持されたのが一九七二年である。『総理府調査』
(39) 米山珠里「日本・イギリスの女子大学生の就労と育児に関する意識調査の一考察」『弘前学院大学社会福祉学部研究紀要第一一号』二〇一一年、四五―五三頁
(40) NHK放送文化研究所編「男女と家庭のあり方」『現代日本人の意識構造［第七版］』NHK出版、二〇一〇年、四四―四六頁
(41) 広汎性発達障害の専門サイト「発達障害の有名人」http://www.nnaymp.net/237.html
(42) 「ADHDガイド――女性の場合」http://adhd-check.net/condition/woman.html
(43) 蓬郷さなえ「発達障害児を持つ母親のストレス要因（1）子供の年齢、性別、障害種別要因の検討」『鳴門教育大学学校教育研究センター紀要』一九八七年、三九―四七頁
(44) 「軽度発達障害をもつ母親への支援」『流通科学大学論集　人間・社会・自然篇』第二二巻、一号、二〇〇九年、四三頁
(45) 前掲『発達障害の子どもたち』四四頁
(46) 前掲『流通科学大学論集　人間・社会・自然篇』五一頁
(47) 前掲『流通科学大学論集　人間・社会・自然篇』五一頁
(48) 前掲『発達障害の子どもたち』四八―四九頁
(49) 「発達障害の二五年を検証する」日本発達障害連盟編『発達障害白書二〇〇九年度版』日本文化科学社、二〇〇八年、一一頁
(50) 前掲『発達障害白書二〇〇九年度版』一一頁
(51) インクルーシブの考え方は、障害があろうとなかろうと、あらゆる子どもが地域の学校に包み込まれ、必要な援助を提供されながら教育を受けること。独立行政法人国際協力機構　課題別指針「障害者支援」二〇〇九年三月より引用。
(52) 前掲『時代が締め出すこころ』八六頁
(53) 前掲『時代が締め出すこころ』三〇頁
(54) 前掲『時代が締め出すこころ』八七頁

（55）Eva Feder KITTAY（ニューヨーク州立大学ストーニーブルック校哲学科教授）『ケアの倫理から始める正義論』白澤社、二〇一一年、一三〇―三五頁

（56）J・ロールズ（一九二一―二〇〇二）は二〇世紀アメリカを代表する政治道徳哲学者。『正義論』一九七一年

（57）前掲『ケアの倫理から始める正義論』七九―八八頁

（58）高岡健『発達障害は少年事件を引き起こさない』明石書店、二〇一〇年、二〇二頁

（59）前掲『ケアの倫理から始める正義論』一三七頁

（60）首都大学東京大学院人文科学研究科教授。専門は社会学とジェンダー研究

（61）前掲『ケアの倫理から始める正義論』一三五―三八頁

（62）社会福祉実践においては、対象者を環境と切り放した個人としてではなく、職場、地域、家族、近隣といった集団の一員として、環境との相互作用関係でとらえ、援助を行おうとするアプローチ。「介護のプチ知識」http://www.hnayuweb.com/kaigo/a70.html

（63）田中康雄『支援から共生への道――発達障害の臨床から日常の連携へ』慶応義塾大学出版会、二〇〇九年、一九八―二〇四頁

（64）前掲『支援から共生への道――発達障害の臨床から日常への連携へ』二〇六頁

（65）児童精神科医である石川憲彦が述べた言葉。「いまなぜ発達障害か」第一七回教育相談全国研究集会、二〇一〇年、二五―二六頁

参考文献

青木省三『時代が締め出すこころ――精神科外来から見えること』岩波書店、二〇一一年

綾屋紗月・熊谷晋一郎『発達障害当事者研究――ゆっくりていねいにつながりたい』（シリーズケアをひらく）、医学書院、二〇〇八年

上野千鶴子『ケアの社会学――当事者主権の福祉社会へ』太田出版、二〇一一年

エヴァ・フェダー・キテイ『ケアの倫理からはじめる正義論――支えあう平等』白澤社、二〇一一年

エヴァ・フェダー・キテイ『愛の労働或いは依存とケアの正義論』白澤社、二〇一〇年
杉山登志郎『発達障害の子どもたち』講談社現代新書、二〇〇七年
高岡健編『孤立を恐れるな！もう一つの「十七歳」論』批評社、二〇〇六年
田中康雄『支援から共生への道――発達障害の臨床から日常の連携へ』慶應義塾出版会、二〇〇九年
浜井浩一『実証的刑事政策論――真に有効な犯罪対策へ』岩波書店、二〇一一年
宮崎隆太郎『増やされる障害児』明石書店、二〇〇四年
牟田悦子『ＬＤ・ＡＤＨＤの理解と支援――学校での心理臨床活動と軽度発達障害』有斐閣、二〇〇五年
山根純佳『なぜ女性はケア労働をするのか――性別分業の再生産を超えて』勁草書房、二〇一〇年
ＮＨＫ放送文化研究所編『現代日本人の意識構造［第七版］』ＮＨＫブックス、二〇一〇年
日本発達障害福祉連盟編『発達障害白書〈二〇一〇年版〉特集 いま、発達障害は増えているのか――その実態と理由、新たなニーズを探る』日本文化科学社、二〇〇九年

5　ホームレスの人とはだれか

——支援に関わって——

横山杉子

はじめに

クリスマスも近づいた日曜日の礼拝後、教会の掲示板に張られていた一枚の紙切れ——そこには年末年始越冬のホームレス支援活動参加者が足りないのでこれを求むというような趣旨が述べられていた——に気づき、友人を誘って行ってみようと思ったことがきっかけとなって、そこで求められたごく単純なボランティア活動を通してホームレスの人たちと関わりを持つようになった。その日の糧を求めて長い列に並ぶ人々の姿に、どうしてこの人たちがホームレス状態に陥ってしまったのか、すべてのものを失って路上で孤立無援で生きているこの人たちを、一介のボランティアの私がどうやって支援できるのか、という思いが私のなかで深まった。その答えが果たしてあるのか。ともかくもっとこの人たちを理解したいと、支援団体による学習会や実態の聞き取り調査などにも参加した。支援活動をする上で経済的にも人手の面からも困難な状況にありながら、ホームレスの人たちに寄り添い、見守る支援者の人たちの実践を通しての報告から多くのことを学んだ。聞き取り調査ではホームレスの人々との対話の機会が与えられ、多様な肉声を聞くことができた。生活保護申請に付き添い、現場の空気を体験した。一方、行政による支援体制を理解するために参考資料や本も読んだ。日本国憲法を改めて読み返す機会も与えられた。私にとって、〈すべては現実から始まる〉ということを常に念頭に置きつつ、試行錯誤しながら、自己学習していく道のりはまだ続いている。

一　池袋での炊き出し——ホームレスの人たちと出会う

年も押し迫ったある日の夕方、年末の人々で賑わう池袋の繁華街を抜けて、私は友人とサンシャインビルの横にある東池袋公園へと急いだ。ホームレスの人々を支援するＮＰＯ「てのはし」の越年越冬活動に加わるためである。そして、そこにたどり着いたときに私たちが目にしたのは、配食を待って寒風の中に立ちつくす何百人ものホームレスの人たちの群れだった。

間もなく、人々が動き始めた。まずは衣類の配布。洗濯済みの古着、新品の毛布と下着類に、集まった人々は整然と並び、それぞれに自分の必要なものを決められた数だけ選ぶ。そのあと、六時から「ぶっかけ飯」の配食が始まった。日はとっぷりと暮れ、寒さが地面から体の芯までしんしんと伝わってくる。ホームレスの人たちは公園の暗闇の通路に一列に並び、順番を待っている。ご飯を発泡スチロールの容器に盛り、熱い味噌汁をかけて、それがひとりひとりに手渡される。ライトに照らされてここの部分だけが明るい。その中へ暗闇から現れる人々は黙々と食事を受け取る。なかには、「ありがとうございます」と、そっと手を出す人もいる。長年路上暮らしだろうと一目でわかる人もいれば、つい昨日まで働いていたのではと思えるような若者も見られる。スカーフをかぶった女性の姿もあった。「ようやく食事にありつけた。もう一杯もらえますか。」と訊ねた人がいた。その人はもう一度列の最後尾に回るように言われた。支援団体の人に促され、私たちも一緒になって、ぶっかけご飯を御相伴する。もうボランティアもホームレスの人も誰が誰だか分からない。暗い街灯の下で皆ひたすら食べる。やがてこの人たちは四方八方に散り始めた。向こうの方から、帰る時はサンシャインビルの中を通って帰らないようにと注意する声が聞こえてくる。ビルの通路に立札を持った交通整理の支援団体の人が立っている。サンシャイン側から苦情が出て、給食活動ができなくなるのを憂慮しての配慮である。

配食が終わり、夜回り部隊が出発した後、すっかり冷え切った体を暖めるために私たちはサンシャインのビルに入った。煌々と電灯のともる暖かいビルの中はまさに別天地だった。コーヒーショップに入ると、まわりからナウい格好の若者たちの笑いさざめく声が聞こえてきた。温かいコーヒーを飲みながら外を見ると、暗闇の中に人がうごめいていた。その時、支援の人から聞いた、あるホームレスの人が言っていたということばを思い出した。「俺はここのビルの現場で働いたんだけど、こんなにきれいになっちゃった今はもう入ることはできないんだよな。」

二　ホームレスの人とはだれか

「ホームレスの自立の支援等に関する特別措置法」が二〇〇二年八月七日に制定された。この法律によれば、「ホームレスとは、都市公園、河川、道路、駅舎、その他の施設を故なく起居の場とし、日常生活を営んでいるものをいう」と定義されている。このホームレスの概念は日本独特のものとみられ、欧米のそれとは異なるといわれている。

ここで、「ホームレス」という語について一言述べておきたい。日本では「ホームレス」ということばは「野宿者」と同じように路上生活を余儀なくされている人を指す名詞として使われる。しかし、英語ではhomelessは形容詞であり、したがって状態を表す言葉であり、人そのものを指すのではない。（日本語の「ホームレス」に対応する英語は、homeless people, the homelessness である。）「ホームレス」と言えば、その人の一義的なアイデンティティを表すが、「ホームレスの人」と言った場合には、その人がホームレス状態にあるという一つの特徴を表しているにすぎない。人のアイデンティティは複数である。それゆえ、この稿では「ホームレス」を人を表す名詞として使うことを避けて、引用以外では「ホームレスの状態にある人」という意味を表す「ホームレスの人」という表現を採用した。(1)

さて、ひるがえって、支援の現場から見たホームレスの人とはだれか。支援活動を始めて二〇年余りの北九州ホームレス支援機構代表の奥田知志は、ホームレスの人とは、物理的（家、食）の困窮のみならず「絆が切れた人々」として理解している。公的扶助によってハウスレス状態（物理的困窮）から脱しても、ホームレス状態（人間関係の困窮）にあることを視野に入れての支援が必要だと考える。対人支援においては傷つくことなしにだれかと出会い、絆を結ぶことは出来ない。人は誰かが自分のために傷ついていてくれる時、自分は生きていてよいのだと知る。同様に、自分が傷つくことによってだれかが癒されるなら、自分が生きた意味を見いだせるという。そして、牧師である彼は、果たして教会は絆が切れた人たちのホームとなれるだろうかと問いを投げかける。(2)

ところで、日頃ホームレスの人と出会うこともなく普通の暮らしをしている私たちにとってホームレスの人とはいったい誰なのだろうか。私たちはホームレスの人を見ると、気の毒だが自分は関わることなどとても出来ないと思い、目をそらし、自分の視界からホームレスの人を追い出してしまっているのではないか。

三　支援者による給食活動を行政が排除――生存権が脅かされる

都内S区役所人工地盤駐車場に野宿生活を余儀なくされている人たちが寝泊まりしている。この駐車場のホームレスの人たちによる使用は過去二〇年間とも三〇年間ともいわれている。この駐車場は区役所の業務時間のみ駐車場として機能しており、夜間は車も人も出入りしない場所である。そのため、野宿を余儀なくされる人たちにとっては、長年雨露をしのげて、危険を避け、安心して体を休めることができる貴重な場所になっている。ところが、近年区役所はたびたび地下駐車場を寝泊まりの場所としているホームレスの人たちを追い出すため、管理上の問題を口実に夜間、休日の施錠を通告してきた。支援者団体、当事者たちの抗議で話し合いは平行線をたどったが、現在かろうじて寝泊まりの現状が保たれている状況である。この場所で過去六年余りにわたって、週一回、あるキリスト教団体有志をコアにして給食活動が行われてきた。セカンドハーヴェスト・ジャパン(3)やそのほかの団体などから提供されたパンなどとボランティアが持ち寄る卵一個ずつの食事であるが、人々は何キロも離れた所からも徒歩で食を得るために集まってくる。私たちはボランティアとして金曜日の夜六時半ごろから始まる配食活動に参加してきた。ボランティアの中には勤め帰りの人も、路上から脱出した人も加わっている。

ところが、二〇一〇年六月二四日、S区役所は、「区の管理している場所を勝手に使用している」としてこの給食活動を排除しようと、事前通告もなく、給食活動開始直前に突然、区の管理職三人と警備員四人が駐車場の入り口で待ち構える形で阻止しようとした。区の管理職からは、「ここでやるな、別の場所でやれ」、「どこでやるかは自分たちには関係ない」などという発言が繰り返され、またこのような突然の妨害を行う理由について、新任の経理課長は、「集まる人が増えたから、迷惑になる」、「近所から苦情が出ている」などと発言した。確かに、ここの給食活動に食事を求めて集まる人は増えた。さらに二〇一一年三月一一日の東日本大震災によって急増した。行政による適切な福祉政策がないまま多くの人々が食べることさえ出来ず苦しんでいる。そんな現状のなか、支援する側も相当の負担を背負いながら支援活動を続けている。

このような状況の下、ある日区の管理職たちと支援者たちが揉めている最中に、給食を受けるために行列していたホームレスの人の一人が突然気を失ってドスンと大きな音を立てて倒れるということが起こった。支援者や傍にいたホームレスの人たちがあわてて駆け寄り、彼を介抱した。しかし、そこに居合わせた区の管理職たちは知らぬ間に姿を消していた。倒れた人はその日、朝、パンを一個食べただけで、夕方まで何も口にすることができないで、山手線の八駅もの区間を徒歩で来たためだと分かった。このような人たちが食を求めてここに集まってくるのである。彼らは食事を受け取ると、大半はその場では飲み物だけを飲み、紙コップは紙屑の袋に入れる。彼らの去ったあとは掃除をする必要もないほどきれいだ。この出来事以来、区役所の干渉は中断しているが、区は節電のためと称して今までの駐車場の照明を消したので、現在は暗闇の中で懐中電灯のわずかな灯りのもと配食がなされている。同じ区役所内の、誰もいない通路には煌々と電灯がともっているのだが。

行政はこのような毎日の食事にも事欠く人たちのために何を行っているのだろうか。もし適切に対処されているならば、百数十人もの人々がただ一食をもとめて駐車場にやってくることなど起こらないはずである。民間の支援者たちが悲惨な現状を見るに見かねて、寝場所も食物もままならない人たちに対し、限られた範囲の中ではあるが、食事の提供、生活保護の申請や「自立」の手伝いなどの援助を行っている。本来なら行政のなすべきことを支援者が補っているのである。行政は、「民間の炊き出しに行け」、「行政のできることには限りがあるから、あとは教会のボランティアがやってくれ」などと言いながら、食にも困る人たちを放置している。さらに、その人たちに対する一週に一度、一時間半ほどの給食活動のための場所としての使用も許可しようとしないのである。(4)

四　ホームレスの人々を公共施設から排除

ホームレスの人びとには自分のために使える土地も住む家もない。他人の私有地や建物などを勝手に使用することは許されないので、誰もが自由に利用できる公園などの公共スペースで寝起きすることを余儀なくされる。しかし、普通の暮らしをしている人びとの目には彼らは不法占拠者と映る。路上生活者は近隣住民の生活権を脅かすものと受け取られ、役所に苦情が持ち込まれる。建物や公園改修などを理由に、行政による強制排除が行われる。けれども、福祉行政によって住む場所が提供されない限り、その人たちにはどこに自分の身を置く場所があるのだろうか。笹沼弘志の指摘するように、「ここでいう排除はいわゆる社会的排除（social exclusion）という広範囲な社会問題を指すのではなく、公園など公共施設における居住場所からの排除（eviction）である。(5)」それは生命体、人間存在そのものを危機にさらすことになる。さらに、笹沼弘志は、「社会の中に居住する自由を奪われたホームレスの人々に対しては、国家、社会が安心して居住できる場所を確保する責務を負うべきである。これは憲法二五条および生活保護法、ホームレス自立支援法、公営住宅法などにより国に課された義務(6)」であることを明記している。

確かに「ホームレスの自立の支援等に関する特別措置法」（二〇〇八年八月七日公布、施行）は、「ホームレス」

に対し、雇用や住居の確保、医療の提供など総合的な自立支援策を国や地方公共団体が責任を持って行うことを目的としている。ホームレスの人々の公共施設における起居については以下の定めがある。

第一一条（公共の用に用いる施設の適正な利用の確保）

都市公園その他の公共の用に供する施設を管理する者は、当該施設をホームレスが起居の場所とすることによりその適正な利用が妨げられているときは、ホームレスの自立の支援等に関する施策との連携を図りつつ、法令の規定に基づき、当該施設の適正な利用を確保するために必要な措置をとるものとする。

しかし、現実には行政は支援法一一条の「ホームレスの自立の支援等に関する施策との連携を図りつつ」の個所を考慮することなく、公共施設の適正利用確保措置に重点を置いた。その結果、ホームレスの人たちが行く先もないまま立ち退きを迫られ、地下道、公園などにおける排除が相次いだことは人々の記憶に新しい。また、個人的所有物の撤去を勝手に行うことは禁止されているのにもかかわらず、現場では強硬に撤去が執行されるということが起こっている。それはたとえば、墨田区スポーツ振興課によるホームレスの人々の荷物の撤去、廃棄（二〇一〇年五月二五日）に見られる。なぜこのような行為が行政によって正当化されるのか。

基本的人権を謳う日本国憲法を見ると、第一三条で、「すべての国民は、個人として尊重される。生命、自由および幸福追求に対する国民の権利については、公共の福祉に反しない限り、律法その他の国政の上で、最大の尊重を必要とする。」と定めている。基本的人権には「公共の福祉に反しない限り」という制約がついている。また、第一二条（国民に保障する自由および権利）、第二二条（居住・移転・職業選択の自由、外国移住・国籍離脱の自由）にも「公共の福祉に反しない限り」の語句が存在する。ということは、日本国憲法において基本的人権は公共の福祉によって制約されるのか。場合によっては人権侵害は公共の福祉の下に正当化されうるのであろうか。それとも、これが、「人権相互の矛盾を調整するために認められる実質的公平の原理」と解されるのであれば、区役所側によるS区役所地下駐車場に寝起きするホームレスの人の行き場のないままの追い出しはこの原理の帰結として正当化できるのか。「お上の利益」が隠れてはいないか。法の中にある理念がそれ自体は素晴らしいものであっても、現実の問題に照らして適用されるとき、それはそのときの行政による裁量でしかなくなることを私たちは認識しなくてはならない。

現代の政治思想を論ずる早稲田大学の斎藤純一はインターネット上の論文、「分断する社会と生の保障」(7)で、近年、社会で格差の拡大、社会階層の固定化が再生産されつつあるが、そこで起こっている「排除」は経済的不平等や社会的格差とは相対的に異なった問題の様相を示しているという点で注目すべきであると指摘する。すなわち、「それは一つの社会の内部に生じている格差の拡大というよりもむしろ、「生」の空間のあからさまな「隔離」（segregation）、あるいは社会的空間の「分断」（division）としてとらえるべきである」と考察する。ホームレスの人々を公園や公共の場所から排除しようとする動きはまさにこの事態に他ならない。私たちの視界から役に立たない「余計者」を追放することによって、そのひとたちの存在を無視し、生きる困難を黙殺する事態が進行しつつある。生きる保障を奪われた人々は、社会の外部に放逐され、もはや顧みられなくなるのである。

五　ホームレス状態に至るまで

池袋サンシャインビルのベンチに横たわっていた女性の話を聞いた。彼女は大学院修了の学歴をもっているが、母親との軋轢から家を出て野宿者になった。小学生の時中核派に拉致されたので、抜け出すために自殺しようとしたなどの話から、何らかの精神的な疾患を抱えているのではないかと思われた。また、もう一つの事例として、横浜の寿町で家族が手に負えなくなった認知症の老人を路上に放り出したという話を聞いた。

最近、四谷のイグナチオ教会で映写会があった。題して「渋谷ブランニューデイズ」というドキュメンタリー映画である。その主役はS区役所地下駐車場に寝泊まりしていた、私も顔見知りのMさんだ。彼はレストランで働く派遣労働者だったが、仕事から帰宅途中に駅の階段で事故に巻き込まれて骨折した。その結果出勤できない日が続き、ようやく出て行ったときは仕事が少なくなっていた。家賃を数か月滞納して、ある日突然家主によってアパートをロックアウトされ、身一つで路上に放り出された。持ち金もすぐになくなり、Mさんは最寄りの区役所に駆け込んだが、「住所のない人は生活保護は受けられない」と断られた。Mさんは行き場を失い、町をさまよった。デパートの試食で飢えをしのぎ、新宿駅の地下通路で野宿をしようとしたが、すでに多くの野宿者がいるところでは、新参者の寝場所は見つからなかった。そしてある日辿りついたのがS区役所地下駐車場だった。ここでは毎週支援団体の炊き出しがあり、食べ物を分けてくれる仲間がいた。荷物を盗まれる心配もなく、お互いを気遣いながら安心して眠れる場所があった。Mさんはようやく自分の居場所を見つけた。しかし、野宿の身ではアルミ缶や雑誌の回収など不安定で低収入の仕事にしかありつけない。Mさんの物語は続く。

二〇一〇年に世界の医療団東京プロジェクト（医療・福祉の支援が必要なホームレス状態の人々の精神と生活向上プロジェクト）が行った聞き取り調査の例では、Cさんはカメラの部品加工の工場の仕事を二十代前半までしていた。印刷工場で働いていたとき、シンナーで体を悪くして失業。家賃が払えなくなってホームレス生活になる。何時職を失うか分からない危険にさらされながら、セイフティネットが保障されない状況で、経費節減のため少ない人数で目いっぱい仕事をこなすことが要求される。非正規雇用者として働き、その雇用が打ち切られた人々は日雇労働者となる。苛酷な労働条件の下で体を壊したり、事故にあったりして仕事を辞めざるをえなくなり、何の補償もなく収入の道が閉ざされて、路上に出るということが起こる。このような、怪我、病気により職を失うことが原因になって、たちまち生活に困り、ホームレス状態に陥る例は枚挙にいとまがない。また、一旦は生活保護を受け、就労したものの、再度職を失い、路上に出る、という悪循環に陥った人もいる。

日本にはホームレスといわれる人々はどのくらい存在しているのだろうか。厚生労働省が平成二三年一月に実施した市区町村による巡回による目視調査の結果の報告を以下に示す。

それによれば、男一〇、二〇九人、女三一五人、不明三六六人、合計一〇、八九〇人であり、前年度より二、三三四人（一七・〇％）減となっている。都道府県別では、ホームレス数が最も多かったのは東京都で二、六七二人、続いて大阪府の二、五〇〇人、神奈川県の一、六八五人の順であった。しかし、シェルターと路上を行き来している者、日中労働に従事している者、移動中の者などもあり、ホームレス支援団体などは、実数はおそらく倍以上であろうとみている。二〇一一年に東京プロジェクトが池袋で行った調査では男性が圧倒的に多く、平均年齢は五三・六歳であった。しかし、最近、給食の列に並ぶ人々が増加する中、路上に出て間もないとみられる若い人たち（失業即路上生活者となる）が目につくようになってきている。ホームレスの人には未婚者、または離別を経験した人が多く、おしなべて低学歴であり、路上に出た原因としては、失業、倒産、離婚、多重債務、疾病、収入低下などがあるといわれる。ひとりひとりの状況をみると、ホームレスの人々はその個人的背景も路上に出るに至る経緯もさまざまであり、その個人的問題が社会的問題と密接に結びついていることが窺い知れる。

六　身体的・精神的障がい者の存在——放置された障がい者

東京・池袋で臨床心理士らが実施した調査で、路上生活者の三四％が知能指数（ＩＱ）七〇未満だったことが分かった。調査グループによると、七〇未満は知的機能障がいの疑いがあるとされるレベルである。路上生活者への別の調査では、約六割がうつ病など精神疾患を抱えている可能性も判明している。調査グループは「どうしたらいいのか分からないまま路上生活を続けている人が大勢いるはず。障害者福祉の観点からの支援が求められる」と訴えている。調査したのは、千葉県市川市職員で路上生活者支援を担当する奥田浩二ら臨床心理士、精神科医、大学研究者ら約二〇人である。池袋駅周辺で路上生活者を支援する市民団体と協力し、本格的な研究の先行調査として、普段炊き出しに集まる二〇—七二歳の男性一六八人に知能検査を受けてもらい、一六四人から有効回答を得た。それによると、ＩＱ四〇—四九が一〇人（家族や支援者と同居しなければ生活が難しい）、ＩＱ五〇—六九が四六人（金銭管理が難しく、行政や市民団体による社会的サポートが必要）、ＩＱ七〇—七九が三一人（日常生活のトラブルを一人で解決するのが困難）だった。調査グループは「ＩＱ七〇未満は統計上人口の二％台とみられることからすると、一〇倍以上の高率」としている。先天的な障がいか、精神疾患などによる知能低下なのかは、今回の調査では分からないという。(8) 奥田浩二のさらなる口頭報告(9)（「ホームレス状態にある人を理解し支援するために――知的機能障害を中心として」二〇一〇年五月）によれば、しかしこれがすべてを網羅しているわけではない。この調査は一定の言語能力（問いを理解し、それに答える）を前提としているが、この調査方法では評価が行えない水準の人たちが調査地域で多数居住しているという。たとえば、絶えず幻聴と対話をしている重度の精神障がいの人がいるが、彼とはコミュニケーションが取れない。そして、自分を排除する者をすべて遠ざける人、虫が見えるという幻覚、だれかに狙われているという妄想を抱いている人、また、生ごみを食べるなどの異常行動がある人もいる。精神科医の診断で、一九％にアルコール依存症、一五％にうつ病など、四一％に精神性疾患が認められた。脳梗塞後遺症等の後天的機能障がい、統合失調症などもあった。このような人々が社会に放り出されたとき、施設などに収容されたとき、一体何が起こるだろうか。

こんな事例報告もあった。医師に自分の病状の説明ができない、医師の説明が理解できない、薬の飲み方が分からない、入院してもまわりとうまくコミュニケーションができない。ある人は施設に入ったが、納豆が苦手で食べられない。しかしそれをうまく伝えられなくて、施設を出てしまう、等々。研究チーム代表の精神科医森川すいめいによると、周囲に障がいが理解されず、人間関係をうまく結べないことで職を失うなどの「生きづらさ」が、路上生活につながった可能性があるという。知的障がいにより生活保護の手続きを自発的に取ることができなかったり、精神疾患により気力が下がったりして、なかなか路上生活から抜け出せない現状がある。森川は「障がいに応じた支援策が必要」と指摘する。(10)

ホームレスの人々に障がい者が存在することは、現場で支援に携わる人たちの間ではかなり以前から認識されていたが、「わかっているがどうしようもない」と言われてきた。確かに、路上生活をしている障がい者の支援体制は整備されていない。行政による生活保護制度、自立支援制度は基本的には経済的援助なのである。ＮＰＯ

と連携して現状に対応する総括的な支援策が講じられることが望まれる。

七　ホームレスの人たちを苛むものは

二〇一一年初頭、私たち四人のボランティアは都心でホームレス状態にある人のニーズ調査に参加した。現在の健康状態（精神的、肉体的）、収入、生活保護を受けたいか、などについて答えてもらった。健康状態に関しては、若くても持病を持っている人が多い。過去に自殺未遂のある人がかなりいる。精神的には、不安感、落ち込み、元気がない。頼れる人、相談相手はだれもいない。相手が何を考えているか分からず、信頼できる人間関係が作れない。収入はないし、働きたくても仕事がない。段ボールの中で寝ていると、通行人がたばこの吸い殻を投げつけたり、傘の先で突いたりするので、怖くて安心して眠れない。階段が寝場所なので、横になって安心して寝られる場所が欲しい、などの答えがあった。しかし、そのような状況にもかかわらず、生活保護を、「非常に受けたい」（五段階の一番上）と答えた人は、私たちのグループの面接では一人もいなかった。彼らが無一文で路上生活を強いられているのにもかかわらず、必ずしも生活保護を受けることを望んでいない理由はさまざまであった。制度が余りよく分からないという人もいた。役所に行った人から聞いたが、申請しても稼働年齢だから駄目だと言われるそうだ、それより仕事が欲しいという人、生活保護を受けて職を見つけても、解雇されれば元に戻るだけ、今の状態よりもっと悪くなる可能性がある（今はアルミ缶収集の仕事があるが、一旦やめたら再び参入できない）、そう考えれば今のままのほうがましだと考える人もいる。また、ある人は個人的な事情で、世間、家族に居所を知られたくないので、生活保護を申請することで家族へ連絡がいってしまうことを恐れ、申請を断念したという。お上に迷惑をかけたくないとか、自分の駄目さを受け入れたくないという人もいた。

このように個人的に話を聞くことができたのは貴重な体験であったが、調査だけでは、かれらの気持ちのほんの一端を垣間見たに過ぎないと感じた。また、多肢選択の回答欄では、回答者の思いが選択肢でカテゴリー化されてしまい、回答者の言わんとしていることが見えなくなってしまうおそれを持った。このような調査でホームレスの人たちの気持ちをすくい上げることは難しい。

長い経験をもつ支援者たちからよく聞く話では、ホームレスの人が一番つらく思うのは、自分はここに存在しているのに、まるで居ないかのように、誰ともつながりがなくなってしまったことだという。昼日中公園のベンチに腰掛け、身動きもせずじっとあらぬ方を眺めているホームレスの人、その隣に少し離れて同じ姿勢で他の方角を向いて座っている人、植え込みの陰にしゃがんだまま時間をやり過ごす人たちを見ると、彼らはなにを思っているのだろうかと考えてしまう。貧困や路上生活にあることの物質的、経済的困窮の苦しみか、だれにも認められずこの世に生きていることへの無力感、あきらめ、自分自身へのやりきれない絶望感か、それとも、個人としての存在意義を無視されること、劣等なものとして蔑視されることへの無言の抵抗なのか。それぞれに抱く思いは複雑だろう。その前を通り過ぎる私たちはただ彼らの心の奥を推し量るのみである。

八　ホームレス状態にあることは「自己責任」か

池袋で出会ったあるホームレスの男性（五四歳）はこう語った。自分は貧農の家に生まれた。父親は酒飲みで生活を支え切れず、妻と三人の幼い子どもを残して出奔した。母親は朝から晩まで働いてどうにか子どもを育てた。自分は義務教育もそこそこに、家計を助けるために働きに出された。その後、いろいろ仕事を転々とし、人に連れられて、身寄りのない死亡者の遺品の整理の仕事などをやった。しかしその仕事ももう無くなり、体の具合も悪く、働くこともできず、路上生活をしている。歯がほとんど抜けてしまい、胃腸が悪くて、炊き出しでも油ものやカレーは食べられない。自殺未遂の経験もある。頼る人、信頼できる人はだれもいない。以前生活保護申請に区役所に行ったが、区役所の係りの女の人が出てきて、「あんた、これ、なに?」と応対した。全然申請書を受けとる意志がない。体の具合が悪いといっても、「まだ稼働年齢だから」と言われ、もう行くまいと思った。今、戦争が起こって、皆が無一物になればいいと思う。そうすれば皆同じスタートラインから始めることになり、世の中がもっと公平になるだろう。自分たちは初めの一歩から不利な立場だったのだから。

ホームレスの人たちはひとりひとり異なった個人として見られるのではなく、「ホームレス」という集団にひと括りされる。ホームレスの人たちが困窮に陥ったのは不幸な境遇が原因なのではなく、社会に適応する資質に欠けているせいだとされ、「根性が足りない」、「計画性がない」、「怠けている」などと非難されやすい。だから、排除を受けてもそれは社会や企業の責任ではなく、本人の責任であると言われてしまう。言われた方がそれを内面化し、自分はだめな人間だと思いこんでしまうと、だれにも助けを求めることができず、自殺、事件を起こすことにもなる。この「自分自身からの排除」(11)は現状からの脱出口を閉ざしてしまう、もっとも深刻な問題である。しかし、満足に義務教育も受けられないこと、勉強ができる環境にないこと、非正規雇用の職しか手にできないことなどがすべて個人的な問題にのみ帰せられるであろうか。「自己責任」とは、自分の決断についてのリスクを自ら負うことであるが、彼、彼女にはその時々で貧困から脱却可能な選択肢が与えられていたのだろうか。出来ることなら選びたくないが、他に選択肢が無いということはなかったか。

ある人間の困窮がその社会的背景から切り離され、個人の問題にすり替えられ、個人の行為の結果とされてしまうと、そこに存在する社会的な格差や不平等の問題は隠蔽されてしまう。私たちは現代社会や政治が絶えず貧困を産み出し、拡大していることを認識しなくてはならない。これは社会の弱体化につながる大問題である。普通の生活を送っている私たちとて何時、何が起こるか分からない不安の時代に生きている。パンと卵の配食を求めて長い列に並ぶ人たちを見ると、政府が無能だ、社会が悪いと、批判するだけでは何も起こらないと感じる。蔓延する貧困の実態を明るみに出し、ひとりひとりが社会の仕組みを変えていくための課題を引き受け、連帯して行動していくことが求められている。

九　生活保護制度はどのように機能しているか

生活保護申請を希望するホームレスの人（Hさん、六二歳）と（Hさんの許可を得て）付き添いに同行して区役所の生活福祉課へ行った。付き添いがいるだけで役所の職員の態度が違うと言われている。彼には特に必要だ。若い職員が出てきてHさんは小部屋で面接を受ける。これまでのことを聞かれる。Hさんは自分は中卒で、難しいことはよく分からないという。まとまった話をしたり理解したりするのは困難なようだ。以前他区にある緊急保護施設に行ったが追い出された、その理由は告げられなかったという。区役所側にある記録には「奇行」が見られたと記されている。区役所の職員が、今夜の宿泊場所について、「もし今夜（緊急一時保護施設に）空きがなかったらどうしますか。」と聞いた。そう言われたら、Hさんは、どうしてよいか分からない、という以外答えようがない。Hさんは黙している。なぜそんなことを聞くのだろう。どうすればよいかは区役所側の考えることではないのか。そこへ課長が出てきて、今夜は空きがないので、そちらで安いところを探してくれ、領収書を持ってくれれば、一、二五〇円分はこちらで支払う、と告げた。そしてこう付け加えた。「役所ができない分はあなたたち支援者でやってください。」

生活保護法は本当にホームレスの人たちの支援になっているだろうか。上記のHさんの場合は、彼の話によれば、前回緊急一時保護施設に収容された時点で不適格者として追い出されている。彼は再び路上生活に戻ったのである。施設での生活になじまなければ困窮救済はないのか。これでは生活保護申請はさらなる選別の道具ではないか。でも、これが現実なのである。もう一例をあげると、池袋周辺のある三十代のホームレスの男性は、生活保護申請の面談で、あなたはまだ稼働年齢だからと言われ、建設現場の労働で腰を痛めたが治療もできない状態だと答えると、それなら手先の仕事をしろと言われ、追い返されたという話をした。働けないから生活保護が必要なのに申請さえできなかった。これは明らかに窓口での「水際作戦」であり、違法ではないか。現行の生活保護制度では困窮者の誰もが保護されるのではない。まだ働ける年齢であると判断されれば保護の対象にはならない。最低生活保障が勤労の義務や社会的能力の欠落などによって制約されることになれば、生活保護法の目的である生活に困窮する人のだれをも救済するということではなくなる。生活の困窮状態から判断される要保護、すなわち最低生活保障と、不適応や稼働年齢の問題は区別して考えられるべきではないか。

また、生活保護が「申請主義」であることも問題である。本人が申請しない限り、保護が受けられない。となれば、本当に保護が必要な人ほど受けることは難しくなる。路上の極限状況にいる人たちは今日一日をどう生きるかで精いっぱいである。生活保護法の内容を明確に認識しえていない人も、また申請書類に適確に記入することが困難な人もいる。知的障がいのある人は手続きをどうすればいいのか理解できないことがある。しかし、申請者は提出書類を整え、役所に行って面接できちんと答えられる人、すなわち、申請のための知識と能力を持った人であることを前提としているので、申請する能力の欠如している人は保護からこぼれおちてしまう。

一〇「自立」とは——自立支援法の枠内での「自立」から新しい「自立」へ

生活保護法、「ホームレス自立支援法」(「安定した雇用の場の確保」(三条一項一号) など生活保護法では行い得ない施策の実施を区に、地方公共団体に義務付けている) における「自立」とはどのような状態をいうのであろうか。何を「自立」とし、何を「依存」とするかは時代によって (すなわち社会がどのように編成されているか、どのような言説が支配的かによって) 変わってきた。産業資本主義の台頭とともに、市場への依存によって生計を立てることが「自立」だとされるようになった。「自立」とは身辺的、経済的に他人の世話にならず自分ひとりだけの力で生きていくことであり、その意味であらゆる人に自立が要求されている。

東京都の「自立支援システム」(12) は、稼働能力があり生活保護を受けていない六五歳以下のホームレスの人たちに労働市場へ再参入するチャンスを与え、彼らの就労・自立を目指すものである。しかし、限られた二か月 (二か月以内の延長可) の期間内に「安定した」仕事を見つけ、「自立」することはそうたやすくはない。求職活動の際、当人の住民登録が自立支援センターにある (すなわち、元野宿者である) という事実を知ると、雇用側が採用を躊躇することがある。その上、中高年は求人の年齢制限のため不利な立場におかれる。また、センターから、日雇、臨時などの職に就くことは原則禁止という制限が課せられている。このような状況での再就職は厳しく、仕事を見つけられなかった人は再度ホームレスの道へと戻される。(このシステムの利用は原則一人一回限りなのである。）このように自立支援システムはホームレスの人々を（市場に依存することにより）社会に復帰できる者とできない者とに選別する。就労自立できなかった人々は「自助努力」と「自己責任」の欠落者として切り捨てられる。この支援法およびその運用はすべてのセンター入所者が就労して自立することを保証するものではないのである。

一方、障がい者福祉の領域においては北欧の障がい者運動（ノーマライゼーション）の影響を受け、日本においても自立概念が大きく変わっていった。ノーマライゼーションは障がい者が他者の援助を受けながら、自分自身の生き方を自ら選んでいくという、地域の中で保護を受けながらの自立を目指す。まだ現実面との乖離は見られるものの、この概念の転換は福祉分野全体に受けいれられるようになった。一方、ホームレスの人たちに対する福祉行政の現場ではまだまだ以前の伝統的な自立概念がまかり通っているように思われる。

この新しい自立概念に従えば、ホームレスの人々にとっての「自立」とは単に経済面での貧困から脱することではなく、貧困によって剥奪された自分の生を取り戻すことである。関係の切れた状態から、新たに関係を結び直すことである。必要な支援のもと人が自己の尊厳を保ち、互いにつながり助け合いながら、一人ひとり自分らしく生きる道を選び取っていくことができるようになることを目指す。それは現実にどのような手立てで可能となるのだろうか。

一一　私たちにとってホームレスの人とはだれか——問い返される問い

さて、ここで、私たちは一体ホームレスの人々をどのように見ているだろうか、吟味してみよう。ホームレスの人とはだれか。各自が自問自答して確かめたい。不潔、怖い、潜在的犯罪者、失業者、怠け者、可哀想な人、余計者、自分には関係ない人、というような私たちの恐怖や嫌悪の感情、憐憫の情は差別の源泉となり、私的空間を持たない者に対する公的空間からの排除、対話共同体からの排除へとつながる。ホームレスの人は可哀想な人だ、といった目線は捨て去らなければならない。それは現代の社会体制の中にある上からの憐みの目線だからである。困窮のなかにいるホームレスの人々の存在を知りながら、あたかもその人たちが存在しないかのように振舞うことは、彼ら、彼女らを世界から排除、抹殺することである。私たちはホームレスの人とはだれか、という問いに答えることによって、逆に自分たちが誰であるかが問い返されるのである。

元来、私たちの中にある差別意識、偏見は歴史的、社会的に造られてきたものである。この「排除」思考の呪縛から解かれるためには、まずは今まで当然だと思っていた、私たちの属する日本の伝統的共同体（世間）の規範を吟味し、私たちが「常識」と考えていることをもう一度考えてみる必要がある。誰しも差別や偏見はあってはならないものと考える。しかし、山本七平は「日本の道徳は差別の道徳である」(13)と言い、阿部謹也は「『世間』それ自体が差別体系であり、閉鎖的性格を持っている」(14)と述べている。私たちは世間に生きている。世間は仲間と仲間でない人を差別し、「内には親切、外には冷淡」である。世間は個人の自由を制限し、世間への同調、依存を要求する。人は世間の成員と認められるために周りを気にし、自分の考えよりも他人の意見に合わせることによって均質性を保持し、世間の内側に留まろうとする。一方、世間から異質なものははじき出され、成員の特権は剥奪される。

人権は尊重されなければならないという理念については誰しもそれを否定する人はいないであろう。しかし、ホームレスの人に対する偏見は後を絶たない。その一因は、私たちには、「そうはいっても……」という「世間」

の二重基準が存在するからである。ホームレスの人々は世間の外側にいる欠陥人間であり、「余計者」なのである。私たちは差別する共同体の成員として彼らを斥ける。私たちは生まれ落ちたときから無自覚のうちに「差別」することを学んできているために、弱者を差別、排除しながら自分たちの言動を正当化していることに気づかない。「差別」は反復されることによって再生産され、強化される。そのことに気づくためには、まず自分自身が「世間」の規範にどのようにコントロールされているか、自分自身を対象化し、検証してみる必要がある。ホームレスの人との出会いはその作業を可能にしてくれるだろう。

また、現在私たちの住んでいる市場中心主義が主流の世界は排除の論理を内包していることを認識しなければならない。市場中心の社会では能力のある人がより多くの富を獲得する。人の価値はその人がどれだけ生産に寄与できるかによって決まる。また、消費することはその人の存在価値を高める。商品が消費されることにより市場は成立するからである。絶え間ない経済成長を必要とするグローバル資本主義社会では積極的な「自己統治」による個人の自律が目指され、自由な選択を行い、その結果に対して自己責任を負う個人が求められる。社会の中でみんなが互いのリスクを引き受け、保障のコストを分かち合うという集合的な社会保障の考えはもう過去のものであり、リスクは個人が「自己責任」において担うべきものとされる。したがって、この社会では、すべてのものを失って路上で暮らす人には存在価値が認められない。ホームレスの人びとは個人的になんらかの問題があるのであり、自分たちが排除されることに自己責任を負うべきであり、社会には何の責任もないのである。ジグムント・バウマンはその著書『新しい貧困』[15]で、リサイクル成功の見込みがなくなった「人間廃棄物、もっと正確には廃棄される人間の生産（「過剰で」、「無用で」、「余計な」、「余剰」人口、……）は近代化の逃れられない、手に負えない結果であると同時に、近代と切り離すことのできない副産物である」と指摘している。

一二　新たな共生に向けて

社会から排除されたホームレスの人は、私的な居住空間を持つことができず、公的な権力に抑圧され、蔑視の視線にさらされ、無防備であり、生命にかかわる事態になっても見捨てられ、死に至るまで差別が続く。支援団体の人の話では、昨年六月S区で一人のホームレスの人が重体になり、それに気づいた仲間が救急車を呼んだが来なかった。五日後パン配りに来た支援団体の人が異変に気付き電話をかけてやっと救急車が来た時は、本人は白目をむいたまま激しい息使いで意識を失っていた。右足が真っ黒に腫れあがり腐っていた。病院で足を切断したが、二日後に亡くなった。しかし、その死は仲間にも支援者にも何の知らせもなく、支援者が福祉事務所に聞きに行き、そこで出会ったケースワーカーと個人的に話ができて、ようやく知ることができた。せめて最期ぐらいお祈りして見送ってあげたいという支援者の願いが聞き届けられ、支援者は司祭と共に荼毘にふされる斎場に向かったという。

ホームレスであることは絶望で終わることなのか、人生の終わりの際までホームレスの人々は敗北者であることに甘んじなくてはならないのか。それとも、差別と排除に終わることのない、もう一つの世界の創出は可能だろうか。

以前NHKの首都圏スペシャルでも放映された山谷のホスピス「きぼうのいえ」(16)について創設者であり施設長である山本雅基の講演を聞いた。多額の借金をして、二〇〇二年一〇月在宅ホスピスケア対応型集合住宅を開設した。運営は入居者が行政から貰う生活保護費、多くの人からの寄付、ボランティアの労力提供でまかなわれている。ここには、末期がん（七―八）、脳梗塞、心臓病、糖尿病、透析、精神疾患、発達障がいを抱えたホームレスの人々が入所している。

五〇代男性Aさんの事例がある。[17] 喉頭がん気管支切開後路上で発見された。飲酒を続け、生活保護も打ち切られ、路上に戻ったが、肺炎になり再入院する。その後、入退院を繰り返し、がん再発が疑われ、検査の結果治療不能と判断される。酒、無断離院、暴力的な態度、パニック発作、やせ衰えほとんど寝たきりの状態で、Aさんは痛みと不安におびえ、ホスピスにたどり着いた。「よくいらっしゃいましたね」とスタッフ数名が玄関で出迎えてくれた。Aさんの心が動く。入所後、食欲も回復し、薬は増えなかったが、痛みもほとんどなくなり、酒の話をすることもなく、数か月後穏やかに亡くなった。

ここは厚生労働省の描く、緩和医療を目的とする施設とは違う。どこにも行き場を失った人々が、存在を認められなかった人々が、その存在を認められ、人の優しさに甘えてもよい生活の場所、最期を笑顔で迎えられる場所を提供する。他人同士が他人同士ではなくなる関係になって死を迎える。そこでは死は否定的なものではない。「ありがとう」、「ごくろうさま」と言葉を交わす。「私の心は失ったもののために悲しむが、わたしの魂は見つけたもののために喜ぶ」という介護者の心がある。介護者は弱い人とともに泣き、苦しみを共に味わう。小さな日々の経験を通して人の命の本質が改めて問われ、発見される。今までとは違う、誰をも受け入れてくれる世界がここにはある。

もう一つの試み、東京プロジェクトによる活動を紹介する。東京プロジェクトは二〇一〇年四月から他の二つの支援グループ（「てのはし」および「べてぶくろ」）と連携して、生きづらさを抱えた「ホームレス」状態にある人々の安定した地域生活を目指して活動している。その活動は「てのはし」の炊き出し、夜回り、福祉・生活支援から、「べてぶくろ」のシェルター運営、当事者活動、そして「世界の医療団」の医療福祉支援コーディネート、政策提言、活動評価、研修など幅広い分野に及んでいる。二〇〇三年より「てのはし」が行ってきた医療福祉支援が、数百人の路上生活から脱出することを望む人々に対しその実現に貢献してきた一方で、路上生活からの脱出を希望しながらも脱出できない人々、また再路上化する人たちが多くみられること、その中でも「障がい」や病等の生きづらさを抱えた人々の行き場のない現状に対して、今までの支援を見直し、ケア体制や活動内容をゼロから構築し直し、東京プロジェクトとして活動が始められた。

その一事例として精神障がい者の家「べてぶくろ」での当事者活動がある。二〇一一年一一月二二日夜、池袋で世界の医療団主催の東京プロジェクトの実践報告会が行われた。精神障がい者たちが路上から地域で暮らすようになった時、さまざまな困難が出てくる。ケアをする人が必要であるが、それとともに、自分を受け入れてくれる、自分が必要とされる「居場所」が必要である。三人の当事者たち（若い男性二人、年配の男性一人）が会場で日高昆布を売る姿は生き生きしていた。これまでとは別の価値観でやっていく、「自分にとって当たり前だったこと」を再検討する、マイナス思考をやめる（たとえば、ピンチは変化のチャンスと考える）、などが地域生活支援センター職員からアドバイスされている。聴衆からの「互いの能力差から分け前に対する不公平感はないのですか」という問いに対し、若者は「みんなで協力し合っているからならないんです」とあっけらかんと答えた。「喧嘩が収まらないときはどうするんですか」には、「放っておきます」と答が返ってきた。互いにつながって支えあっていく、そして、すぐに結論を出してしまわない柔軟な考え方がそこに感じられた。ここにはホームレスであることをバネに価値転換を図り、新しい地平を切り開いていく彼らの姿がある。既存の福祉制度は活用しつつも、しかし、現存の支配体制の価値基準に再度組み込まれるのではない、新しい価値観によって生き抜くための日常的実践がある。この、障害者のホームレス状態にあった人たちが地域生活へと回復していくステップを構築するためのプログラムはまだ始まったばかりであるが、一定の効果をあげていることが報告されている。ホームレスの人びとが、ホームレスであることとは、自由な存在として生きていくこととは、と問い続ける時、彼ら、彼女らは新たな世界を創り出す可能性を拓くのである。

私たちにもこの新しい共同体に参与する道が開かれているだろうか。自分にはとても支援なぞできないと、負い目を感じながら退去してしまうのでは結局のところ、今まで安住してきた世界にとどまり、抑圧する者の側に立ち続けることに他ならない。

一歩踏み出してホームレスの人々と出会い、彼らが極限状態のなかで痛み、苦しみ、ひたすら耐え忍んでいるのを見て心を掻き乱される。私たちと同じ人間なのにどうして？　この臨場体験、コンパッションこそが私たちを彼らと地続きの場所に立たせてくれる。ゆっくりとした出会いの場で、古い手垢のついた絆ではなく、新しい連帯を紡ぎだす。私たちは彼ら、彼女らに同情するのでもなく、代弁者となって戦おうというわけでもない。ましてや、自ら進んで同じように貧しくなることなぞ、釜が崎で支援活動に従事する本田哲郎神父の言葉を借りれば、「貧しい人が一人増えるだけである。(18)」マッキノンは人権の問題の論議のなかで、「平等とは同一であることではなく、階層序列がないことである(19)」と述べている。現存の権力と差別の市場主義システムの中で排除に抵抗して生きながら、古びたものには別の新しい名前を付け替え、使えるものは利用し、共生と連帯に向け、日常的実践によって出来るところから少しずつこの世界を変容させていく。それは私たちにとっては給食のパンを配ることであり、生活保護申請に付き添うことであり、野宿者排除抗議の署名をすることであり、互いに目を合わせて言葉を交わすことである。

おわりに

ホームレス問題に関わって感じたことは、多くの現場の支援者が指摘しているように、深刻なホームレス状態に至る前のもっと早い段階で問題への対応がなされれば、どれだけ多くの人たちがホームレスにならなくて済んだだろうかということである。貧困層に対する積極的就労支援対策によって、ホームレス状態の人を含め、「貧困問題は激減するだろうといわれる。厚生労働省が二〇〇九年に設置した『ナショナルミニマム研究会』の試算では、貧困者一〇〇人をしっかりサポートすれば、最大で九八億円の費用が浮く」という。[20]

生活に困窮する人々に最低限度の生活を保障し、自立支援を行うことを謳った法も現実には必ずしも人びとを救済するものとして機能していない。就労一辺倒の支援、そこには「自己責任」の影が見え隠れしている。また、もっと深刻な問題は支援と同時にさらなる排除が起こっている現実である。

人が人らしく生きていける社会の創出は、他者を多様な存在のまま尊重し、互いに支えあう関係を築くことによって初めて可能となるのだ。「人間は人格的な連帯の中ではじめて生ける人格なのである。[21]」今や、人間の尊重や人権の概念を、社会の現実から切り離され抽象化されたものにとどめることなく、人と人とのつながりの中で、現存の社会的弱者の地平から再構築することが不可欠となる。

考えてみれば、この稿で取り上げたホームレス状態にある人々の問題は決してそこに留まらない。それは現在世界中で起こっている貧困、排除、破壊の問題であり、新自由主義の社会は人びとに豊かな生活と幸せをもたらすものだと信じてきた私たちみんなの問題なのである。

注

（1）上沢（一九九九）、二二頁に、次のような記述がある。「人物の特徴を決定づける身体的な状態を表すのに、身体的特徴を表す形容詞が名詞として使われるとそのことばだけがその人全体の特性を決定づけてしまう傾向があります。その人の他の特徴が無視され、まるで障害のある人は他に特徴が無いと言わんばかりに。『足の不自由な人』という言い方をすれば、その人の他の特徴が無視されることはありません。『足なえ』という言い方をすると、足が不自由であることが、その人の主な特徴、唯一際立った特徴という印象を与えてしまいます。」同様の見解が笹沼（二〇〇八）一四五、一四六頁に展開されている。

（2）奥田（二〇一一）、三六頁、二二〇頁、二二一頁。

（3）セカンドハーベスト・ジャパンは食品製造メーカーや農家、個人などから、まだ充分食べられるにも関わらずさまざまな理由で廃棄される運命にある食品を引き取り、それらを児童養護施設の子供たちやDV被害者のためのシェルター、さらに路上生活を強いられている人たちなどの元に届けるフードバンク活動を行っています。セカンドハーベスト・ジャパンは、日本初のフードバンクです。（セカンドハーベスト・ジャパン・ホームページより）

（4）二〇一一年七月二七日に出された、あるキリスト教派の野宿者支援活動・Sの声明文をもとにその時現場に居合わせた筆者の見聞きしたことも加えてまとめた。現在二〇一二年七月七日の時点で排除は進み、配食活動は困難となり、緊迫した状態が続いている。

（5）笹沼（二〇〇八）、二二五頁。

（6）笹沼（二〇〇八）、二二七頁。

（7）斎藤（二〇一一）。そこには性暴力の構造と類似した差別（蔑視）、排除、抹殺が見られる。「人権の概念の中に女性（→ホームレスの人たち）は含まれず、事実上女性（→ホームレスの人たち）が不在のまま人間とは何か、権利とはなにかが規定されています。それは他者の尊厳を侵害することによって自分たちの尊厳を守り、他者の不可侵性を侵害することで自分たちの不可侵性を保ち、他者の安全を侵害することによって自分たちが安全になることなのです。」（マッキノン）と読み換えることができる。（マッキノン、「戦時の犯罪、平時の犯罪」一〇五頁、シュート／ハーリー編、一九九九年）

（8）毎日新聞二〇一〇年三月二日。

（9）「ホームレス状態にある人を理解し支援するために──知的機能障害を中心として」二〇一〇年五月一五日　北沢タウン

ホールにおける口頭報告。
(10) 朝日新聞二〇一〇年五月一七日。
(11) 湯浅（二〇〇八）、五九―一〇四頁に自己責任論批判、貧困についての詳細な論議がある。
(12) 東京都は平成一二年度から二三区と共同で自立支援事業を開始し、平成廿一三年度には、全国に先駆けて、自立支援システムを構築した。平成二〇年、「路上生活者対策事業の再構築」の都区協議内容を踏まえ、路上生活者対策事業に係る都区協定書・事業実施大綱などが改定された。この「ホームレスの自立支援に関する東京都実施計画（第二次）」は、就業機会の確保、安定した居住場所の確保、緊急援助及び生活保護など総合的な対策を推進することを目指す。（東京都庁ウエブサイト「ホームレスの自立支援等に関する東京都実施計画（第二次）の概要より）
(13) 山本（一九七七）、八頁。
(14) 阿部（二〇〇二）、一〇四頁。
(15) バウマン（二〇〇八）、一七六頁。
(16) 山谷のホスピス「きぼうのいえ」については、山本雅基（二〇〇六）に詳しい記録がある。
(17) 二〇一〇年六月一九日のソーシャルワーク学習会で森川すいめい精神科医により報告された。
(18) 本田（二〇〇六）、一九二頁。
(19) シュート／ハーリー（一九九八）、一二七頁。
(20) 湯浅「貧困放置で社会費用増加」毎日新聞、二〇一〇年七月九日。
(21) 秋田（一九六八）、一一四頁。

参考文献

秋田稔『聖書の思想』塙書房、一九六八年
阿部謹也『学問と「世間」』岩波新書、二〇〇一年
阿部謹也編著『世間学への招待』青土社ライブラリー二二、二〇〇二年
伊藤之雄・岡田仁・犬養光博・菊池譲・小柳伸顕・渡辺英俊『低きに立つ神』コイノニア社、二〇〇九年

岩田正美『現代の貧困』ちくま新書、二〇〇七年
岩田正美『社会的排除　参加の欠如・不確かな帰属』有斐閣、二〇〇八年
奥田知志『もう、ひとりにさせない』いのちのことば社、二〇一一年
上沢伸子日本語版翻訳校閲『新約聖書・詩編　英語・日本語　聖書から差別表現をなくす試行版』ＤＨＣ、一九九九年
斎藤純一「分断する社会と自立／排除」http://d.hatena.ne.jp/araiken/2011814/1313326300
笹沼弘志『ホームレスと自立／排除』大月書店、二〇〇八年
スティーヴン・シュート／スーザン・ハーリー編『人権について』中島吉弘・松田まゆみ訳、みすず書房、一九九八年
佐藤直樹『暴走する「世間」　世間のオキテを解析する』バジリコ株式会社、二〇〇八年
ジグムント・バウマン『新しい貧困』伊藤茂訳、青土社、二〇〇八年
東京都庁ウエブサイト「ホームレスの自立支援等に関する東京都実施計画（第二次）の概要」報道発表資料、二〇〇九年一〇月掲載
本田哲郎『釜が崎と福音』岩波書店、二〇〇六年
山本七平『「空気」の研究』文芸春秋社、一九七七年
山本雅基『東京のドヤ街・山谷でホスピス始めました』実業の日本社、二〇〇六年
湯浅誠『反貧困』岩波新書、二〇〇八年
湯浅誠「貧困放置で社会費用増加」毎日新聞、二〇一〇七月九日

コラム2

マイノリティーの存在が問いかけること

「その人は九十九匹を残しても、それを見つけるまで、一匹を探した。」

これは『トマスによる福音書』（荒井献『トマスによる福音書』より訳文参照）語録一〇七にある言葉である。『トマスによる福音書』とは、二世紀半ばに成立したと想定されるイエス語録集の体裁をとる新約聖書外典文書である。そこには一一四の語録が含まれる。イエス語録集とはいえ、これらはみな幾重もの伝承過程を経て伝えられたもので、それらを同福音書著者が独自の方針に基づいて編集したのが同書である。これらの伝承及び編集経路については、学問上の複雑な議論があり、実在のイエスの言葉としてどの程度その蓋然性を想定出来るかという点について、単純な断定はなされ得ない。上記の言葉が含まれる逸話についてはまた、新約聖書外典『真理の福音』においても言及されている。これらの外典福音書は共にグノーシス主義に基づくものとみなされているが、そのなかでは女性と子供が高く評価されることもよく知られている。

この逸話はさらに、『トマスによる福音書』より早期に成立し、かつ正典に位置付けられる「マタイ福音書」「ルカ福音書」にも含まれている。

これら相互の福音書の文書上の依存関係に関する議論は、伝承の編集経路に関するそれと共にきわめて複雑だが、諸議論においてこれら外／正典福音書に描かれたこの逸話についてはみな、史的証言として検討される価値があるという点についてほぼ一致するところでもある。

さて、正典外典を問わずこれらの文書に記されたこの逸話の文脈は、ほぼ類似している。

ある人が一〇〇匹の羊を持っていた。その中の一匹の羊がいなくなった。その時にその人がこの一匹の羊に対してどのように振る舞うか。また残りの九十九匹の羊に対してどのように振る舞うか。歴史上キリスト教文化圏には含まれない私たちの国においても、すでにおな染みの「迷える（子）羊」という比喩表現はこれらの逸話に由来するものである。

さて、冒頭に挙げた『トマスによる福音書』における文脈の特徴としては、この言葉の直前に置かれた句において、この一匹の羊が「迷い出た」と、すなわち否定的な表現で記されつつも最大の羊と描かれる点である。そして、その人はこの羊を見つけた時、次のように言ったと記される。

「彼は苦しみの果てに羊に言った、「私は九十九匹以上にお前を愛する」と」

何故この羊は最大の羊と記されるのか。また、この人は何故この羊を見失った時にそれほどまでに苦しんだのか。その理由は、このグノーシス主義に基づくものといわれる『トマスによる福音書』においては、失われた羊が人間の本来的自己を示唆するものとして捉えられているからであろうとされる。但し、この解釈のレトリックには矛盾点も指摘されており、それらの解釈に関しては、古代から現代に及ぶ聖書解釈の非常に詳細な議論が存在している。ここではその学問上の議論に立ち入ることは出来ない。しかし、その要点を記せば、人間の本来あり得るべき姿が回復され救われるためには、その人の本来的自己が失われたままではならないという基本的考え方がそこにある。

ところで、正典福音書においてこの逸話はそれぞれどのように描かれるのか（以下『新共同訳聖書』より引用）。

「マタイ福音書」（一八・一二―一四）では、

「あなたがたはどう思うか。ある人が羊を百匹持っていて、その一匹が迷い出たとすれば、九十九匹を山に残しておいて、迷い出た一匹を捜しに行かないだろうか。はっきり言っておくが、もし、それを見つけたら、迷わずにいた九十九匹より、その一匹のことを喜ぶだろう。そのように、これらの小さな者が一人でも滅びることは、あなたがたの天の父の御心ではない。」

「ルカ福音書」（一五・四―七）では、

「あなたがたの中に、百匹の羊を持っている人がいて、その一匹を見失ったとすれば、九十九匹を野原に残して、見失った一匹を見つけ出すまで捜し回らないだろうか。そして、見つけたら、喜んでその羊を担いで、家に帰り、友達や近所の人々を呼び集めて、『見失った羊を見つけたので、一緒に喜んでください』と言うであろう。言っておくが、このように、悔い改める一人の罪人については、悔い改める必要のない九十九人の正しい人についてよりも大きな喜びが天にある。」

一瞥したただけで分かることだが、一匹の羊について、マタイにおいては「迷い出た」と描かれ、ルカにおいては「見失った」と記されている。単純に捉えれば、マタイにおいては、一匹の方が迷っていってしまったと否定的に表現され、ルカにおいてはむしろ、この一匹は羊飼いが見失ったものとして、見失った側の過失が示唆されている（とはいえルカの括りの編集句には、この一匹は「悔い改める一人の罪人」と表現されるのだが……）。

いずれにせよ、これら福音書において、九九匹に対して一匹は決して忘れ去られて捨て置かれ、若しくは排除される存在ではない。何の理由であれ、一匹は九九匹と同様かそれ以上にそれを持つ人にとって重要なのである。その一匹なくしてその人の若しくはその人が保護すべき共同体全体の真の救い、喜びはないのである。

さらに目を転じれば、マタイ福音書の別の箇所（一二・一二）に、安息日に癒しを行うことを非難する者に対してイエスが、ある人の持つ一匹の羊が安息日に穴に落ちたら、それを手で引き揚げてやらない者がいるだろうかと問いかける場面が描かれ、「人間は羊よりもはるかに大切なものだ。だから、安息日に善いことをするのは許されている。」という言葉が記されている。一匹の羊でさえ、失った／迷い出たら探すのだ。一人の人間についてどうしてそれ以下の扱いをするのかという問いかけである。

私たちの現在の社会において、マイノリティーの存在は決してプラスに受け止められていないように思われる。というよりもそれ以前に、その存在に関して真剣に捉え、議論されることが極めて少ないように見える。

上記の逸話を大学の講義で扱う際にも、しばしば受講者から疑問が提示される。本当に九九匹を残しても一匹を探す必要があるのか、そのようなことをして全体に不利益を及ぼしてもよいのかと。また、九九匹はまじめに迷いもせずにいたのに、これでは一匹のために九九匹が浮かばれない……などのコメントである。他方で、若い受講生の中には、数年前に流行った「勝ち組」「負け組」という言葉を嫌いだと伝えてくれた人が意外にも相当に多かった。

大人たちが、「勝ち組」「負け組」という言葉を流行語として社会に浸透させた少し前の日本。しかし、子供の時から望むと望まざるとに関わらず、社会という枠組みの中で、絶えず競争を強いられ、外側から評価され、振り分けられる。その中で一生懸命生きて成人しても、すべての人が正規雇用の職を得られるわけではなく、結婚し家庭を築き、子どもを産み育むことも出来ない今の社会。

先の失われた或いは迷い出た一匹は、それを持つ人の、そしてその人に属する共同体の持つ本質的に重要な問題を反映している、少なくともそれと関係している。それ故、この逸話の中では、一匹について、その人とその共同体全体の幸福に関わる問題として深く思惟されまた論じ合われたのである。

子どもたちが先のような言葉を自ら流行らせたり用いる大人になる前に、今私たちは、古代の人々が真剣に議論したのと同じ問題を、この社会の中で真摯に考えるべきではないだろうか。

Ⅲ　日本社会に生きるということ

6　百万葉のクローバー

――生き難さと生きる意味――

山下暁子

はじめに

「まず箱を描き、その中に丸を二つ描いて、間を横線で結ぶ。これが結婚ということらしい。その横線から垂直に縦線を引っぱり、その先にもうひとつ丸を描く。これが子。箱の中に三つ葉のクローバーのようなものが入っている。」

「箱になんか入りたくない。もっとゆるやかな線でたくさんの人と繋がりたい。百万葉のクローバーになりたい。」

山崎ナオコーラの『この世は二人組みではできあがらない』に登場する言葉だ。

主人公は両親の戸籍から分籍をしようと区役所に行き、戸籍係の説明をこんな風に考える。山崎の作品を、デビュー作から面白いと思っていたのは、こうした社会や生き方に対する考え方からだ。

DV、育児放棄、引きこもりなど家族が問題を外には見せないことが、かえって大きな惨事になってしまうことは毎日のようにニュースで聞く。そういう「箱」の中の、三つ葉のクローバーのような親子関係をぐいぐいと百万葉まで広げる考え方、そして何より、そこに悲壮感より楽しさがあること。

私が戦後の男女平等思想の中で育ち、学び、自分の人生を欲しいと思いながら、結局は良妻賢母の中に自らを閉じ込めていったことへのストレートな反論と、私の時代の女性たちの苦しみが全く無駄では無かったということを山崎の作品で読むことが出来る。

学ぶことで得た知識、知性や人生への憧れ、自己表現と社会変革への情熱が閉じ込められた家庭と家族の中で行き場を失ってしまった、と水田宗子が書いているのを読んだ時、(1)私の後悔は私だけのものではなかった、と思えた。

仕事を頑張ることが、イコール家族や子どもへの時間を奪うという綱渡りの人生を生き抜くことが出来なかったし、結局は何回も仕事を放り投げた。それが私の人生だった。私にとって三十年違う山崎の作品の主人公の生き方は、私の生き方への一つの回答であり、また、女性の違う生き方を見せてくれるものだった。

山崎ナオコーラは、一九七八年生まれ。二〇〇四年に文芸賞を『人のセックスを笑うな』で受賞し、「文学史に残る作家になりたい」「私は純文学作家」と宣言する。

「山崎さんはジェンダーに敏感な作家と言われる。男女の性差がゆるやかで、どこか中性的に描かれる」と出版社の宣伝文にあり、山崎自身が「たとえば、男性は名字で、女性は名前で出てくるような小説には腹が立つ。既成の男女にあてはめたシーンはひっくり返したくなります。そうした違和感が、書く原動力です」と続けている。

山崎のジェンダーへの違和感は、ほかの差別への違和感にも繋がっていて、外国人差別、同性愛者差別への異議申し立ても書く。

「加賀美は差別に興味がある。そのことには自覚があった。高校生のときにはキング牧師のスピーチを暗記したし、大学時代には『橋のない川』を熟読した。新聞を読んでいても、外国人と自分の国の人の取り上げ方の差、男女の差、社会的に力を持つ人とそうでない人の差、年齢の差、人種の違い、宗教の違い、その他の理由なく作られた壁、差別を感じると目が離せなくなってしまう」は、『ニキの屈辱』の一節だ。

小説の中にこのような素朴で率直な言葉があることが、山崎の小説の面白さであり魅力だ。

山崎の「違和感」をたどると、八十年代の作家、性暴力、明治の作家にまで繋がってしまった。

南米出身の作家リョサは二〇一一年六月の来日で講演し、東日本大震災について言及したあと、「文学は偏見や暴力、不正義に対する最大の防御になる」と述べた(2)。

文学は楽しい。悲しみも喜びも苦しみも慰めもある。人々の意識を変える力も持つ。山崎が差別への「違和感」を小説のストーリーの中で描くことが出来るように。

一　干刈あがたと冥王まさ子

山崎の作品を読んだ時、冥王まさ子（一九三九—九五）、干刈あがた（一九四三—九二）という私と同時代の二人の作家が思い浮かんだ。二人は、結婚、育児、離婚、仕事、それを全部抱えての女性の人生を題材に小説を書いたが、まだ三十代の山崎は恋愛小説を書き続けている。しかし、山崎の社会、常識、時代への異議申し立て、権威が嫌いなこと、傷ついても自分を出すことの恐れの無さは、冥王や干刈と共通点があるように思われた。

山崎は若い女性として（あるいは若い女性なのに）この社会での女性の生き難さを描いている。冥王、干刈が日本の中年女性としての生き難さを書き抜いたのと同じように。「若い女性なのに」と書いたのは、日本では女性が若いということは大変プラスの価値なので、生き難さに目をそらすことも可能と思われるからだ。若い女性が生き難さを書いていることにこそ価値があると思うからだ。

九二年、干刈は冥王より三年前に四九歳で亡くなった。

八二年に「樹下の家族」で「海燕」新人文学賞を受賞、作家活動を始めた。作家としての活動はわずか十年。それも最後の二年は入退院を繰り返した。全作品は「干刈あがたの世界」として二期一二巻になるはずだったが、一期六巻で終了している。(3) 二作目、八三年の「ウホッホ探検隊」は、「離婚を家庭崩壊という『結果』でとらえるのではなく、新しい『出発』だと考える」作品。(4)

当時、日本ではまだ「離婚」が「未知の領域」(5) とされる時代で、離婚後の母子家庭は「探検隊」だった。長男に語りかける形のこの作品は母と二人の息子たちの弾むような明るい会話に溢れている。しかし、母の責任の持ち方の切なさは親としての誠実さとともに、日本の社会が「母」へ負わせているものの重さを感じさせる。

八六年の『しずかにわたすこがねのゆびわ』は同じ会社で働いていた七人の女性たちの、その後の十五年の物語。「ゆびわ」はだれにでも回ってくる苦しみであり、それを乗りこえた時、本当の自分に出会えるのではないか、と書かれている。人生が辻褄が合うと思っている時は絶望していたが、辻褄が合わないと解ってからは「みっともない自分を引きずって終わりまで生きてみようと思うようになった」という言葉は、八十年代に独身で、あるいは家庭を持って、苦闘していた女性たちの心にストレートに届いたのではないだろうか。

不妊治療が社会問題として報道されている今、「赤ん坊を十歳にするまでは、女はどんなに大変な思いをするか」(6)という干刈の言葉を引用することが無神経でないことを願うが、八十年代の多くの女性は、子育ての「大変な思い」を夫や社会と分かち合うより、一人で背負っていたように思う。独身で生きる女性たちもまた「世間の目」に無用な圧力を感じさせられていた。

だから人生は辻褄が合わない、と覚悟した時、かえって自分を責めることから解放されて絶望から救われたのではないだろうか。

干刈は「子どもを育てながら家庭生活と社会のつながりを考えていく女性たちの集まりに共感を持って、時間の許すかぎり参加した」と年譜にあるように優しい人だったようだ。

その優しさが溢れている力強い作品が、八七年の『黄色い髪』だ。

いじめ、不登校、学校での生活指導、国歌斉唱、国旗掲揚、落ちこぼれ、と名づけてしまう社会や学校の管理システム、親を非難する社会のあり方、を描いている。

与那覇恵子は解説で『黄色い髪』が朝日新聞に連載された八七年には、中学生の不登校率は〇・五四%であったが、解説を書いている九六年には一・四%近くなったと書いている。(7)二〇〇九年は、文科省発表によると二・

七七％である。

このように、現実に即した作品であり、干刈自身「『黄色い髪』のような小説なんて、書かずにすむなら、書きたくはないのだ」と言っている。しかし、この作品で非難、冷笑、国賊呼わばり、公序良俗に反すると言われ「すっかりまいってしまった」そうだ。(8)

中学校でのいじめの中で、いじめられる子の側に立った主人公夏美は、規則に縛られること、体罰を当然とする先生への怒り、いじめられた辛さから不登校になる。夏美の母の美容室で働く保子は夏美に言う。「テレビドラマなんてね、みんな男がつくったもの。学校もそう。男がつくったものだから、女の子が苦しむのは当たり前なの」。

いつもクールな保子が、そんな風に社会を見ているとは思っていなかった夏美は、そこにも自分を見守ってくれる大人がいる、と気づく。

今は、テレビドラマ制作にも多くの女性が加わっているだろう。でも、まだ社会が女の子、に象徴される「弱い人々」が苦しまないようになっているとは思えない。「いじめ」も無くならない。

夏美は最後に、黄色く脱色していた髪を丸坊主のように短く切り学校に戻る。どんなに優しい大人でもそれぞれ背負うものがあり、頼りきることは出来ないという現実を見据えて。

『黄色い髪』の最終頁には干刈が遺書や生活記録を読んだという十代で死を選んだ五人の自死の年月日と場所が記されている。そこには「いじめ」を止めることの出来ない社会への深い悲しみと怒りと、どんなにささやかであっても、大人たちは「良い社会にしようと行動して欲しい」という強い願いが込められているように思える。

この小説を書くことで「すっかりまいり」神経症になった干刈は書いている。

「自分が大それたことをしていると思うと、神経症にもなる。けれど、自分のしていることは人の心に一粒の種を落とすにすぎず、その種はある人にとっては意味がなくても、あるひとの中では芽を出すかもしれない。それを、その人その人が、自分の生活の中で育てていくのだと思えば、少し救われる」(9)。

干刈の逝去から三年後の九五年に、五六歳で亡くなった冥王の単行本は『ある女のグリンプス』を初めとする五冊だけで、七冊の翻訳のほうが多い。

干刈はその時代の社会に生きる「母と子」の苦しみに多くの焦点をあてたが、冥王はそれに加えて「女性が自分のものを持って生きたいと願うこと」の苦しみを描いた。「自己証明」となる仕事や「自分が生きる意味を持つもの」を爪でひっかくように求める女性像を描いた。

冥王は七九年『ある女のグリンプス』で「文芸賞」を四十歳で受賞。八二年の『雪むかえ』は野間文芸新人賞候補となったが、受賞作は村上春樹の『羊をめぐる冒険』だった。選考委員の川村二郎の評には「生の本質へ向かう鋭い衝迫」とあるが、「女流の枠を越えている」と続けられている。「女流の枠を越えている」というのは、本来は男性しかそういうものを描けないはずだという男性の発想を伝えている。八〇年代になっても、このような差別的見方がどんなに普通に伝えられ、受け取られていたことだろうか。

八五年の『天馬空を行く』は、幼い子ども二人を連れてのヨーロッパ貧乏旅行のドタバタを描いたユーモア溢れる家族小説。「日本は母親にありとあらゆることを要求する国なんだよ。（……）あたしだってお前たちと同じ、大事な人間なんだ。一回かぎりの人生を生きているんだ。お前たちの犠牲になんかなってたまるか」「お前たちはもう産んでやったんだから、あとはかってに育てばいいよ。お母さんは自分を産んで育てなきゃならないんだ」とパリの空の下、母はわめく。

この作品は八五年に刊行されているが、文庫本解説は九六年に元夫の柄谷行人が、冥王の逝去の翌年に書いている。(10) 柄谷は、冥王が専任の職を大学紛争で失ったあと行き場が無いと感じていたこと、柄谷の留学先で「夫の配偶者」という資格でセミナーに参加することを「そのような境遇も屈辱的であった」と書いている。帰国しても専任職の見込みもない上、一番絶望させられていたのは、日本では英語が抜群に出来たはずなのに、アメリカ人の気鋭の学者の前には自分の英語など何物でもない、ということを思い知らされたことだった、とも。しかも「そんな絶望などと縁のない無能な英文学者《特に男》が日本では大学のポストを独占しているのであってみれば、これは二重の絶望である」。

しかし「無能な英文学者《特に男》」と書きながら、柄谷の解説は最後まで男性の優位を書いて揺ぎ無い。解説の最後で、柄谷は冥王のユーモアのセンスを讃え「フロイトは、さらにヒューモアを、誰もがもつものではない、貴重な天分であるといっている。その意味で『天馬空を行く』の冥王まさ子は、特に女性の作家としては稀有な天分を示している」と結んでいる。柄谷は冥王の絶望や苦しみを解説しながら「自分も異国の地で苦しかった」と書いているが、小説の中の「夫」は「おれが仕事出来ないのは国家的損失だぜ。お前らとは違うよ」、妻が列車の座席を頑張ってとると、その手腕に感心しながらも「女だからずうずうしいことが出来る」と言う。主人公の弓子は「だからといって龍夫が弓子を軽視していいことにはならないのだ」「あたしも同じだけ時間をもらって自分のちからを試したい」と思う。

八二年には「女流の枠を越え」と書かれ、しかし、まだ九六年になってもユーモアを持つことは「女性の作家としては稀有な天分」と書かれていた。

『南十字星の息子』は、オーストラリアからの留学生が二週間滞在する間の、家族の葛藤と主人公未央子の再生の物語。留学生のエマニュエルがまだ一六歳の少年であるのに絶望を知り、自分の生き方、批判精神を持っているることに触れて、四六歳の未央子は世間や常識に縛られ、いつの間にか失っていたものが自分の中で生き返るように感じる。それはもちろん、少年のエマニュエルがそこまでの力を持っていたというより、未央子が自分自身で自分の中の力を見つけたということなのだろう。

未央子のように一九四〇年代前後に生まれた女性の多くは、戦後の男女平等教育で男性と同じような教育を受けながら、当然「結婚」し、家事、育児を引き受けて生きた。女性の大学進学率三パーセントという六〇年代初めに進学した女性たちは恵まれていたと同時に、自我との戦い、家庭、仕事の間で疲れ果てる。子ども達のさまざまな問題を全部自分のせいとして、「愛」は「苦行」になる。

未央子の夫は高名な建築家で企業戦士ではなかったが、妻のすることに必ず一度は文句をつけるという日本男子ではあった。客をもてなせばしゃべりすぎると言われ、子どもがきちんとしていなければ母親の責任と言われ、という描写に私自身も含め女性が結婚によってどんなに自分に対して自信を失っていったか、と苦笑した。

だから、未央子はドアを開けて外に出たい。

どんなにささやかな仕事であっても、自分は自分を生きている気がする、と思う。二人の子どものためにいつでも命を投げ出せると思いながら、「だが、生きている限り、自分を自分としてまとめる時間、たった一人で歩く歩道、たった一人で吸う外気、が必要」だと思う。この言葉の切実さを私は共有する。

小説の最後で未央子は息子に言う。

「もう大丈夫、あたしは誰にもばかにされないようになるよ」。

冥王は離婚し、九四年、カリフォルニアに移住したが、動脈瘤破裂で翌九五年四月、五六歳で亡くなった。『南十字星の息子』は、その年の十一月に刊行された。

日本のフェミニズム批評を切り開いてきた水田宗子は、盟友であり同志であった友人を失った悲しみを綴って続けている。(11)

「家父長制家族の残留物が漂う文化の中で、冥王まさ子は悪戦苦闘して斃れたが、彼女は書くことによって、それらの古いものたちの多くを葬ってくれた。(……)彼女が書いたドラマの上に、さらに多くの女性作家たちが新しい物語を展開していくことを願わずにはいられない」。

二　都合の悪いおじさん——山崎ナオコーラの世界

家父長制家族の残留物が漂う文化の多くを葬ってくれた、という水田の追悼の言葉を受けたのは冥王の幸せと言えるだろう。そして水田が書いているように、「さらに多くの女性作家たちが新しい物語を展開」している。山崎ナオコーラはその一人だ。

山崎の小説には他者の目からの自由さ、自分の生き方を貫く清潔さと寂しさと楽しさがある。

女性として生きることが、家族、恋愛、年齢、服装などで縛られない生き方。服装のコードも生き方も自分で決められる生き方。

山崎は若い男女を描いていて、家庭での女性の生き方を書いてはいない。しかし、若い人々の生き方の中に、今の社会の色々な差別への異議申し立てが描かれている。山崎自身は「私の小説ってほとんど主張がないんです」とインタビューで語っているが[12]、充分主張している、と私は思う。

千刈や冥王の作品の中の人物、また、私が今までの人生で苦しんできたこと、大決心の末でなければ言えなかったこの社会への違和感を、もう山崎の小説の主人公たちは苦しまないし、また、ノーと、口に出す。なんて素敵な生き方を「平気」で生きているのだ、と思った。

登場人物の若い女性たちの生き方も、好きだ。

そういう山崎の作品の特徴を、幾つか書いてみる。

（1）対等な関係

男女間に恋愛でなく、友情を求める考え方がいいのだ。女性差別、している人は女性と友情なんて結べない。解ります？

「男女の間にも友情は湧く。（……）恋愛っぽさや、面倒さを乗り越えて、友情は続く」と山崎は書く[13]。

数少ない女性評論家の斎藤美奈子はこの『カツラ美容室別室』を友情の物語、とし「エリが客を殴ったのが店長への友情なら、『オレ』とエリの間に育っていたのも友情だ。（……）恋愛至上主義、セックス至上主義、そしてわかりやすい関係に逃避する小説への、これはやんわりとした異議である」と書いている[14]。

デビュー作のタイトル『人のセックスを笑うな』も差別への異議申し立てから生まれた言葉だと、山崎自身が語っている。書店の同性愛の本のコーナーで雑誌を見ながらクスクス笑っている人がいて、それを見かけたことで心の中にこの言葉が出てきた、と。「同性愛」「他人の生き方について笑うこと」への抗議、異議から生まれてきた言葉だった。

十九歳の男子学生と三九歳の美術専門学校の女性講師の恋物語であり、年齢も立場も社会通念から逆転している。女性講師はみすぼらしく見える変わり映えしない服装や、少し問題がありそうな体型にも構わない。掃除や食事などの家事も苦手。しかし、もちろん絵についてなら、何時間でも費やす。

女性が仕事をする時、越えなければならない大きなハードルは、家事、育児に関する社会常識からの重圧だ。加えて、女性らしさ。千刈や冥王の小説の主人公たちは、そういうものと常に戦っていた。この女性講師は、そういう重圧に一切無関心な存在として描かれている。そういう、服にも体型にも無関心の女性講師を男子学生は素敵だと思い、深く恋する。

この「自分の生きたいように生きようとする、生きられる女性」、それでいて「利己主義ではない女性」は、このデビュー作以降も一貫して山崎の小説の女性像だ。

水田は女性作家の書くものが既存の女性観から女性を解放できるのは、その女性作家の思想であり、同時に文学は読者の思想によって完成する、と言う(15)。だから山崎が多くの読者を獲得していることは、彼女の考え方が広く受け入れられていると思えてうれしくなる。

二作目の『浮世でランチ』では、「女性社員には『当番』というものがあって、給湯室の掃除をするのだった。

『まあ、仕事だし、これでお給料がもらえるのだから』と思いながらあちらこちらを拭くのだけれど、『どうして女性社員だけなのだろう？』と不思議だ」「（エクセルの表を）『あなたが作りなさいよ。こういうのを作るのは、男の仕事じゃないんだから』」「会議に出席するのは男性のみ。びっくりした。どこにも理想郷はないし、理想の友だちもいない。会社は辞められるけど、この世界から出て行くことはできない。腑に落ちないことだらけの世の中でも、ここでメシを食わねばならない。ばかばかしい女性扱いを受けると、吐き気がする」と、女性が差別されている状況を淡々と描いている。

（2）指が震えるほどの怒り

『この世は二人組ではできあがらない』では、会社の先輩で四〇代後半の女性を魅力的に描いている。それまでは仕事以外で会話をしたことがない先輩は、会社を辞める主人公の送別に豪華なレストランでランチを奢ってくれ、二〇代の主人公のこれからの話を真面目に聞いてくれる。先輩が「伝票を切らなかった」と主人公は思い、考える。

「私はこのときまで、『仕事を頑張っている女は不憫だ』と心のどこかで思っていたような気がする。『《仕事のできる女》というだけで存在意義を認められていた一世代前の女たちと、自分たちの世代とでは、置かれている環境が違う』『現代日本では、おしゃれをして、男の人に可愛がってもらえる女だけが、社会でも認められるのだ』とずっと考えていたと思う。私は社会の中で、権利や主義を主張したいという気持ちが全く起きない。だが、私が主張する必要を感じない理由は、前の時代の女たちが頑張ってこの社会を作ったあとに成人したからなのかもしれない」。

今の若い女性たちは、前の世代の女性たちがフェミニズムで何と闘ってきたかということをあまり知らないように思えるし、フェミニズムという言葉を知っていても、「昔〈おお！〉恐いおばさんたちのしたこと」と思っているように私は感じていた。だから、このような素直な敬意を小説の中で読むことができるとは思ってもいなかった。

山崎のフェミニズムへの考えについては、エッセイに次のような言葉もある。(16)

「山崎『フェミニズムとかは？』石島（編集者―筆者注）『興味ありますね。……、僕も《男》として息苦しかったですし』『石島さんも男性にカテゴライズされるのは辛いっていうのはある？』私は聞いてみた。というのは社会の中で女性にカテゴライズされると、なぜか身を切るようなつらさを感じるのだ」

会社で経験した次のようなこともエッセイで書いている。男性幹部だけの社員旅行のあとで、上司から「ほら、結構、美人のコンパニオンなんだよ」と女子大生コンパニオンの写真を見せられた。その上司は優しくて大好きだったのだが、「自分ではない女性のことなのに」「指が震えるほど怒りにかられた」(17)、と。

この「自分ではない女性のことでも」ということも、フェミニストが大事にしてきたシスターフッドである。ジャーナリストの千葉敦子（一九四〇―八七）が、八六年に書いた文章と何と強く通じていることだろう。

千葉は、自分の妻や母を「人間として尊敬していない男性」はすべての差別について鈍感であり、「自分が差別されていることに気づかない女性」も差別について鈍感である、と書いている。また、男性がよくする間違いを指摘している。山崎がコンパニオンについて書いているのと同じで、蔑視の対象が自分でない時に怒りを表すと男性がびっくりすることで、日本人男性にはとくに多い、と。(18) 私も男性の友人から「あなたは違うが」と前置きされて彼の同僚の女性の悪口を言われて怒りに震え、彼を心から軽蔑したことを思い出す。

この最後の著作『（死への準備）日記』で千葉は「生きて何をしてきたか」を振り返ってみるとき、ほんの子どものときから女性に対する差別と闘ってきたことだ、と書いている。理解ある両親に育てられ、家庭では「女らしく」などという言葉を聞かなかったが、学校に行くようになるとよその親、教師に、社会に出てからは同僚、上司、取材先、編集者から激しい差別と蔑視を受けたとしている。その思いで若い女性を励ますことを書き続けてきたが、日本の社会はなかなか変わらない、と。

しかし、千葉のような多くの女性の努力が重なったからこそ、山崎のように伸び伸びと差別への否定を書く作家が現れたのだ。

（3）ハッピーおじさんコレクション

『手』についての出版社による紹介には「主人公が漏らす辛らつな本音やおじさんを愛でる態度。過度に若い女性や少女を特別扱いする日本社会の『ロリコン文化』への批評でもある」とあり、山崎は「ジェンダーに対する敏感さが私の得意分野。日本のロリコンさは異常だと思う」と、述べている。

「得意分野」！

『手』の主人公はおじさんの「笑顔」を撮る。

「『ハッピーおじさんコレクション』というもので、制作、運営、デザインをひとりでやっている。（……）ケータイで写真を撮っては、ウェブにアップしていく」「私は、Oさん以外にも、たくさんのおじさんを盗撮していた。（……）警戒のゆるんだ表情を隠し撮りしては、ネットに流していた。罪悪感は薄かった。皆が女の子に対してやっていることを、私はおじさんに対してやっている、それだけのことだ」

もちろん、「皆がしていること」といっても「おじさんの笑顔」を載せるだけであり、そのブログは日々「数人」しか見ないものだった。しかし、主人公はある日、毎日数人しか見ないはずの閲覧者が莫大に増えていることを知り、画像を全部消去してブログを閉じる。「じきに二六歳になる私は、もう十分に、ロリコン文化の批評をやり尽くした」と。

この小説について、芥川賞の選考評で山田詠美は「主人公が好きなのは『ただのおじさん』ではなく、『都合の良いおじさん』。書かれるべきは『都合の悪いおじさん』なのに」と書いている。(19)

「おじさん」というのは「理由もなく自分が偉い、と思っている人で、若い女性や男性、年配の女性もおじさんになりうる」と誰かの定義にあった。だが、まだまだ日本には若い、また、年配の「男性のおじさん」が溢れている。「自分は男性なんだから女性より偉い」と思っている人が沢山いる。

そういう社会の中で多くの小説に描かれているのも、現実にも望まれているのも「都合の良い女性」であり、現実に存在するのは「都合の悪いおじさん」ばかり。「都合の良いおじさん」が少ない現実の中で「都合の良いおじさん」を書いているからこそこの小説は面白く、ロリコン現象への批評になっていると思われるので、山田詠美の評には頷けない。

おじさんと主人公はお付き合いの最後に京都に行って一緒に旅館に泊まるが、隣で寝ていても何も起こらない。それは、もちろん主人公にとっては「都合の良いおじさん」であり、そういうおじさんだからこそ付き合っていた。このどこに不思議があるのか。「都合の良い女性」と付き合うのは、男性にとってごく当たり前のことなのに。

『手』の主人公は「おじさんの笑顔」を集めることに拘った。それは「笑顔の要請」に社会の非対称があるからだ。たとえば、ある雑誌のコラムの一節。「地味で目立たない本が多い私にも、一冊だけ二一年間で二三万五千部を売り続けた素敵な本があります。『美しい女は、かわいく生きる』です。楽しそうにニコニコ笑って、ちょっとした手助けにも『あら助かった』と最高の笑顔でお礼を言ってみませんか」

こうした言説に対して山崎は主人公に言わせる。「わからなくても、『ハイ』とにっこり、口角を挙げるのは得意だ。笑顔を作ると、受けが良い。（……）『女は笑っていれば良い』と。そこで私は、外界に対していつも微笑み、心の中では恒常的にムスッとしている。なんなんだ、男は。女に『笑え』という前に、自分が笑えよ[20]」

笑顔は素晴らしい。男女共に笑顔は大切なはずだ。だから、山崎が書くように女性に「笑え」と言う前に、男性こそ輝くように笑って欲しい。

笑顔、に拘る山崎には『笑うお姫さま[21]』という作品もある。お姫さまは笑って欲しい、という王の願いを無視する。「女を選び」「女を笑わせること」が王が権力を行使することであり、それを許す世間も王が没落すれば「女に惑わされた」と指弾するのが解っているからだ。「私のライフ・ワークが王の前で笑うことだけだったなんて、むなしいったら。泣けるわ。変な人生」。

（4）ゆるやかに繋がって生きる

『この世は二人組ではできあがらない』は、「二人組み」を絶対的なものとする社会、メディアへの抵抗を書いている。本当に率直な題で笑ってしまうくらいだ。

とても昔の歌（一九四九年）だが、今も人気があると思われる（なので、この小説の若い主人公も歌う）『愛の賛歌』の「ただ二人だけで　生きていたいの」という歌詞を「狂気の歌だ」と主人公は思う。

主人公は両親の戸籍から分籍して、自分だけの戸籍を持ちたいと思う。区役所で戸籍係の説明を聞いて考えたのが「はじめに」で引用したクローバーについての文章だ。

戸籍制度は、国民の情報を家族ごとに区分して管理するためのもので、学校での「班分け」と同じ「家族分け」ではないか、と主人公は思う。子どもは大切なものだが、経済、保険制度を憂慮しての「少子化対策」は、第二次世界大戦下の「産めよ、増やせよ」と似ているし、女の幸せが養われる喜びなんて考える女も男もおかしい、とも思う。

主人公は国が統括、管理するための「家族」、子どもを持つことだけが女性の幸せと押し付ける世間、女性が何かを望むことへの圧力や偏見がいやなのだ。

春の休日、代々木公園の中をぶらぶらと歩き、幸せそうなカップルや親子づれを眺めながら主人公は、この公園の中の千人の人々はお互いを知らないが、それぞれが公園の楽しさの中で繋がっている、一人で歩いている自分も受け入れられている、と思う。家族も広く世界と繋がっているほうがより暖かい家族になるのでは、とも思う。

だから「もっとゆるやかな線でたくさんの人と繋がりたい。百万葉のクローバーになりたい」。

（5）カノッサの屈辱

『ニキの屈辱』は、二五歳ですでに社会的に成功して「有名女性写真家」になっているニキ、と一歳年下の助手、加賀美との恋愛物語。またしても山崎らしい「ヘンテコリン」なタイトルは歴史上の「カノッサの屈辱」からとられている。

この『ニキの屈辱』の芥川賞選考評で村上龍は次のように書いている[22]。

「選考会自体、激しいやりとりがなく、緊張感が薄かった。そんな雰囲気の中、選考委員のみなさんを眺めていて、ふとわたしは、十人の選考委員のうち女性が四人という時代はあったのだろうかと考えた。わたしは芥川賞の歴史に疎いので、ひょっとしたらそんな時期もあったのかも知れない。

だが、もしそういった時期が過去にあったとしても、その四人全員が『作家として』だけではなく、『女性としても』魅力的ということはおそらくなかったのではないかと思った。そして、その四人の女性選考委員たちは、『ニキの屈辱』という作品に批判的だった。否定したといってもよい。なぜだろうか。四人は、ともに作家としての地位をすでに確立しているが、作風も文学観もそれぞれに違う。だが、共通していることがある。これまで小説を書き続けてきて、現在ももちろん書き続けているということだ。小説を書き続けることにどれほどの困難があるか、それはここでは言及しない。だが、『好きな男にふられて写真家であることを辞めようとする』というストーリーの脆弱さ、安易さを、四人がそろって否定したのは当然かもしれないと思った」

島田雅彦は「『ニキの屈辱』も『春琴抄』の当世写真業界版のように読めたので、推したけれども、女性選考委員の猛烈な反発の前ではホビットのように小さくなるしかなかった」と書いている。私が村上と島田の評を長々と引用したのは、文学評に「女性として魅力的」と書くこと、自らを「ホビット」と言う、甘やかされた自意識に驚いたからだ。

また、この作品を村上と女性選考委員全員が「好きな男にふられて写真家をやめる」と読んだことを面白い、と思った。

小川洋子は「加賀美に振られたからといって、ニキはどうして写真家をやめる必要があるだろう」と書いている。選考会ではそこが問題になったのであろうが、以下の女性委員の選評にはそのことは書かれていない。山田詠美は「いまだ小説の中ではエキセントリックな女が幅をきかせる不思議よ…《溜息》」、高樹のぶ子は「幼さが透けてみえる」、川上弘美は読ませる小説ではあるが「何かがひっかかる」と書いている。（しかし村上の『好きな男にふられて写真家を辞めようとする』という言葉は品が無いし、一時代前、という感じがする）

選考委員と私の読み方が違うのは、小説の読み方は人によって違うので当然であろう。しかし「好きな男にふられて写真家をやめる」という女性像は山崎の小説にはなじまない気がする。自分の人生を生きてゆく女性、女性を尊敬し友情を大切にしようとする男性が山崎の小説の多くの登場人物だからだ。女性を外見や生き方で値踏みするような男性や「男にふられたから」と仕事をやめる女性を描いてはいない。

私はニキは写真家として強く生きてゆくし、相手の加賀美にもそれは解っていると読めて、いつもの山崎の小説らしい清々しい終わり方だと思った。

それに現実に今、「男にふられたから仕事をやめる」ような女性がいるだろうか。読者の感想で加賀美を「草食系男子で、献身的で素敵すぎる」というものがあった。私にとってこの小説の楽しさはニキのかっこ良さと、まさに加賀美の草食系、献身的素敵さだった。

「女性としても魅力的」であることを必要とされるらしい「文壇」で、山崎はそれにも異議を申し立てている。山崎は小説の主人公に「小説で世界と繋がりたい」が「有名になりたくない、社会的な仕事はしたいが、自分に注目が集まるのは嫌だ」と言わせている。(23)

実生活でも山崎は「著者近影」を拒否したいと『手』の見返しには、男性編集者の写真がある。『手』から三年後の『私の中の男の子』には「頭を使えば、著者近影などは出さなくても、仕事は出来た」という一節があり、(良かった！)見返しには「著者」として、イラストで描かれた髪の毛のない男性高齢者の横顔がある。

この某出版社の販売促進のため、などとも言われてもいるが、やはり毎回社会的話題になる芥川賞についても う一言付け加えたい。

芥川賞と直木賞は創設された一九三五年から、八六年の通称「男女雇用機会均等法」成立までの五一年間、選考委員全員が男性であったが「選考委員全員が男性」ということが問題というより「制度的に『男しかいなかった』のが、一九八六年までの芥川賞・直木賞でした」と市川真人は書いている。八七年、両賞に初めて二人ずつの女性選考委員が加入し以後選考に加わっている。(24)

干刈は（干刈は三回芥川賞候補になったが受賞しなかった）「文学の世界は男女差などなくて、自由平等だと思っている人が多いようだけれど、そんなことないです。やっぱり、とても古い固定カンネンが、それもねじれている不思議な世界です」(25)と書き、小林恭二は「干刈あがたはいわゆる文壇を嫌っていた。彼女に言わせれば文壇は徹底的にオジサンの世界であり、そのオジサンぶりは他に類をみない醜悪さなのだった」と書いている。(26)

これが、干刈の僻みなどではないのは、前述の選考評や、干刈の言葉から二十年以上たった二〇〇二年の市川の本の中でも「いまでもよく『文壇は男社会だ』などと言われますし」「なぜか『女性の批評家』はこれまでもいまもごくごく少数しかおらず、そのことが批評というジャンルあるいは『批評』そのものの長く抱え続ける問題なのですが」という記述からも解ると思う。

しかし、女性の批評家、評論家が少ないというのは「批評というジャンルや」「批評そのものの抱える問題」ではなく、長い歴史の中で教育と職業、という基本的な資源が女性にどれだけ与えられていたかという社会的問題でもあると思えるのだが。

三　性暴力という差別

山崎の「差別への異議申し立て」を考える時、落合恵子の性暴力を描いた作品についても言及しておきたい。落合は「あらゆる差別は、強姦の論理ではないだろうか」(27)と言う。

落合は干刈、冥王と同じ八〇年代の作家だが職業を持ち、自立して颯爽と都会で生きる女性を描いた。同時に、性暴力、幼児虐待については徹底的な告発の小説を書いた。

山崎は性暴力を書かない。それは山崎の小説の男性たちは「決して」セックスを強要しないからだ。

落合は八一年のミステリー『氷の女』と八二年『ザ・レイプ』で強かんを、九四年『セカンド・レイプ』で幼児への性虐待と、対象物化される女性、それに対する社会の目の残酷さを深い悲しみと苦しさを伴って書いてい

る。（先の落合の引用では『強姦』とそのまま引用したが、落合も今は『強かん』と表記している）

フェミニズムが盛んだったとはいえ、八〇年代にセクシュアルなことを書くことは勇気が必要だったと思う。落合自身、告発のつもりで書いたのに「女が強かんを書いた、というセンセーショナリズムで受けとめられた」(28)と語っている。

「強かん」で、印象に残っている言葉がある。

嶋田美子の言葉だ。嶋田は「日本の植民地主義、資本主義下での女性をめぐる視線」をテーマとするアーティストで、赤と白という色彩を使って"Tied to Apron Strings""Labour of Love""Comfort Women/Women of comformity"というような作品を発表している。「従軍慰安婦ものをやる嶋田さん」と言われ、「なんで従軍慰安婦なんか取り上げられるんですか？」といつも聞かれるが「多くの場合、それは多分、私に何か個人的にすごい体験——たとえば強姦されたことがあるとか——を期待していっているんではないかと思うんです」。でも「日本人だからです、というしかありません」と書いている。(29)

二〇〇八年、ノンフィクションの『性犯罪被害にあうということ』が出版された。著者の小林美佳は実名と写真を公開し、二〇一〇年には『性犯罪被害とたたかうということ』を出版した。『ザ・レイプ』と小林の本の間には二十年以上の年月があるのに、小林の本を読むと性犯罪被害の社会状況が殆ど変わっていないことに驚かされる。小林が最初の本の出版後、メールや手紙、会うことを通して接した被害者は、二、九九四人。その中で「どこにも届けていない」が八五パーセント、警察に届けた人が一一二〇人、犯人が捕まって裁判手続きに乗ったのは三〇人という数字に、言葉を失う。

落合は強かんされた女性が電車の中の週刊誌の広告の写真を「あれは視姦だ」と心の中で悲鳴をあげる場面を

描いている。ここで「視姦」と書かれていることが、今はもっと露骨なかたちで大量に氾濫している。ポルノグラフィーだ。

「支配的、抑圧的ではないエロティカは可能だ」、とする哲学者のキテイもポルノグラフィーは、言葉上、視覚上、女性嫌悪の言語に溢れている、と言う。[30] マッキノンの『フェミニズムと表現の自由』を読めば、女性差別が人種差別、階級差別とどれほど深く繋がっているかが解る。[31] 中里見は、ポルノグラフィーを「性差別と人権侵害」、「女性差別を性的な快楽」としていると言う。[32]

性暴力という大きな女性差別を、社会から好奇の目を向けられても目をそらさず書き抜いた落合の勇気に敬意を持つ。[33]

四　大きな夢を描く

織田元子はインタビューで言っている。「文学史というのは、後の時代の批評家が編集するものなんです。与えられた公平な自然の産物としてあるんやない」「一八世紀のイギリスの女流作家の作品をとりよせて読んでいるけれど、『なんだこんないいものが文学史上に残ってないのか』と思うと腹が立ってくる。『あの程度のものでも男の作品なら残ってるのに、それ以上いってる女の作品が残ってない』て悲しくなるね」[34]

最後に自分が望んでいる女性像を、生き生きと書いたところが山崎と共通すると思える明治の作家を一人だけ紹介しておきたい。木村曙である。姓名、生年には諸説あるが木村曙とし、樋口一葉と同じ明治五年、一八七二年生まれとする。明治の文壇は、もちろん今よりもっと男性上位。「男性作家共同体の悪意」[35]さえ感じるとされる時代だった。

そんな中で、木村の小説はとてもインターナショナルな広がり、明るさがある。

『婦女の鑑』は、木村が一八八九年に一七歳で書き「読売新聞」に三十回連載された。文章は文語体で現代人には読みにくいのだが、言文一致体に変わろうとする時期に、木村は自覚を持って文語体を使っていたことが解っている。[36]

留学を望んでいたのに策略で勘当されてしまう主人公秀子が日本人、外国人の女性の友人たちの助けで、イギリスのニューナム・カレッジに留学し優秀な成績を修め、ニューヨークに行き、工業技術を身につけて帰国し、工場の経営者になる。山崎が書いている自立した、それも楽しそうな人生を百年前に木村が書いている。

ケンブリッジ大学に女性のための二つ目のカレッジ、ニューナム・カレッジが出来たのが一八七一年頃。現実に日本からの最初の留学生は、木村が書いた二年後の一八九一年ということだ。女性ばかり登場する小説なのに登場人物の衣装、髪方、容姿についての描写も省いている。それもこの時代の小説では例外的ということを自覚していたと考えられる。

木村はこの小説で二一世紀の今、多くの人が関心を寄せているケアとシスターフッドを見事に言語化している。工場には貧しい女性を雇い、食堂があり、朝、昼、夕の食事がとれ、企業内保育所と考えられる広い幼稚園もあった。日本では当時の幼稚園はまだ富裕層のものだったし、現実にこのような施設が出来たのは、この小説の五年後とされている。[37]工場内寄宿制度が「女工哀史」を作ったとされる時代に、働く人々が「全員通い」ということが注目される、ということも高田知波の注にある。[38]木村はこの作品を書いた翌年、一八歳で亡くなっている。

おわりに

二十一世紀、山崎はエッセイで書いている。

「立てヒザもオーケー。この世では、絶対に、自分の好きなように振る舞っていいのだ。（……）時代のすごさよ、自由なことができる嬉しさよ。(39)」

よかった。木村から一世紀たって、こんな風に時代が変わっていて。

山崎は「社会の中で女性にカテゴライズされると、なぜか身を切るような辛さを感じる」と書いているが、その「身を切るような辛さ」は、受身や忍耐の辛さではなく、自分の生き方、考え方を持ち、自由に生きる上での苦しさや寂しさであることがうれしい。

と書いたところでこの文章は終わるはずだった。

ところが二〇一二年二月に最新作『わたしの中の男の子』が出版された。

主人公の作家「雪村」は、女性と見られることの苦痛に試行錯誤の末、手術で胸をとってしまう。医師はカウンセリングを勧め、翻意をうながすが、性同一障害からと同意して手術を行う。

軽やかに日本社会の女性差別を初めとする多くの差別に異議申し立てをしてきたと山崎の作品を読んでいた私は、山崎がこれほど女性性に苦しむ主人公を書いたことに驚いた

けれど、それこそが今の日本、世界の現状を書いていることなのかもしれないと思いなおした。

「女性は、世界のどこでも貧富の別なく、殴られ、売買され、レイプされ、殺されています。こうした人権侵害は、一人ひとりの女性に計り知れない被害と苦痛をもたらし、さらにその上、社会全体をも引き裂きます」。二〇一五年三月までにすべての国が女性への暴力防止に取り組むことを目指した『女性への暴力防止・法整備のための国連ハンドブック』の前書きの一節である(40)。

ここでの「女性」は「女性」だけではなく、世界の弱い立場に置かれた人々全部にも通じるのではないだろうか。貧困、紛争、戦争に苦しむ多くの人々。山崎は、女性の差別だけでなくすべての差別に拘ってきた。だから、山崎の女性性への拘りは、今の世界の多くの差別、不正義への抵抗、まだ世界はそういう状況にあることと通じるのではと思えた(41)。

そしてこの小説でも、やはり主人公は自由で素敵な自分の世界を生きる。雪村は胸をとって、初めてバーにひとりでお酒を飲みにゆく。そこで、ひとりでいても世界から大事にして貰える、と思う。社会はみんなが考えているより温かい、と。ただ、重くてもドアは自分で開けなければならない。

そして、思う。「実は雪村は、すごく仕事が出来るのだった。雪村だけではない。女は、仕事ができるのだ」。胸をとり、母親になることは諦めたが、「補佐役」になろうと思う。「次の世代に、できるだけ素敵な社会を引き継ぎできるよう、毎日を過ごしている」と。

胸には驚かせられたが、山崎の差別への拘り、より良い社会への願いはいつもの作品通りだ。社会の暖かさ、友情の素晴らしさ、社会的な繋がりを、豊かに描き続けて欲しい。

百万葉のクローバーのように広がりながら。

注

（1）水田宗子『雪むかえ』文庫解説、二六三頁
（2）マリオ・B・リョサ、ペルー出身。二〇一〇年ノーベル文学賞受賞
（3）干刈あがたの世界　一期六巻、河出書房新社、一九九八―九九年
（4）干刈あがた『40代はややこ思惟いそが恣意』一四七頁
（5）人口動態統計によると九七年に離婚は二二万五千組になり、親の離婚を経験した子どもは、二十年前の三倍になった。『干刈あがたの世界2』二八四頁
（6）『干刈あがたの世界2』六〇頁
（7）『干刈あがたの世界6』二八四頁
（8）干刈あがた『40代はややこ思惟いそが恣意』二九五頁
（9）同右、九一頁
（10）柄谷行人『天馬空を行く』文庫版解説、四一六―四二〇頁
（11）水田『ある女のグリンプス』文庫版解説、二〇〇頁
（12）「作家の読書道」Web「本の雑誌」二〇〇九年
（13）『カツラ美容室別室』一四六頁
（14）斎藤美奈子『文芸誤報』一八七頁
（15）水田『ヒロインからヒーローへ』二一頁
水田は、この本で遠藤周作と三島由紀夫という反対の体質と思想も異なる作家が「女の特質」を「槍玉」にあげて、社会通念をそのまま文学に持ち込んでいるのを批判している。
（16）山崎『男ともだちを作ろう』一三六頁
（17）山崎『指先からソーダ』四四頁
（18）千葉『（死への準備）日記』文春文庫、二八頁
千葉と箙田鶴子の往復書簡『いのちの手紙』は「障がい」という困難な問題に正面から立ち向かっている。

(19)「文藝春秋」三月号、二〇〇九年、三三三頁
(20)『手』一九頁
(21)『手』所収、一〇一―一一五頁
(22)「文藝春秋」九月号、二〇一一年、四二四頁
(23)『この世は二人組ではできあがらない』一五八―一五九頁
(24) 市川『芥川賞はなぜ村上春樹に与えられなかったか』二六五―二八二頁
「均等法」についてもう一言。二〇一一年、五〇代の人気のある作家が書いたエッセイの冒頭に次のようにあった。「男女雇用機会均等法が施行された一九八〇年代後半のこと、親しくしていた編集者が『試験の点数で採用すると、女ばっかり入ってくるから困るよ。』と言った。私が言いたいのは、勉強ができる人はけっこう頭が悪い、ということ」。二〇一一年になっても女性が勉強が出来ると「頭が悪い」と言われるとは！
(25) 干刈あがた『40代はややこ思惟いそが恣意』一七〇頁
(26)『干刈あがたの世界3』二二九頁。
(27)『ザ・レイプ』一五八頁
『氷の女』がミステリーなのは、強かん被害者の苦しさを社会に伝えるには、広く読まれるようにエンターテイメントにした、とのこと。
(28) 落合・吉武『セクシャルハラスメントとどう向き合うか』二四頁
(29) 熊倉・千野編『女？日本？美？』二〇―二四頁
この本は素晴らしい。編者でフェミニスト美術史家の千野香織氏が二〇〇一年に四九歳で亡くなられたのが残念だ。
(30) キテイ『ケアの倫理からはじめる正義論　支えあう平等』一〇六頁
(31) マッキノン『フェミニズムと表現の自由』
(32) 中里見『ポルノグラフィと性暴力　新たな規制を求めて』二三―二七頁
(33) 落合は『バーバラが歌っている』で高齢者問題、『偶然の家族』で新しい形の共同生活、『あなたの庭では遊ばない』で母娘の問題を時代に先駆けて書いている。選考委員が全員男性だった八六年までに五回、直木賞候補になったが受賞は無かった。池

波正太郎、渡辺淳一などが選考委員だった。

(34) 島崎『女学者丁々発止!』四八頁

(35) 中川成美「艶れし女たちの遺せし言葉」新日本古典文学大系二三、五四一頁

明治初期に苦闘した女性作家は若くして亡くなり、多くの作品は葬られた。木村は明治二三年に一八歳で、二九年には若松賤子が三一歳、田沢稲舟が二一歳、樋口一葉が二五歳、三三年には北田薄氷が二四歳で亡くなっている。

(36) 明治二二年「読売新聞」紙上で「言文一致」をめぐる論争を「吉川ひで」の名前でしている。

(37) 文部省令での幼稚園規則は、一八九〇年(明治二三年)。日本初の企業内保育所は一八九四年(明治二七年)東京紡績株式会社が設置した、とされている。企業内保育所が母親の負担を多くする可能性がある、という批判を知った上で記しておく。

(38) 新日本古典文学大系二三、一七八頁

(39)『指先からソーダ』一五八頁

(40)『女性への暴力防止・法整備のための国連ハンドブック』一〇頁

(41) 林香里、宮地尚子の本からは声をあげられない弱者について、また、自分が弱者の立場にある時、どう生きるかを教えられた。

参考文献

落合恵子

『ザ・レイプ』講談社、一九八二年

『氷の女』集英社文庫、一九八五年

『バーバラが歌っている』朝日新聞社、一九九〇年

『偶然の家族』中央公論社、一九九〇年

『あなたの庭では遊ばない』講談社、一九九二年

『セカンド・レイプ』講談社、一九九四年

落合恵子・吉武輝子『セクシャルハラスメントとどう向き合うか』岩波書店、二〇〇一年

冥王まさ子

『ある女のグリンプス』河出書房新社、一九七九年、文庫版　講談社、一九九九年
『雪むかえ』河出書房新社、一九八二年、文庫版　河出書房新社、一九九五年
『白馬』講談社、一九八四年
『天馬空を行く』新潮社、一九八五年、文庫版　河出書房新社、一九九六年
『南十字星の息子』河出書房新社、一九九五年

干刈あがた

『干刈あがたの世界』第一期　全六巻、一九九八—九九年
『40代はややこ思惟いそが恣意』ユック舎、一九八八年

山崎ナオコーラ

『人のセックスを笑うな』河出書房新社、二〇〇四年
『浮世でランチ』河出書房新社、二〇〇六年
『カツラ美容室別室』河出書房新社、二〇〇七年
『論理と感性は相反しない』講談社、二〇〇八年
『長い終わりが始まる』講談社、二〇〇八年
『手』文藝春秋、二〇〇九年
『男と点と線』新潮社、二〇〇九年
『ここに消えない会話がある』集英社、二〇〇九年
『モサ』荒井良二・絵、メディアファクトリー、二〇〇九年
『あたしはビー玉』幻冬舎、二〇〇九年
『この世は二人組ではできあがらない』新潮社、二〇一〇年
『私の中の男の子』講談社、二〇一二年

エッセイ

『指先からソーダ』朝日新聞社、二〇〇七年
『男ともだちを作ろう』筑摩書房、二〇一一年
市川真人『芥川賞はなぜ村上春樹に与えられなかったか――擬態するニッポンの小説』幻冬舎新書、二〇一〇年
織田元子『システム論とフェミニズム』勁草書房、一九九〇年
織田元子『フェミニズム批評　理論化をめざして』勁草書房、一九九八年
河地和子『わたしたちのフェミニズム――落合恵子と日本の女たち』講談社、一九九二年
エヴァ・F・キテイ『ケアの倫理からはじめる正義論　支えあう平等』岡野八代・牟田和恵訳、白澤社、二〇一一年
熊倉敬聡・千野香織編『女？日本？美？』慶應義塾大学出版会、一九九九年
国際連合女性の地位向上部『女性への暴力防止・法整備のための国連ハンドブック』原美奈子・山下梓訳、梨の木舎、二〇一一年
小林美佳『性犯罪被害にあうということ』朝日新聞出版、二〇〇八年
小林美佳『性犯罪被害とたたかうということ』朝日新聞出版、二〇一〇年
斎藤美奈子『文芸誤報』朝日新聞出版、二〇〇八年
島崎今日子編『女学者丁々発止！』学陽書房、一九九〇年
城西大学国際文化教育センター／水田宗子『女性の自己表現と文化』田畑書店、一九九三年
エレイン・ショーウォルター『女性自身の文学』川本静子・岡村直美・鷲見八重子・窪田憲子訳、みすず書房、一九九三年
エレイン・ショーウォルター編『新フェミニズム批評』青山誠子訳、岩波書店、一九八九年
イブ・K・セジウィック『男同士の絆』上原早苗・亀澤美由紀訳、名古屋大学出版会、二〇〇一年
新日本古典文学大系　二三　明治編「女性作家集」岩波書店、二〇〇二年
千葉敦子『〈死への準備〉日記』朝日新聞社、一九八七年、文春文庫、一九九一年
千葉敦子・箙田鶴子『いのちの手紙』筑摩書房、一九八三年、ちくま文庫、一九八七年
中里見博『憲法二四条＋九条なぜ男女平等がねらわれるのか』かもがわ出版、二〇〇五年
中里見博『ポルノグラフィと性暴力　新たな規制を求めて』明石書店、二〇〇七年

III-6　百万葉のクローバー

林香里『〈オンナ・コドモ〉のジャーナリズム——ケアの倫理とともに』岩波書店、二〇一一年
原清治・山内乾史編著『ネットいじめはなぜ《痛い》のか』ミネルヴァ書房、二〇一一年
本田由紀『《家庭教育》の隘路　子育てに強迫される母親たち』勁草書房、二〇〇八年
C・A・マッキノン『フェミニズムと表現の自由』奥田暁子・加藤春恵子・鈴木みどり・山崎美佳子訳、明石書店、一九九三年
水田宗子『ヒロインからヒーローへ』田畑書店、一九八二年
水田宗子『母と娘のフェミニズム——近代家族を超えて』田畑書店、一九九六年
水田宗子『居場所考——家族のゆくえ』フェミックス、一九九八年
宮地尚子『傷を愛せるか』大月書店、二〇一〇年
Robert Lyons Danly, *In the Shade of Spring Leaves*, New Haven & London : Yale University Press 1981
Sandra M. Gilbert / Susan Gubar, *The Madwoman in the Attic*, Yale Note Bene,2000
Tillie Olsen, *Silences*: The feminist Press at The City Univ. of New York, 2003

コラム3

大切ないのちを守ること

「安息日を守りなさい。それは、あなたたちにとって聖なる日である。それを汚す者は必ず死刑に処せられる。」

これはユダヤ教の律法にある「安息日」の規定に関する文言の一部である（エジプト記三一・一四『新共同訳聖書』より）

ユダヤ教において伝統的に「安息日」が遵守されるべきものとして定められていることは一般によく知られている。しかし、「安息日」を汚すものは死刑に処せられるとの罰則が付記されていることは、さほど広く知られてはいないかもしれない。それはともかく、この「出エジプト記」の規定の厳格さは何を意味するのであろうか？

ユダヤ教の律法とは、第一義には、モーセを通じて神からユダヤの民へ与えられたとされる成文律法を指す。これらは、ユダヤ教聖典タナハの冒頭五つの文書、いわゆる「モーセ五書」（『創世記』『出エジプト記』『レビ記』『民数記』『申命記』）に記されている。口伝律法である『ミシュナ』も重要であるが、ここでは言及しない。

ユダヤ教聖典において安息日の語は一三五回使用されているが、そのなかで特に『出エジプト記』二〇・八の、いわゆる「十戒」の中に現れる「安息日を心に留め、これを聖別せよ。」の箇所がよく知られている。それにしても、何故安息日を守らないものは死刑とまで言われるのか。『申命記』（五・一四）にある次の箇所にそのヒントを得たいと思う。

「七日目は、あなたの神、主の安息日であるから、いかなる仕事もしてはならない。あなたも、息子も、娘も、男女の奴隷も、牛、ろばなどすべての家畜も、あなたの町の門の中に寄留する人々も同様である。そうすれば、あなたの男女の奴隷もあなたと同じように休むことができる。」

「あなた」と呼ばれる人の生活の基盤を根底から支える労働力となる人々――そこには人だけでなく家畜も含まれているのだが――これらの存在は、息子であったり、娘であったり、奴隷であったり、異邦の民であったり、皆「あなた」に比べれば、社会的に弱い立場にある人々である。そしてこの人たちは、当時の生活様式に従えば「あなた」が休まなければ決して休むことが出来ない。しかし、「あなた」が休めば、彼らも休むことが出来る。その休息のひとときは、「あなた」のみならず彼らすべての生命力を回復するかけがえのない時間なのである。そのとき、彼らは肉体の疲労を癒すだけでなく、改めて自分という存在、いのちそれ自体に向き合うこともできる。彼らにとっての神は言うに及ばず、彼らにとっての「あなた」に対してもまた、真の敬意や愛情を認識できる契機となる「時」なのではなかろうか。ユダヤ教の信仰においては、すべての人は皆、神によって創造されたかけがえのない存在である。

冒頭で記した文書群に続く預言書のひとつ『エゼキエル書』においては、安息日はさらに次のように記される。

「わたしの安息日を聖別して、わたしとお前たちとの間のしるしとし、わたしがお前たちの神、主であることを知れ」と。」(二〇・二〇)

一神教の宗教伝統においては、人の上にたつことが出来るものは本来「あなた」ではなく神のみである。それゆえ、すべての人の命を守るために安息日が規定され、それを守らない「あなた」に対しては、最も厳しい刑罰、死刑が宣告されるということではないだろうか。神に向き合いつつ大切な命を守ること。安息日遵守を定めた法は、社会の中で強者の位置にあるものに命じられた弱者保護を旨とし、この世界においてどのような境遇にある人の命もみな等しく尊厳をもって扱われるべきことを想起させるものではないか。

ユダヤ教を成立母体として生まれたキリスト教も含め、一神教(ユダヤ・キリスト教のみならずイスラームも含まれる)の精神文化を有形無形にさまざまな仕方で継承する世界では、弱いものに配慮するという姿勢が根底にどこか根付いているように思われる(そこにはこれらの世界がまた多くの軋轢、紛争や戦争を経験してきたという背景があるだろう)。たとえば、欧米社会においてしばしば聞かれるNobless oblige、つまり「高貴なる義務」という言葉が表す精神もその一つといえるかも知れない。強いものが弱いものを、庇護、配慮することが人間としての当然の義務であるように自然に感じられるメンタリティー、こういった感覚が日本社会に今どのような形で存在しているであろうか。

非正規雇用者が全労働人口の三割を優に超え、自殺者が年間三万人以上に達し、学校ではいじめが日常茶飯事である。守られ、育まれるべき児童・生徒が助けを求めることもままならず、自らその命を絶ち、老若男女に拘わらず、弱い立場に置かれたものが苦しみの果てに自らを責めて命を失っていく。そこに東日本大震災と原発事故によるさまざまな問題が重なっている。

安息日の規定の罰則として死刑が付記されるのは、実はユダヤ教聖典の中では三度（いずれも『申命記』三一・一四、三一・一五、三五・二）のみである。しかし、このような一見して目立たぬ箇所に、重大な視点が隠されていることは多い。

ユダヤ教・キリスト教などの長い歴史を持つ伝統的宗教文書の中でこのようなインパクトのある文言に接するとき、私たちはその文言の奇妙さあるいは矛盾ゆえに目を背けがちだが、そこに立ち止まってみることが必要ではないだろうか。そうした言葉が語られた背景に思いを馳せつつ、私たち自身が今現実に抱えているさまざまな問題を逆照射することによって、過去の財産を現代に活かすこともできるのではないだろうか。

人間のさまざまな経験から書き記された伝統的文書に見いだされる文面上の目立たない齟齬、私たちの社会における見過ごされてしまいがちな問題点、これらにはともに時空を超えて共通する人間の本質的課題が含まれていることがままある。そこに目を留め、向き合ってみること、それは、私たち自身そして私たちの身近にある大切ないのちに、小さなところから思いを向けてゆくきっかけとなりうるようにも思われるのである。

7　新しい共同性へ
――集団同調主義からの脱却――

奥田暁子

はじめに

二万人近い人びとのいのちを奪った3・11から一年以上経った今も、瓦礫の処理は進まず、多くの人が家や仕事を失ったまま、仮設住宅や避難先の土地で家族が離ればなれの不自由な生活を強いられている。とくに東京電力福島原発の事故は、被災者たちに放射性物質に汚染された地域からの避難を余儀なくさせ、原発から二〇―三〇キロ圏内の地域は人間も家畜もいない、雑草だけが生い茂るゴーストタウンとなった。それまで自然豊かな環境で生活をしてきた人びとは、いつ元の生活に戻れるのか、そのめどがまったく立たないまま、これからも子どもたちの健康に不安を抱えて生きていかなければならない。そして震災で幸いにもいのちが助かったにもかかわらず、将来に絶望して自殺する人も後を絶たない。胸がふさがれる思いである。

3・11が起こるまで、わたしは原子力発電所の危険性について深く考えてはいなかった。東北大地震に遭遇して初めて福島に第一、第二を合わせて六基もの原発が稼働していたこと、さらにこの地震大国の日本に五四基もの原発が設置されていることを知った。わたしたちが毎日東京で使う電気も福島原発と関連づけて考えてはいなかった。自分がいかに無知であったかを思い知らされたわたしは、それから原発について書かれた本を何冊も読んで、原発事故は起こるべくして起こったことを確信した。

敗戦後からこれまで経済成長がなによりも優先されなければならないと日本国中が思いこんできた結果が、企業に大量の電力を供給するために日本各地に原発の建設を容認させ、その危険性を深く考えずにきて、今回の事故となったのである。3・11後、原発の危険性に気づいた人びとは、日本が脱原発に向かわなければ未来はない、この震災を日本社会のあり方を変える契機にしなければならないと考え始めている(1)。すなわち、国の経済発展よりも国民一人ひとりが豊かさを感じられる生活へ、効率よりも安心できる生活へ。3・11は電力をふんだんに使い、生態系に負荷をかけてきた私たちのこれまでの過剰消費の生活を振り返らせることになった。豊かさや幸せをどう感じるかは個人の価値観の問題であるが、今、その価値観の転換が問われている。しかし経団連をはじめとして、経済界は相変わらず経済成長を優先させ、政府もエネルギー政策を大転換させる気はないようだ。それどころか、世論調査で圧倒的多数の人びとが原発への不安を表明し、原子力に代わるエネルギーを望んでいるのに、政財界はこぞって原発再稼働を目ざしている(二〇一二年六月一日時点で政府は大飯原発の再稼働を容認した)。

3・11以後、メディアを通して〈絆〉、〈つながり〉、〈助け合い〉などの言葉が過剰に消費された。〈絆〉や〈つながり〉が強調された背景には、現実には地縁・血縁共同体が崩壊しているため、絆を求めなければならないという切実な思いがあるのだろう。しかし戦争中、隣組や国防婦人会などによって運命共同体の一員として生きることを強いられてきた歴史を記憶している人びとは、あまりにも安易にこのような言葉が消費されると、うさんくささを感じるのではないだろうか。3・11以後被災地には国内だけでなく国外からも大勢のボランティアが救援に駆けつけた。大都市では見られなくなった地域住民同士が助け合う地縁共同体も健在であった。被災地が東北地方という、いわゆる大都市ではない地域だったのと、先祖代々の生業（農漁業）に就いている人が多いということも地域のつながりを強固にしている理由だろう。行政の迅速な支援が得られない現状では、被災者が依存できるのは地縁・血縁共同体しかない。その意味で、地縁共同体の強さは一種の救いと言えるかもしれない。しかし湯浅誠も言うように、地縁・血縁共同体への強い依存意識は、異質なものを排除し、集団同調主義を育てやすい面もあることを肝に銘じなければならない(2)。

もう一つ、そしてそれが最も重要であるが、3・11が明らかにしたのは、政府や大企業がこの危機の状況に対して自ら責任を引き受けようとしなかったことである。さらに、それを批判すべきマスメディアが権力に同調してきたことである。わたしたちは市民の力で政府に脱原発をいち早く決定させたドイツやイタリアとの違いの大きさを痛感させられた（その後スイスも脱原発に踏み切った）。なぜそうなのか。本稿では、露呈したさまざまな問題の原因を探るために、この社会に厳然として存続している無責任体制を問題にしたい。そのうえで、個人の自由と尊厳が守られ、かつ隣人との間に豊かな関係を築けるような社会に転換していくためにはどうすればよいかを考えたい。

一　日本の精神風土

(1)　共同体の崩壊と無縁社会

大震災が起こる前には、年間三万人を超える自殺者、高齢者の孤独死、乳幼児の虐待・放置などが連日のように報道され、地域共同体や共同体の最小単位である家族までもが崩壊していることを実感させられた。３・11以後はマスコミはそれを忘れたかのごとく、絆やつながりを強調するようになったが、現実には「無縁社会」の実態は変化していない。

共同体の崩壊は今、急に始まったのではなく、その始まりは高度経済成長期にまで遡ることができる。産業構造の転換によって農村から都市へ大量の人口が移動し、彼らは都市で核家族を形成した。農村には長男がかろうじて残ったが、兼業農家が増えるにつれて村落共同体の基盤も解体するようになった。それでも企業が終身雇用を維持していた七〇年代はじめまでは、企業の側に定年まで従業員の面倒を見る企業共同体意識が残っていた。しかし八〇年代以降、グローバル化が進むにつれ、国際競争から脱落しないためという理由で、企業はリストラや非正規社員化へと容赦なく従業員を切り捨てる方向に転換した。「自己責任」が要求され、一人ひとりの労働者は自分で事態を打開することを余儀なくされるようになる。

労働者の生活を守るはずの労働組合も自己責任論から解放されていない。日本の労働組合は企業別労働組合であるため、一方で労働者を出身の家族や郷土の共同体から切り離しておきながら、他方で共同体的集団同調主義（ファミリー意識）に統合してきた。このファミリー意識が高度成長を支えたわけだが、企業丸抱えの労働組合は他企業や他業種の組合と連携してこなかったし、組合員でない非正規労働者の問題に取り組もうともしてこなかった。また企業と対立するような住民運動には敵対的であった。

家族の形態にも変化が現れ、単身世帯が増加するようになるのも八〇年代からである。最新の国勢調査（二〇一〇年一〇月実施）によれば、いわゆる夫婦と未婚の子どもで構成される核家族世帯よりも単身世帯の方が多くなった。全世帯五〇九二万八〇〇〇世帯のうち単身世帯は一六七八万五〇〇〇世帯（三二・四％）であり、夫婦と子ども世帯二七・九％、夫婦のみ世帯一九・八％である。個人化が進んでいることを示す指標である。

個人化の進行は近代化の必然的な結果であり、歴史の歯車を巻き戻すことはできない。しかし福祉国家としての制度を整えたうえで個人化へと移行した欧米社会とは異なり、日本の福祉制度は長い間家族を基盤にして構築されてきたため、制度的に個人を救済する仕組みにはなっていない。そのため現実に個人化は進行しているにもかかわらず、家族を持たなかったり家族に頼れなかったりする人びと、たとえばシングルマザーや路上生活者などは社会福祉の対象とならず、裸で放り出されることになった（介護保険制度が生まれてからは、この保険が一定の役割を果たすようになったが、現制度では最後まで自宅でひとり暮らしを続けることは難しい）。とくに二一世紀に入ってからは非婚化、少子化、ひとり暮らし高齢者の増加などと相まって、個人化は孤立化となりつつある。共同体から放り出され、孤立した人びとはどこへ向かうのか。創価学会やものみの塔など一部の宗教組織が共同体から放り出された人びとの受け皿となっているが、彼らも団地の孤独死まで防ぐことはできない。

社会学者の宮台真司は、ヨーロッパでは共同体が市場や国家などのシステムに過剰に依存するのは危険だと認識しているので、スローフードや自然エネルギーが普及したが、日本では共同体自治が脆弱であるため、地域共同体は国家や市場に過剰に依存してきた。ところが、グローバル化が進み、市場と国家が回らなくなった。その結果が、自殺者の多さや孤独死、高齢者所在不明、乳幼児虐待放置など「無縁社会」の現象となって現れたのだと言っている(3)。国家が機能を果たせなくなれば、頼れるのは地域共同体か家族しかないが、その頼みの綱にも縋れない人が増えているのだ。労働現場では失業者が増え、非正規労働者が増大している（とくに女性にそのしわ寄せが大きい）。貧困層も増加し、二〇一一年は生活保護の受給者が戦後二番目に多くなった。また、二〇一一年における公営団地での孤独死は一一九一人、そのうち七割が六五歳以上だという(4)。現実の社会は「無縁社会」そのものであり、孤立化は確実に進行している。

（2）無責任体制と集団同調主義

3・11以後、原発事故の処理をめぐって露呈したのは、政府や東京電力（株）の無責任体質であった。わたしたちは政府がこの大事故に遭遇して全くリーダーシップを発揮できず、縦割り行政のなかで右往左往する様子や国民に真実を伝えない不誠実な姿勢を見せつけられた。後日、政府に情報が届いていなかったというのは嘘であったこと、原子力発電所内で起こっていることを知りながら直ちに国民に知らせなかったことが判明した。東京電力も国民のいのちよりも企業の利益や面子を優先させた。その間に高濃度の放射性物質が空中や海中に拡散し、乳幼児や妊婦に苛酷な被害を及ぼすことになった。それにもかかわらず、責任の所在がどこにあるのかはっきりせず、自ら責任をとろうとする者が一人もいなかった事態には唖然とするばかりだ。ここに私たちはあの無謀な戦争の責任をだれもとらなかった無責任体制を思い起こす。この無責任体質を支えているものは集団同調主義だと哲学者の竹内芳郎は言っている。(5)

経済評論家の内橋克人も「頂点同調主義」という久野収の言葉を紹介して、日本人が熱狂主義に同化しやすく、流れに逆らえない国民であって、かつては戦争の流れに、そして今日はグローバル化の流れに逆らえない現象に危惧を抱いている。(6)

大手マスコミが集団同調主義に一役買ってきたことは3・11でより明確になった。権力を批判するのがジャーナリズムの本来の仕事であるはずなのに、大手マスコミはその役割を忘れて、原発事故に関しては政府の広報機関に成り下がり、放射性物質拡散の危険性を知らせず、安全だと言い続ける政府と東電に同調する姿勢をとり続けた。戦時中の大本営発表の再現であった。共同記者会見でも市民の疑問を代弁するような質問をする記者はいなかった。

そして真実を独自に調べる手段を持たない一般庶民は大手マスメディアの報道に判断を委ねがちである。震災直後に行われた世論調査によると、圧倒的多数の人が政府やマスコミの発表を疑問視せず、信頼できる情報源は大新聞とＮＨＫのニュースだと答えていた。(7) リーダーの責任もさることながら、このような一般の人びとの動向は世論を形成するうえで無視できない。わたしもその中に含まれるが、これまで市民の多くは、唯一の被爆国であることを世界に向けて発信しながら、不覚にも原発と核兵器を結びつけることをせず、政府や企業の言う「原子力の平和利用」という謳い文句を受け入れてきた。その意味では、一般の人びとも原子力政策の完全な被害者であるとは言えない。

ケネス・ルオフは『紀元二千六百年』で、一九四〇年（紀元二六〇〇年）に起こった紀元二六〇〇年記念行事について書いている。一九四〇年といえば国内は戦時体制下にあり、庶民は窮乏生活に耐えていたという印象を持ちがちだが、実際は、マスメディア（当時は新聞社、出版社、百貨店がその先導役を果たした）によって愛国歌の懸賞募集や記念行事が大々的に宣伝され、それに大衆が積極的に呼応した年であったことが明らかにされている。こうした国を挙げての記念行事の宣伝によって、多くの人が国内の聖跡観光だけでなく、朝鮮や台湾への観光旅行にも出かけて行った。ルオフは、戦時下に大衆によるファシズムはなかったとする丸山真男と違って、「帝国イデオロギーとその拡張を支持促進するうえで大衆も積極的に関与した」と、ファシズムが下からも生まれたのだと分析している。(8)

そして今日、大阪府知事と大阪市長の選挙結果は集団同調主義が過去のものでないことを明らかにした。有権者は自閉的な社会の空気を破ってくれると期待したのだろう、強いリーダーを歓迎して、橋下徹を圧勝させた。効率と競争を重視し、独裁的に物事を決めようとする橋下のような指導者は弱者にとって最も敬遠すべき存在のはずだが、その弱者が相変わらず強いリーダーを欲してしまうのはなぜなのか。孤立化を恐れる人びとは、かえって、集団同調主義に引き寄せられてしまうのだろうか。小泉を圧勝させた「郵政」選挙にも、ロシア民衆のプーチン支持にも同じ構図を見ることができる（最近になってプーチンの独裁的な政治姿勢に批判的な動きも見えてきたようであるが）。

二　宗教と集団同調主義

今回の大震災に遭遇して多くの人が人間の力では制御できない、人智を超えた自然の力を感じたと言っている。3・11の大津波で突如として家族を喪った人びとは、合同慰霊祭に参列し、僧侶の読経を聞くことで、その喪失感をいくぶんかは慰められていたようである。その意味で、仏教やキリスト教などの宗教的儀式が果たす役割を否定することはできないが、これを宗教への回帰現象と見て良いのだろうか。

（1）日本人の宗教観

これまでの世論調査の結果は、日本人が宗教に関心を持たない国民であることを明らかにしてきた。信仰の有無を尋ねた調査では、一九四〇年代後半から五〇年代前半までは六〜七割が「ある」と回答していたが、その数字は年々減少している。しかも高齢になるにしたがって、「信仰あり」は増える傾向にあったのが、最近はその

年度	家に神棚がある（%）	「家に仏壇がある」（%）
1981	62	63
1995	49	57
2004	44(29)	56(47)

（　）は14大都市

カーブが緩やかになっている。二〇〇八年の読売新聞社による「宗教観世論調査」では「宗教を信じているか」の問いに「信じている」二六％、「信じていない」七二％となった。「宗教は大切だと思うか」については「そう思う」が三七％であった。また、「神は存在するか」の問いには「わからない」と答える人が多く、「宗教から安らぎを得るか」については「はい」の回答が低い。

その一方で、圧倒的多数の人が彼岸やお盆に墓参りをし、初詣にも行く。「お盆や彼岸に先祖の墓参りをする」は七八％、初詣は七三％である(9)（いずれも二〇〇八年）。二〇一〇年の「朝日新聞」の調査でも七三％が一年に一回以上墓参りをすると回答している(10)。

全国的な神棚や仏壇の保有については上表のような結果である(11)。年を追うに従って減少が見られるのは、都市の規模が大きくなるにつれて、神棚や仏壇のない家（おそらく置くスペースがない）が増加しているからであるが、それでも半数以上の家には今も仏壇がある。

これらの回答から引き出される結論は、日本人の宗教観は曖昧であるということだ。無宗教と言いながら、宗教的行為を行っているし、神についてもただ一人の神をイメージしているわけではない。これを日本人は宗教に対して寛容なのだと評価する声もあるが、自然（または原始）宗教には唯一絶対の神という概念がなく、大自然そのものが神というとらえ方をするから、日本人の神観の根底にあるのは自然宗教だということになる。人間（天皇・権力者・祖先）が容易く神になれる神人不分離の神観念も原始宗教に特徴的である。３・11後に人びとが示した宗教観はまさに自然（原始）宗教に特徴的な感覚であるように思われる。

宗教学者の山折哲雄は日本人の宗教に対する曖昧性をむしろ評価している。山折によれば、明治期に西洋から「宗教」という言葉が移入されるまで、日本人は神も仏も信仰していて、とくに矛盾を感じてはいなかった。先祖も同様に人間の力を超えたものの一つであると思ってきたのであり、日本人にとっての宗教とは、そのような力の気配を自然のなかで感じることなのだと言う。[12] 山折の宗教観に共感する人は多い。しかしこのような宗教観こそが集団同調主義を生み出すのである。

（２）宗教の三類型

宗教は大きく分けて自然宗教（または原始宗教）、民族宗教（または国家宗教）、普遍宗教に分類できる。[13] 国家が成立する以前の部族共同体時代には人びとは自然神を素朴に信仰していた。日本では縄文時代および弥生時代の宗教がそれに該当する。しかし農耕の開始、金属器の登場など生産様式の変化を背景に、幾多の戦乱、大量虐殺、征服を経て古代王権社会が出現する。古代王権社会に成立するのが民族宗教である。日本では大和朝廷により古代統一国家が形成される八世紀に民族宗教である神道が誕生したとされている。[14]

民族宗教はそれまでの農耕部族民の自然宗教との間に激しい対立や葛藤を生むのがつねであった。エジプト王朝の始祖となるホルスが豊饒神オシリスの妻を殺害するエジプト神話や、エジプトを脱出して約束の地カナンに導かれたイスラエルの民が、ヤハウェによってカナン土着の豊饒神バアルと不断の闘争を行うよう命じられる旧

約聖書の記述はそれを反映したものであろう。(15)

しかし神道にはそのような対立は見られない。なぜか。古代統一国家を形成するにあたって、天武天皇は自然宗教の豊饒神だったと思われるアマテラスを自らの王権の始祖にし、収穫を感謝する祭祀であった新嘗祭を大嘗祭と統合したとされている。大嘗祭は、天皇がアマテラスと共殿共食したのちに、アマテラスの孫として再生するという儀式である。(16)したがって日本では民族宗教（神道）と自然宗教の間に対立はなく、神道と自然宗教は一体化したと見るべきだろう。

民族宗教は部族共同体に保護されていた個人を守ることはせず、無力な個人は生命の危険にさらされるようになる。そのような個人を救済するために登場したのが普遍（世界）宗教である。イエスが救いの対象としたのは貧しく無力な被差別者だったし、法然や親鸞が救いの対象としたのも社会の最底辺にいた人びとだった。

普遍宗教は王権を含めて現世のいっさいの権威・権力を相対化する超越性原理を確立した。近代に登場したとされる万人平等思想や人権思想の根にあるのはこの普遍宗教の思想である。人権思想の確立は近代以降とされているが、「人間は生まれながらにして自由かつ平等の権利を持っている」（フランスの人権宣言）や「すべての人は平等に造られ、造物主によって一定の奪いがたい天賦の人権を持っている」（アメリカ独立宣言）という言葉にわたしたちは普遍宗教の思想を見ることができる。

日本にも六世紀に普遍宗教である仏教が到来した。伝来当初は、仏教は古来の神祇信仰と激しく対立したが、七世紀頃から支配層が国家鎮護の手段として受け入れたことから、仏教は神祇信仰とその神々を否定せず、共存する道をとりはじめた。すなわち、日本では、普遍宗教が基層宗教を排除したヨーロッパとは決定的に異なる結合のかたちをとることになったのである。その後の歴史のなかで鎌倉仏教だけは徹底した万人平等主義と反権力的姿勢を特徴としたが、法然や親鸞の思想は次の代には継承されなかった。そして近世に成立した檀家制度によって仏教は祖先崇拝の手段と化して、今日に至っている。

明治期にもたらされたキリスト教（プロテスタンティズム）は少なくとも普遍性原理を重視したが、まず庶民層に受け入れられた朝鮮と違って、日本でプロテスタンティズムを最初に受容したのは中村正直や徳富蘇峰など、明治政府から排除された佐幕派と言われる武士階層であった。中村の思想について山路愛山は「キリスト教化された儒教主義」と言ったが、武士であった人びとは儒教の教える勤勉の倫理をキリスト教の禁欲思想と同質の思想として理解した。その後も一部の中流階層には受け入れられたが、受容層は広がらなかった。キリスト者による禁酒運動や廃娼運動などの活動は、彼らが宗教というよりも道徳や倫理として受容したことを示している。プロテスタンティズムをいち早く受け入れた中村正直も明治一〇年代には漢学者に復帰し、東京大学で漢学の教授になった。

こうして日本では、原始宗教・民族宗教・普遍宗教の区分が曖昧で、自然宗教が民族宗教と普遍宗教の信仰パターンを根底的に規定することとなったのである。[17] その結果、日本では共同体を超え、権力者をも裁くことのできる超越性の原理は形成されてこなかった。儒教も仏教も神道と結合し、民族（国家）宗教としての神道を相対化することはできなかった。明治期に再編された国家神道がナショナリズムを煽り、異分子を排除してきたのは周知の通りである。

敗戦後、神道は国家宗教ではなくなったが、皇室祭祀は私的な信仰領域とされ、存続することになった。宗教学者の島薗進は、国家神道は解体されたが消滅はしていない、その理由として、皇室祭祀が国家神道の核であるのに、皇室祭祀は戦前と同じかたちで存続しているからだと述べている。[18] そうであれば、象徴天皇制となっても、天皇制の宗教的特性は変わっていないことになる。

超越性原理を持たないことで、日本社会はアジア太平洋戦争の終結に際しても、最高権力者であった天皇に戦争責任を負わせることはなかったし、国民は戦争で未曾有の犠牲を払ったにもかかわらず、一億総懺悔という曖昧な結末を受け入れたのであった。戦争責任を曖昧にしたことで、結局、無責任体制がこの国の特徴となった。この無責任体制が今日まで続く集団同調的精神風土の形成に深く関わってきたのである。

（3）「祖先崇拝」という宗教

信仰する宗教はないが墓参りや初詣には熱心な日本人の宗教意識の根幹にあるのは祖先崇拝（あるいは祖霊信仰）という民俗宗教である。宗教民俗学者の竹田聴洲は、祖先崇拝は超歴史的に日本人の生活様式の根本を規制し、ある意味では日本人的心意の原型質の一つを形成していると言っている。(19) 祖先崇拝は、死者の霊魂を祖霊（神）として祀ることであるが、死者の霊魂を神に祭り上げるためには死者のケガレを清める必要があった。そのための儀礼的手段としてとられたのが仏事供養であった。

一一世紀末から一二世紀にかけて「家」が成立し、中世後期には家意識が発生する。柳田国男は「家」の永続を願うことこそが日本人の最も深い情念だと言った。「家」は単なる家族関係の次元を越えた祖霊につながる社会的機構として認識されることになる。一七世紀後半に寺請檀家制度が全国に行き渡る。これはキリシタンでないことを証明するための制度であり、家ごと一つの仏教寺院に所属しなければならず、移動の際には寺から証明書を発行してもらわなければならないことを決めたものである。死者をホトケという風習もこの頃からだと言われている（ホトケの由来は死者の霊魂を依り憑かせる木の枝、フトキからと言う説も）。祖先崇拝と結びつくことによって仏教は完全に日本化した。竹田によれば、祖先崇拝が仏教的に行われることは他民族には見られない、日本独自の特色である。仏教儀礼による葬送の後に、法要や年忌（一般に三三回忌で終了する）が行われ、三三回忌以後は先祖の霊が祖霊に合一され、一定の期間を経て村里へやって来て、村人を守るという観念が生まれた。

しかし敗戦後、家制度は崩壊した。かつて人口の五〇％を占めていた第一次産業の従事者は高度経済成長期を通じて一〇％に減少した。家族構成は三世代家族が激減し、核家族が主流になった。財産の均分相続を肯定する人びとが多数派になった。このような変化は法律上だけでなく、人びとの家意識を大きく変化させた。家制度の廃止と家意識の変化は祖先崇拝にも影響を及ぼすと思われたが、祖先崇拝は消滅しなかった。「先祖を尊ぶかどうか」の問いに「尊ぶ」と答えたのは一九五三年に七七％、七八年は七二％、八三年は七一％と、ほとんど変化がない。

ただし「先祖」のとらえ方には変化も見られる。一九七二年に行われた山形県の調査では、回答者の三分の二が先祖とは家の初代や初代以来の代々の先祖と考えていたが、約二割は夫方と妻方の物故近親者と見ていた。また、一九七三年の掛川市の調査では、専業主婦（夫）の居ない核家族世帯の仏壇保持率が減少していた。森岡清美はこれらの調査の結果を分析して、先祖祭祀の正統的パターンは崩壊し、祭祀の私事化が進んでいると予測した。そして家を前提としていた先祖観から家を前提としない先祖観へと、先祖観が変化したのだという結論を出している[20]。その理由として、年忌の実修率に変化がないことを挙げている。「対自己的な自己確認は何らかの超越的な存在の関連においてなされるのであり、多くの日本人にとって超越的存在は先祖である」ことには変わりはなく、年忌がその機会を提供しているのだと見ている。

民法は改正され家制度がなくなったのに、祖先祭祀がなくならなかった一つの理由は明治民法の祖先祭祀条項、九八六条と九八七条（祖先祭祀と家が不可分の関係にあることを規定した条文）が民法八九六条、八九七条として生き残ったためである。これは家制度の廃止に反対する人びとを説得するために考え出された妥協策であった。新民法八九六条は「相続人は、相続開始の時から被相続人の財産に属した一切の権利義務を承継する。但し被相続人の一身に専属したものはこの限りではない」となっている。また新民法八九七条は「系譜、祭祀および墳墓の所有権は、前項の規定にかかわらず、慣習に従って祖先の祭祀を主宰するべきものがこれを承継する。但し被相続人の指定に祖先の祭祀を主宰するべき者がある時は、その者がこれを承継する」と規定していて、祖先祭祀の条項は旧民法のままである。

（4）宗教か習俗か

祖先祭祀が宗教的行為であるにもかかわらず、習俗と見なす人が多いのは、裁判所による判決が宗教と習俗の区別を曖昧にしているためでもある。たとえば津地鎮祭違憲訴訟（一九六五年）では、高裁が地鎮祭は神道の儀式であるから、地鎮祭に公費を出すのは違憲であると判定したにもかかわらず、最高裁は地鎮祭は宗教ではない、世俗的儀礼だとして合憲の判決を出した。最高裁の判決は宗教を「普遍宗教」としか見ない視点からの解釈であって、自然宗教や民俗宗教を「宗教」の範疇に入れていない。

中谷康子による護国神社への合祀取り下げの訴えも、裁判所の宗教に対する狭い解釈が同様の結果を招いた。自衛官であった中谷康子の夫が公務中の交通事故で殉職した。自衛隊のOB組織である社団法人隊友会山口県支部連合会は、中谷の夫を含む二七名を山口県の護国神社に合祀した。キリスト者であった康子は、合祀は原告の信教の自由を侵害するものであり、政教分離の原則に違反するとして、手続きの取り消しと精神的苦痛に対する慰謝料を請求する訴えを起こした。山口地方裁判所（一九七九年三月二二日）と広島高等裁判所（一九八二年六月一日）は政教分離の原則に反するとして原告勝訴の判決を下した。しかし最高裁は、中谷自衛官が無宗教であったこと、近い親戚にキリスト教徒は康子しかいないこと、合祀申請をしたのは民間団体の隊友会であって、山口県自衛隊地方連絡部の職員（国家）は事務的に協力したのみで宗教的行為には当たらないこと、よって政教分離の原則に反していないとして、原告敗訴の判決を下した。原告が訴えた精神的苦痛に対しては、原告が夫の両親の宗教的選択と護国神社の慣行に「寛容」であるべきだとした。この判決も宗教を普遍宗教の範疇でしか見ていないないし、原告に寛容であることを求めるなど、中谷康子の内心の自由が踏みにじられることへの配慮に著しく欠けている。(21)

三 「個人化」と公共性

（1）葬送の個人化

祖先崇拝が日本の基層的宗教だと見る人は今も多数派であるが、変化も現れている。非婚化や少子化の結果として、生涯を独身で過ごす人や子どもが娘だけという人が増えている。日本の墓は男系男子で継承されてきたから、継承者がいなくなるという不安を持つ人も出てきた。また、継承者がいても、墓を残すことを好まず散骨や樹木葬を選ぶ人も少しずつ増えている。先祖代々の墓や家族の墓にではなく個人で合葬墓に入ることを選ぶ人もいる。合葬墓や墓なしを選ぶのは女性の方が多い。自分は墓には眠っていないと歌う「千の風になって」の歌が多くの人の共感を呼んだ背景には、おそらく祖先崇拝や死後に対する意識の変化があるのだろう。井上治代によれば、このような変化は一九九〇年代から顕著になってきた。九〇年代は地方から都市に移動して高度経済成長を担った団塊の世代が自分の老後を考える年齢になった時期である。彼らの子どもたちである団塊ジュニアと言われる世代は家が廃止された戦後生まれで、祖先祭祀は未経験である。井上は、家の継続性と単系性（男系男子による継承）が特徴であった祖先祭祀に変化が現れ、団塊世代の人びとが「自分の墓をどこにするかに決着をつけ始めた」のだと解釈している。(22) 家の継続よりも個人の思いを大切にしたいと思う人びとや死後のことを他人任せにせず自分で決着しようとする人びとが出てきたことは、個人化志向の表れであり、家族観や葬送観が変化しているのだと解釈することができる。

墓が建立されるようになったのは遺骨を納めるためである。津波で流されて行方不明になった親族の遺骨探しや、かつての戦地であったところへの遺骨収集の旅などが続いているのをみると、依然として遺骨信仰は根強いことを感じさせられる。しかし他方で、慰霊の日に家族が集まる沖縄の「平和の礎」や御巣鷹山への慰霊登山のように、そこに自分の親族の遺骨があると特定できないにもかかわらず、墓参りという感覚でお参りしている例からは、徐々に遺骨をめぐる観念や習俗が変化していることが窺える。二〇一〇年の調査では、墓参りをするのは、父母や祖父母の供養のため（四六％）、習慣として（二三％）、先祖の供養（二二％）の順であって、家からの解放は進んでいるようである。(23)

（2）メディアの公共性

憲法一二条と一三条には「公共の福祉」について次のように書かれている。

「この憲法が国民に保障する自由及び権利は、国民の不断の努力によって、これを保持しなければならない。また国民は、これを濫用してはならないのであって、つねに公共の福祉のためにこれを利用する責任を負う。」（一二条）

「すべて国民は個人として尊重される。生命、自由及び幸福追求に対する国民の権利については、公共の福祉に反しない限り、立法その他の国政の上で、最大の尊重を必要とする。」（一三条）

ここで言われている公共とは何を意味するのか。公共とは公のことだと解釈する人もいるが、公共と公とは全く違う。公は国家や政府を意味するが、公共が意味するのは市民である。たとえば、自民党の改憲案では、一二条、一三条の「公共の福祉」の代わりに「公益及び公の秩序」という言葉が使われているが、これは「公共」を意図的に誤用しているのである。「公共圏」について語ってきたユルゲン・ハーバーマスが、公共圏とは一人ひとりが自立して地域自治をつくりあげていく市民社会であると言うように、公共性をつくりあげる主体は市民である。そして地域自治を実現するためには、自立した個人が自由に、そして民主的に新しいシステムを構築していくことが保証されなければならない。そのためにもあらゆる情報が公開されなければならないが、原発事故をきっかけに、私たちは政府や東電が情報公開に消極的であること、マスメディアが政府や東電の広報機関に成り下がっていることに気づいた。これではまるでアジア太平洋戦争下における大本営発表と同じである。しかも新聞社もテレビ局も複数あるにもかかわらず、大手マスコミの報道内容は画一的である。

それに気づかされたのは、フリーランスのジャーナリストたちが立ち上げた自由報道協会やインターネット市民メディアのＮＪＰ（News for the People in Japan）などによってである。自由報道協会は大きなマスメディアの組織に属さなくとも、外国人特派員であっても、だれもが個人で参加できる記者会見を主催するために誕生した団体である。それまでは大手の新聞社やテレビ会社の記者しか加入できない日本独特の記者クラブ制度が、カルテルまがいの共同歩調をとってフリーランスのジャーナリストを排除してきた。自由報道協会の主宰する記者会見に参加したフリーのジャーナリストたちの質問によって、またＮＪＰや外国の報道が伝えるインターネットの情報によって、大手マスコミが報道しなかった事実が次々と明らかになり、報道に対するわたしたちの意識は変化した。大手マスコミの記者たちは、まだ住民が留まっている地域からいち早く撤退しながら、放射能汚染の状況をフリーランスの記者に頼って報道していることが暴露されたりして、信用は著しく失墜した。もはや政府や大手マスコミの発表を信じられない人びとは、放射線量を独自に測定したり、自分たちの判断で子どもを遠隔地へ避難させたりするようになっている。

メディアは地域の住民に真実を報道する責任があり、その姿勢がメディアの公共性を支えているのに、自ら社会の公器であることを否定してしまっている。加藤典洋が問うように、なぜ大手マスコミは自己改革をしないのだろうか。(24)

（3）「個人化」のリスク

アメリカでもヨーロッパ諸国でも新自由主義とグローバル化の下で、移民や貧困者が保護されることなく極限状態に置かれている。巨大企業は従業員を簡単にリストラして、失業者を増やす一方で、社内留保を増やし、トップの人間には莫大な報酬を支払っている。経済のグローバル化と民主主義は両立しないことに多くの人が気づき始めている。

リスク社会論のウルリッヒ・ベックは世界の三大リスクとして核を含む環境問題、経済問題、テロをあげているが、今日はリスク社会化と「個人化」が同時に起きているとして、個人化にも警鐘を鳴らしている。ベックによれば、個人化は家族や階級といった集合的カテゴリーから個人を解放するというプラスの面を持つが、同時に個々人が裸の個人として自らの人生を運営するように迫られもする。わたしたちの社会で起きている高齢者の孤独死や毎年三万人を超える自殺者は「個人化」が危機的状況に陥っていることを示している。

日本の出生率は低下を続け、経済の停滞状況も続いている。ＧＤＰは中国に追い越され、世界第三位となった。この現状について政財界は日本の未来を憂慮し、経済成長が不可欠だと強調しているが、右肩上がりの時代は終わったのではないだろうか。加藤典洋が言うように、現状を日本社会の停滞または衰退と捉えずに、これからは成熟の時代に入るのだと発想の転換をするべきである。企業や国が豊かになっても市民の一人ひとりは豊かさを実感していない。むしろ貧困層は増え続け、長時間働いても食べていけない非正規労働者や生活保護世帯が急増している。他方に一握りの富裕層がいて、格差がますます拡大している。このような社会はどこかおかしい。そう感じている人びとは震災を機に、生活のあり方を変えなければならないと考えるようになった。本当の豊かさとはなにかを考えるようになった。

これまでは個人の自立のために人権や権力、正義などの普遍的な概念が強調されてきたが、それだけでは「個人化」の危機的状況を解決することはできない。国家や大企業に回収されない市民社会を再建するには、個人の自立だけでなく、他者と共存し、協働していくことが必要である。グローバル化は国境を越える人間の移動を激化させ、社会はますます多様な人びとで構成されるようになった。開かれた市民社会を形成していくためにはそのような他者と共存し、協働していかなければならない。そのような人びととと共存・協働していくためには「私」の人格を成熟させる必要があるとハーバーマスは言う。「私」の人格の成熟には不断の自己鍛錬が必要であって、自己鍛錬を欠くと、「私」は巨大なシステム化した「公」に飲み込まれてしまうのだというのである（たとえば自己鍛錬を欠いた大衆がカリスマ的指導者に身を委ねる事例はあちこちで見られる）。

異質な他者の幸福をも願うことがなければ他者との共存は成り立たない。それは他者の利益のために個人がなんらかの犠牲を覚悟することであるが、それには「相当に高度のモチベーションが要求される。このモチベーションの出所は『法律』ではなく『道徳』である。」[25] ハーバーマスはこの「自己犠牲」の道徳は宗教的伝統が養ってきた「自己鍛錬」から出てくるのだとして、民主化された市民社会を維持していくうえで宗教が果たす役割に注目している。ハーバーマスはラッツィンガー教皇との討論の場でこのような発言をしているので、おそらく彼が言う「宗教」はキリスト教だと想定されるが、わたしは既成宗教に限定せず、広く宗教性として捉えたい。

四　どこへ向かうのか

（1）エネルギー自治

中沢新一は3・11を日本文明を転換する起点としなければ、日本の未来はないと力説している。彼が言う「転換」とは、原子力に頼るエネルギーシステムを廃して、新しいエネルギー革命（第八次エネルギー革命）を起こさなければならないということだ。[26] 中沢によれば、人類は火の獲得に始まって、これまで何度もエネルギー革命を経験してきた。しかし原子力を開発した第七次エネルギー革命はそれまでと全く違って、生態圏の「内部」にあるはずのない「外部」を持ち込んだ。原子核の内部にまで踏み込んで分裂や融合を起こさせた。原発というのは生物の生きる生態圏の内部に生物圏の外部である太陽圏に属する核反応の過程を持ち込んで、エネルギーを取り出す機構である。

それに対して第八次エネルギー革命とは、太陽エネルギーを直接的に受け取り、変換して、生態圏に組み込むさまざまなインターフェース（媒介）技術を通して実現する。第八次エネルギー革命に必要なのは「中庸」の技術だと主張する中沢は、原子力技術に対応する宗教思想として一神教（ユダヤ教、キリスト教、イスラム教）を批判する。

エネルギーに関する中沢の主張は理解できるし、わたしも日本のエネルギー政策は一日も早く脱原発に舵を切るべきだと思っている。しかしそのことと一神教批判との間には飛躍があるのではないか。中沢の一神教批判は次のように要約できる。すなわち、一神教は人類の思考の生態圏にとっての外部を自立させて、そこに超越的な神を考え、その神が生態圏に介入することによって歴史が展開していくという考えを発達させた。この超越論的歴史主義の思考からモダニズムの技術化思考が生まれた。一神教は本来生態圏に属さない「外部」を思考の「内部」に取り込んでつくられた思想のシステムであって、モーセによってもたらされた超越神の思想は一神教に特有の超生態圏的思考である。

一神教が出現する前は、神々は思考の生態圏に所属していた。思考の生態圏ではすべてが全体的につながり、孤立した存在ではないため、神々はたやすく別の存在（植物や動物、鉱物）に変化する。そこでは動物も植物も鉱物もすべてが「媒介」された状態にある。生態圏が自然状態にあるとき、全体は美しい姿を保ち続ける。多神教の神々は生態圏のなかにその秩序を脅かすような「外部」を引き込んだりはしない。仏教は生態圏の外部の超越者という考えを否定し、中庸を重視する。第八次エネルギー革命は一神教から中庸の宗教、仏教への転回でもある。神道では神々を敬うことは自然に畏敬の念を抱くことだと考えられており、仏教は神道を通して自然の具体性と結合することで単なる抽象的な学問ではなくなったのだと中沢は言う。

しかし日本の仏教界の現実は生態圏云々とはおよそかけ離れた状態にあり、仏教がエネルギー革命に何らかの役割を果たすとは思えない。それに現在ある原子炉をすべて廃炉にするまでには高度の科学技術が必要であり、自然との共生はすぐには実現できないだろう。そしてなにより、わたしが中沢の超越神思想の批判に与することができないのは、超越性原理こそが集団同調主義からの脱却を可能にすると思うからである。

(2)　フリー・エコノミー・コミュニティー

気候変動、金融危機、環境破壊、資源枯渇。日本だけでなく先進諸国のすべてがこれらの問題に苦しんでいるが、そのいずれも一国だけで解決できる問題ではない。マーク・ボイルは、これらの問題はそれぞれ別々の原因によって起こっているのではなく、大きな原因を共有している。その原因とは消費者と消費される物との断絶であること、そしてその断絶を可能にしたのが「お金」であることに気づいた。お金があまり重要視されない時代には助け合いの文化が生きていた。もっとお金を増やしたいという人間の欲求が競争を生み、協力に取って代わった。この状況から脱するためには見返りを求めずに助け合うことが必要だと考えたボイルは、イギリスで二〇〇八年六月から一年間、お金を全く使わない生活を実践した(27)。

マーク・ボイルがインターネット上に「フリー・エコノミー・コミュニティー」というウェブサイトを立ち上げると、世界中から取材申し込みが殺到し、三万五〇〇〇人があっという間にメンバーになった。この事実は先進国で暮らす多くの人が、過剰な消費を煽る資本主義体制が環境に負荷を与え、モノに溢れた先進国と飢えに苦しむ途上国との格差を広げることに自分たちは加担しているのではないかと危惧の念を抱いていることを示している。格差をなくすにはシステムを変えること、企業は消費者になるべく多くの消費をさせることで利益を上げようとしているのであるから、消費者が消費量を減らすならば、今日のいびつな経済を減速させられるのではないか。お金がない生活というと、私たちはすぐ着の身着のままの路上生活者のような悲惨な生活を想像してしまうが、ボイルはさまざまな工夫をしながら、全くお金を使わずに十分に生活をエンジョイしていた。一年後に彼が出した結論は、新自由主義が重視する効率や利益よりも、豊かな人間関係をつくり出すことの方が大切であり、それがあれば、お金がなくても豊かに暮らすことができるというものであった。

この構想はグローバリゼーションとは正反対の方向を目ざしている。たしかに都市の集合住宅に住んでいる者には食やエネルギーを自給するということは難しい。しかし食に関しては、輸入や遠方からの配送をやめて地元で調達するようにすれば、輸送に費やす人材やエネルギー消費を減らすことができる。また、わたしたちが生活レベルを少し落とすことで電気やガスをふんだんに使う生活を変えていくこともできる。フリー・エコノミーとはお金を使わない生活のことで、贈与や交換、廃物利用が中心になる。現在彼は、仲間を募ってフリー・エコノミー・コミュニティの計画を実行に移しつつある。

わたしたちは原子力はもちろんのこと、石油・石炭などの化石燃料への依存も極力減らし、再生エネルギーに転換していく必要がある。池内了も地下資源文明から地上資源文明への転換を説いている。彼は大型化・集中化・一様化の技術体系から小型化・分散化・多様化の技術体系へと転換すること、具体的には太陽光発電、井戸水の活用、小型水力発電を提唱している。(28) 都市に住んでいる人間にとっては、自分でエネルギーをつくり出すことは難しいが、生活レベルを少し下げることはできる。毎日の生活で使う電気の量を減らし、石油を原料にした製品をなるべく買わないようにし、ゴミの量を減らすことぐらいはできる。ボイルはたとえ生活レベルを下げても豊かな生活を送れることを証明した。

大震災以後モノに執着しない若者が増えている、さらに仕事よりも家族の方が大切と考える人が増えている、などとも言われる。この非常事態が契機となって自立した個人が増え、そのような人びとを基盤とする共同体自治が強化されるとしたら、日本の社会もこれまでとは違ったものになるかもしれない。もちろん社会が本質的に変化するためには、一人ひとりが何らかの行動を起こさなければならないが。

（3）他者との共存

政府や自治体の方針に画期的な変化は見られないが、個人で、あるいは集団で行動を起こす人びとは確実に増えている。幼い子どもを持つ親たちは文部科学省の発表する放射性物質の年間許容量に疑問を持って、自分たちで計測した結果を専門家に問い合わせたり、文部科学省の担当者に直接説明を求めたりしている。彼らを支持する全国的なネットワークやＮＰＯも生まれている。

若者を主体とする脱原発のデモも３・11以降毎月のように行われている。とくに巨大地震が起こった三月一一日から三か月目の六月一一日には新宿での二万人のデモ、日比谷での七万人の集会、全国各地で原発に反対する行動があった。これまで日本の市民はこのような行動にあまり関心を示さず、デモも低調であったが、今度ばかりは様子が違うようだ。高円寺でリサイクルショップをやっている松本哉（一九七四年生まれ）の発想で始まったデモは、どこかの組織が動員したわけでもないのに、インターネットで知った個人、とくに若者が高円寺の町に一万五〇〇〇人も自発的に結集した。(29)

裸の個人が生き延びるためには相互に助け合う必要がある。「公共性」に関して自立した市民の存在が重要だと述べたが、私たちは改めてシスターフッドの重要性に気づく必要がある。隣人愛や連帯を意味する「シスターフッド」は「自立」と共にフェミニズムの重要な柱であったが、日本のフェミニズムはシスターフッドをあまり重視してはこなかった。[30] 日本では家制度下の地縁・血縁共同体によって女性は苦しめられてきた歴史があるので、共同体を想起させるシスターフッドへの警戒感があったのかもしれないが、個人の自立のみが強調され、後者にはほとんど関心が払われなかった。

しかし共同体そのものは悪ではない。どんな共同体か、どういうつながり方をするのかが問われる。そこでは個人の自由が尊重され、何か物事を決定する際には十分な討議が行われなければならない。参加と自治、討議と少数者尊重こそが民主主義の真髄である。討議の重要性については多くの人が認めている。ハーバーマスは複数の他者の間でのコミュニケーションを討議と呼んで、市民社会の重要な一要素と認めているし、竹内芳郎もそれを実践するために、だれもが出入り自由の「討論塾」を始めた。[31] ハーバード大学のマイケル・サンデル教授の「白熱教室」も、教師から学生への一方向の授業ではなく、全員参加型の討論で進められている。

本当に豊かな社会とは市民一人ひとりの生存権が守られ、生きていることに喜びを感じられる社会、国民所得の総量が小さくても、経済成長率がゼロでも、個人が「健康で文化的な生活」を送ることができる社会である。内橋克人は食料（Food）、エネルギー（Energy）、ケア（Care）を自給するＦＥＣ自給圏を目ざそうと提唱している。これは格差と貧困マジョリティを助長する市場原理主義との決別を目ざす生き方である。[32] そのためには、地域自治が守られ、そのための決定にだれもが参加でき、仕事や住むところを失っても路上生活者にならずにすむ安全網があり、たとえ家族のいない単身者であってもだれにも頼れない孤立した存在にならずに生きていける社会でなければならない。

（二〇一二・六・一六記）

注

（1）精力的に発言し行動している人びととしては大江健三郎、落合恵子、鎌田慧、内橋克人たちがいるが、その他にも福島の女性たちを含め大勢の人の名前をあげることができる。福島の女性たちについては本書所収の河上睦子の論稿を参照してほしい。
（2）湯浅誠「被災地には生活が続いている」内橋克人編『大震災のなかで』二一二―二一一頁
（3）ＭＩＹＡＤＡＩ、com. Blog
（4）『毎日新聞』二〇一一・一〇・二七
（5）竹内芳郎『ポストモダンと天皇教の現在』の序論を参照。
（6）二〇〇九年二月二三日の『朝日新聞』に掲載された内橋克人へのインタビュー記事から。
（7）『「東日本大震災」後の原発への賛否及び生活スタイルの変化についての全国世論調査」（実施機関は日本リサーチセンター、調査時期は二〇一一・五・六―五・一八）
（8）ケネス・ルオフが『紀元二千六百年――消費と観光のナショナリズム』で詳細に論じている。
（9）『読売新聞』二〇〇八・五・三〇「宗教観連続世論調査」
（10）「墓参りをしてますか」（『朝日新聞』二〇一〇・九・一八）
（11）石井研士、七四―八〇頁。なお仏壇について、安丸良夫は、仏教と祖霊祭祀との結びつきを集約的に表現するのが仏壇の成立だと言っている。安丸（一九七九）、二六頁参照。
（12）「読売新聞宗教観連続世論調査」（『読売新聞』二〇〇八・五・三〇）に関する山折哲雄のコメント。
（13）宗教の定義についてはいくつもの説がある。ウィキペディアの定義によると、「自然宗教」とは民間の習俗的な意識から自然発生的に生まれた宗教のことであり、「民族宗教」とはそれぞれの民族のなかでのみ信仰されている宗教で、その民族の風習や生活基範に深く関わっている宗教を言う。日本の神道、インドのヒンズー教、イスラエルのユダヤ教など。なお、阿満利麿のように神道を、自然宗教を基盤にして生まれた宗教で、民族宗教とはみなさない学者もいる。阿満（一九九六）、一九頁。
（14）この神道は近代に再編される国家神道と区別して古代神道と呼ばれる。なお、竹内芳郎は古代神道をも国家宗教の範疇に入れているが、本稿では近代に再編された国家神道のみを国家宗教として扱う。
（15）ユダヤ教についてはイスラエル民族を最も優れた民族であるとする自民族中心主義の思想であるという点では民族宗教の一

つであるが、神についての普遍的な思想も出現しており、普遍宗教の側面ももっている。加藤隆（二〇〇二）、二八―三二頁。
(16) 高橋紘、二一四―一六頁
(17) 竹内芳郎『意味への渇き』にそれぞれの宗教について詳しく論じられている。
(18) 島薗進（二〇一〇）、一八四―二二三頁。
(19) 竹田聴洲（一九八七）、一〇頁。
(20) 森岡清美『発展する家族社会学』二四九―二六一頁
(21) 中谷裁判と中谷康子の生き方についてはノーマ・フィールド『天皇の逝く国で』に詳しい。
(22) 井上治代『墓と家族の変容』一九二―二〇九頁
(23) 「墓参りをしてますか」（『朝日新聞』二〇一〇・九・一八）
(24) 加藤典洋『3・11――死に神に突き飛ばされる』
(25) ハーバーマスに関する論は稲垣久和『国家・個人・宗教』を参照した。
(26) 中沢新一『日本の大転換』二五―三九頁
(27) マーク・ボイル『ぼくはお金を使わずに生きることにした』。ボイルのその後の活動については彼のウェブサイトでみることができる。
(28) 池内了「文明の大転換」『大震災のなかで』四四―五一頁
(29) いつものことだが、NHKや全国紙のすべてが当初、この動きを無視して、いっさい報道しなかった。
(30) シスターフッドについて、八〇年代には欧米のフェミニストたちはロビン・モーガンの著書、*Sisterhood is Global* に代表されるように、階級や民族に関わりなく女性というだけで連帯できると主張していた。しかし有色女性たちはそこから排除されていたと批判した。現在も第三世界の女性たちはシスターフッドの用語には批判的である。たとえばモーハンティは、普遍的なシスターフッドの概念は差異をきれいに消し去ると言っている（モーハンティ（二〇一二）参照）。日本ではシスターフッドに関してそのような議論は起こらなかった。ここではシスターフッドの本来の意味、すなわち「連帯」や「隣人愛」の意味で使っている。
(31) 討論塾は竹内芳郎によって一九八九年に始められ、月に一回狛江市の公民館で行われていた。私も数回参加した。一九九七年にはそれまでの討論塾における議論が竹内によってまとめられ、『天皇教的精神風土との対決――「討論塾」その理念と実践』（三元社）として出版された。

(32)『朝日新聞』二〇一二・一・八に掲載された内橋克人へのインタビュー記事から。

参考文献

阿満利麿『日本人はなぜ無宗教なのか』ちくま新書、一九九六年
石井研士『データブック　現代日本人の宗教』新曜社、二〇〇七年
稲垣久和『国家・個人・宗教』講談社現代新書、二〇〇七年
井上治代『墓と家族の変容』岩波書店、二〇〇三年
内橋克人編『大震災のなかで』岩波新書、二〇一一年
加藤隆『一神教の誕生』講談社現代新書、二〇〇二年
加藤典洋『3・11――死に神に突き飛ばされる』岩波書店、二〇一一年
島薗進『国家神道と日本人』岩波新書、二〇一〇年
高橋紘『象徴天皇』岩波新書、一九八七年
竹内芳郎『意味への渇き』筑摩書房、一九八八年
竹内芳郎『ポストモダンと天皇教の現在』筑摩書房、一九八九年
竹田聴洲『祖先崇拝』平楽寺書店、一九八七年
中沢新一『日本の大転換』集英社新書、二〇一一年
平川克美『移行期の混乱』筑摩書房、二〇一一年
ハーバーマス×ラッツィンガー『ポスト世俗化時代の哲学と宗教』岩波書店、二〇〇七年
ノーマ・フィールド『天皇の逝く国で』みすず書房、二〇〇三年
マーク・ボイル『ぼくはお金を使わずに生きることにした』吉田奈緒子訳、紀伊國屋書店、二〇一一年
C・T・モーハンティ『境界なきフェミニズム』堀田碧監訳、法政大学出版局、二〇一二年

森岡清美『発展する家族社会学』有斐閣、二〇〇五年
安丸良夫『神々の明治維新――神仏分離と廃仏毀釈』岩波新書、一九七九年
山折哲雄『近代日本人の宗教意識』岩波現代文庫、二〇〇七年
義江彰夫『神仏習合』岩波新書、一九九六年
ケネス・ルオフ『紀元二千六百年――消費と観光のナショナリズム』木村剛久訳、朝日選書、二〇一〇年

8　伝統的倫理観と〈いのち〉のゆくえ

岡　野　治　子

一　問題の所在――3・11を倫理的視点で考える

3・11の問題をまずは自然災害と文明の高度化の相乗作用した結果と捉え、ここでは倫理的視点から問い直してみたい。これほどの危機だからこそ、豊かに、満たされて見える社会によどんでいる暗闇、構造的弱者の問題が浮き彫りになる。敗戦後、国民の「幸福」実現と銘打って、ひたすら経済成長が叫ばれた。日本が誇る科学技術や一人ひとりの勤勉さが総動員され、結果、不夜城のように〈明るい〉日本列島と〈飽食〉と〈孤食〉というアンバランスな食生活に表象される奇妙な現代文明が現出した。今やフクシマの出来事を通して、この文明の危うさ、脆さに気づいて戸惑う人は少なくない。一人ひとりの生活の安全、いのちの質が本当に護られているのか、またその保障が後の世代まで有効なのか、という問いを問わずにはいられないからだ。この文明社会では、地域格差、能力格差、健常度格差などが長いこと不問に付されてきた。弱い立場に立たされる多くの人々が、周辺から無視され、社会福祉の網にすくい取られることなく、苦しい状況に放置されてきた。政治・経済的救済の方法とは別の次元で、ここではどの方向に社会が転換すれば、一人ひとりが、人間としての誇りと尊厳をもって生きることができるのか、倫理思想的視点から再考してみたい。

（1）被災のなかの日本的倫理

3・11後、悲惨な被災状況を日々伝えるメディアからは、同時に〈がんばれニッポン〉〈絆〉〈ともだち作戦〉〈思いやり〉などのキャッチフレーズが次々発信された。これは確かに人々の善意に訴え、支援を強化するためには、有効な手段であった。豊かな文明化の波のなかで、日本でも急速に個人主義が先鋭化した。人々は、孤独が持つ本来の豊かさと深さを十分に味わう機会がないままに、孤独を否定的に捉えがちである。多くの宗教的伝統にあっては、逆説的に見えるが、孤独こそが人間を成熟させ、究極的安心・幸福に先導する道案内なのである。世俗化した社会の日常では、孤食、閉じこもり、家族の崩壊、無縁社会などと命名される弊害が謳われて久しい。そのような危機ある個人主義化の傾向のなかで、この度の危機に対処するために、上記のキャッチフレーズが、人々の〈共感〉を喚起し、〈思いやり〉という人間の〈感情力〉を刺激したのは間違いない。日本の伝統文化であり、エートスの基盤になっている〈和〉の倫理をはじめ、〈人情〉〈恩〉〈義理〉に基づく日本的伝統の〈徳目〉を思い起こさせるからであろう。こうした相互依存に依拠した日本の伝統的エートスへの回帰は、無論決して批判されることではない。

しかし二一世紀の今日、もっと決定的な問題が不可視となることを危惧するのは私だけではないだろう。たとえば自然災害がここまで深刻な事態に至った背景には、人災が指摘されている。公共の施策と活動に科学界からの良心的提言がどの様に、またどの程度活かされたのか、あるいは政・財・官・自治体間の癒着現象の検証はどうなっているのか？　３・11後に輩出した多くの批判に耳を傾け、謙虚な反省、分析を活かして欲しいと願う。原発事故に関しては、被災者に十分な損害賠償もできないという社会的不正義の問題が絡むなか、焦眉の課題は、日本人の文明の質そのものを「いま、ここで」根本的に問い直さざるをえない転換の危機に何らかの応答をすることである。脱原発を宣言した西欧諸国を「集団ヒステリー」などと逆批判しながら、ついに原発再稼働を決定した政財界の動きは、早くもフクシマの事故を過去の出来事にしようとするもの、と憂慮する。

あまつさえ悲惨な出来事が連日報道されるなか、危険を顧みず津波からの避難を呼びかけ、自らはその津波に呑まれてしまった市の女性職員の悲劇、自らも被災しながら懸命に他の罹災者、病人のケアに情熱を傾けた医師たち、自衛隊、消防隊、警察、市や町の職員たちの無私の行動が、メディアを通して伝えられた。こうした感動秘話は、間違いなく人々を勇気づける日本の宝物である。しかしこうした美談が過度に流れる報道は、本来の重要な課題の隠蔽装置になりかねない。

（2）原発をめぐるキリスト教文化圏の倫理観

地震・津波という自然災害に、人災ともいうべき原発事故が相まって空前絶後の惨劇となった。復興はおろか、まだ事故基の収束すら覚束ない。この喪失感は、あの敗戦日本を多くの人に想起させた。唯一の被爆国日本が、なぜ原発大国となったのか？　国内外からの思いやりに満ち満ちた物資・精神両面の多様な支援が寄せられる一方、こうした疑問も多く投げかけられた。確かに、被爆した日本だからこそ、原子力を武器にではなく、平和利用に向けたいという悲願を生み、それが後の原発政策の推進力となった。しかし武器であれ、文明の利器であれ、坂本義和[1]が指摘するように、元々自然界に存在しないウラン235なるものを原材料とする原子力は、根本的に自然に逆らうものである。欧米には「神の火」「禁じられた火」などの表現が人口に膾炙するほどに、自然界の生態的秩序の外側に位置するものである。現代文明に安住していた私たちに、科学技術の限界を見せつけ、それを超えたとき災厄となり得るという現実を、この度の原発事故ほど、雄弁に語るものは他にないであろう。

フクシマの事故後、瞬く間に脱原発の政策を決議したのは、ドイツである。文明に対し倫理的視点から、早々と問い直しを行ったキリスト教文化圏の例としてここではドイツの対応に注目してみよう。技術的に完璧な国というイメージの日本でさえ、あの破局を防ぎ得なかったという認識がドイツの政界を動かしたようである。そこでもともと反原発意識が根強いドイツの世論が再び活気づき、想定外のことが起こり得るという伝統的議論が復活した。即座にドイツのメルケル首相は、「安定したエネルギー供給のための倫理委員会」を招集したのである。世論の後押しがあったとはいえ、その報告書が何と一〇年以内の脱原発という政府案にスピーディに結実し、それを支持した連邦議会の議論の下敷きになった。「原発利用に倫理的根拠はない」という単純明快な報告の趣旨が(2)、一国のエネルギー政策を一八〇度転換させたのである。この単純明快さの背後には、原発への二つの相異なる立場を整理し、倫理的視点に基づきながら、統一した見解を導出した論理性の質の高さが垣間見える。ヨーロッパのこうした〈知の体系〉は、実にキリスト教神学・哲学を中軸に発展してきた中世以来の大学教育の伝統上にあることを思い出させる。

(3) 日本宗教界からの倫理的提言

欧米では、世論形成に向けてこの他「文明の危機」をめぐるさまざまな議論が噴出している。日本でも遅ればせながら宗教界から、文明に対する危機感を表明した倫理性豊かなメッセージが次々と提示されている。

二〇一一年十一月八日に発表された日本カトリック司教団メッセージ「今すぐ原発の廃止を——福島第一原発事故という悲劇的な災害を前にして」（中央協議会刊「日本司教団公文書」）がその嚆矢である。冒頭で先ず、原発の安全神話を「科学技術を過信し、人間の限界をわきまえる英知」の欠如であった、と批判する。さらに聖書のメッセージに沿って人間の役割が語られ、原発廃止が決論づけられる。

「……私たち人間には神の被造物である全てのいのち、自然を守り、子孫により安全で安心できる環境を渡す責任があります。利益や効率を優先する経済至上主義ではなく、尊い命、美しい自然を守るために原発の廃止をいますぐ決断しなければなりません。」

さらに自然と共生する文化と知恵と伝統を持つ日本の諸宗教に言及しつつ、キリスト教の清貧の精神にふれ、神から求められる生き方を語る。すなわち「単純質素な生活、祈りの精神、すべての人々に対する愛、従順、謙遜、離脱、自己犠牲」が聖書のメッセージであることを再確認している。人は自分に与えられたいのちと同じほどに他者のいのちを尊び、自然環境を自分が受け取った状態で、未来の世代に引き継ぐ責任を担っている。キリスト教倫理で用いられる〈責任〉(responsibility; Verantwortung) という語は、神およびその愛されている〈いのちある被造物〉（他の人間、動物、自然）すべてに対する〈応答可能性〉を意味している。すなわち聖書「創世記」のメッセージによれば、神は創造の世界全体が本来の意図（祝福）のままに存続するよう呼びかけており、それに一人ひとりが〈応答できる〉ことが、即ち人間の〈責任〉と、理解されているのである。

少し遅れて十二月一日、全日本仏教会が異例ともいえる脱原発宣言「原子力発電によらない生き方を求めて」

を発表している（全日本仏教会二〇一一年十二月一日『ニュースリリース』）。

「広範囲に拡大した放射性物質が、日本だけでなく地球規模で自然環境、生態系に影響を与え、人間だけでなく様々な〈いのち〉を脅かす可能性は否めません。」

地球上のすべての〈いのち〉の連帯性に言及したあと、悲惨をいやというほど体験した被爆国日本は、〈いのち〉の尊さを世界の人々に伝え続けてきたことを確認している。そして

「誰かの犠牲の上に成り立つ豊かさを願うのではなく、個人の幸福が人類の福祉と調和する道を選ばなければなりません……私たちはこの問題に一人ひとりが向き合い、自身の生活の在り方を見直す中で、過剰な物質的欲望から脱し、足ることを知り、自然の前で謙虚である生活の実現に向けて最善を尽くし、一人ひとりの〈いのち〉が守られる社会を築くことを宣言致します」

と結ばれている。

日本キリスト教協議会も脱原発宣言をしている他、神道や新宗教教団からもそれぞれ個々に脱原発への言葉を発信している。ここでは詳細に立ち入れないが、宗教界からの脱原発メッセージには共通して、一人ひとりの〈いのち〉の重さ・神聖さが強調されていることを付言しておきたい。ここでも同様に人間存在の精神的、身体的な有限性の自覚、科学技術の限界を踏まえて、自らのおごりを戒めている。

3・11を契機として問い直すべき文明の質とは、このあたりにヒントがあると思われる。この危うい文明の進展を担ったのは、科学的想定なるもののあいまいさに気付かず、原発を推進する国策に対して、あいまいな〈豊かさ〉を期待し続けてきた他ならぬ私たち一人ひとりであったのである。また私たちには国策というブランドに問答無用の信頼もあった。しかし今回のフクシマ原発の事故で明らかになったのは、政府、原発推進を担った諸官庁、諸組織委員会、財界を含めて、いずれもが相互依存状態で、責任の所在が明確にならない構造であったことである。そして責任主体が不明瞭なまま、政財界は被害全体の把握も未然、復興の全体像も未完、日本人の生活の将来像も描けぬまま、早くも原発再稼働に再び舵を切っている。こんな不条理を可能にしている原理は、〈経済成長は善〉、〈貧困は悪〉という単純な二分法ではないだろうか。経済成長は、人々の生の営みを豊かにするために許容される一つの方法であって、目的そのものではない。まして〈いのち〉を脅かす要素（原発）を経済成長に採り入れるのは、本末転倒に近い発想として大いなる危機感を持つべきである。北欧の国々では、経済成長の質そのものを問題にし、経済成長とエネルギー政策そのものを切り離し、それなりの経済効果も上げるという試みがなされている。また宗教文化が育んできた〈清貧〉という思想には、持続性と普遍性という点で豊かな生のあり方が指向されていることを思い出したい。本稿が試みたいのは、構造的弱者を含めて一人ひとりが大切にされる社会の構造、それを支え、実現に資するはずの日本の倫理基盤を、責任の所在、個人と社会の関係、個人と個人の関係性という視点から再構築することである。先ずは次節において、宗教性に裏打ちされた古来の日本文化では、個々の〈いのち〉の価値がどのように捉えられてきたのか、を検証しよう。

二　日本文化における〈いのち〉の価値

（1）〈いのち〉とはどのように考えられてきたか？

〈生命／いのち〉に対する欧米文化での総合的な表現は、おおむね Life, Leben, vie, vita などと一語で表現される。日本語では、古来〈いのち〉〈たま〉〈たましひ〉と言い慣わされてきた。死をもって終わる〈生命〉とは区別して、生命を支える総体としての力が〈いのち〉と表現されてきた。アブラハムの宗教（ユダヤ教・キリスト教・イスラム教）とは異なり、創造神を持たない記紀神話が語る古代人の理解によれば、いのちとは、樹、磐、草、豊穣な大地のような神的原初の領域から派生、流出してくるものであった。かの文化圏の神の似像とされる人間観とは異なるが、ここでも人は、神的世界の出自であることが認識されている。しかし神聖性をもつ〈いのち〉は、出産・誕生をもって、本来の〈生〉の始まりというわけではない。嬰児はさまざまな形の通過儀礼を経て、〈真のいのち〉を得、〈真のひと〉となっていく。胎児はトリアゲバアサンと呼ばれる産婆によって、あの世からこの世に取り上げられる。産婆は一種の呪術者、司祭者の役割を果たしてきたのである。各地の習俗には「七つまでは神の子」とも考えられ、徐々に共同体の成員と認知されていくための種々の通過儀礼（七夜祭、お宮参り、七五三など）が認められる。〈いのち〉とはすなわち、個人が私有するものというより、すぐれて社会的関係のうちに在るものであることを意味している。

また〈いのち〉は、祖先崇拝の一環として理解されてきたという側面もある。神道、儒教圏、シャーマニズム圏その他に分布する祖先祭祀は、有限な生命を無限な〈いのち〉の連鎖に転換させる重要な契機である(3)。祖霊は生きている人々の守護者である。日本の「家」制度の根幹はこうした〈いのち〉が無限に継承されるという信仰の基盤の上に形成されてきたともいえる。このように彼岸と此岸が絶対的に断絶せず、連続性を持って理解される文化では、〈いのち〉は両方の世界を往来するとも考えられてきた。神秘的出来事と新しい〈いのち〉の誕生が重なったりする場合、（祖父の命日と孫の誕生日が同月同日となるなど）、新しい〈いのち〉が祖先の誰かの生まれ変わりと考えられる心性が生きている。

ただしどの文化圏にあっても、現実的に〈いのち〉は、常に祝福されるというわけにはいかなかった。西欧ではキリスト教会が〈産む、産まないの規範〉を哲学的、思想的に形成し、人々の出生を（表向きには）厳格にコントロールしてきたが、日本では藩の政治的判断、そして特に〈家〉制度が直接的にその役割を果たしてきた、といえる。老親の扶養をし、〈家〉の後継者としての子どもの確保が要請されるために、経済的に余力のない〈家〉では決定的後継ぎの後に生まれた子どもを間引いた可能性は否定できないという(4)。西欧古代を含めて諸種の文化圏でも、〈いのち〉の神聖性が信じられる一方、国家の安寧という大義のために、人為的中絶、間引きも已むなしという〈国家施策〉（天変地異対策、富国強兵策、優生思想等）による〈いのちの操作〉も容認されてきたのである(5)。

時代が進む近代以降、出産の医療化、病院化、同時に出産の家族化・個人化が進み、いのちは専ら親や共同体、国家の意思のもとに操作・管理される方向に向かうのである。ここでは、いのちの〈神聖性〉とは対極にある〈世俗化〉が進行していくのである。いのちは人類史上、神的世界に関わる個的なものでありながら、同時に社会関係的であり、また国家権力との関わりで形成されるものであるという理解を踏まえると、近代以降、〈いのち〉とは、〈授かるもの〉から〈つくられるもの〉に変質していったと思われる。伝統的に人間の生と死は、一つの個体の生死という出来事以上の意味を持つ。このようなすべての人間が持つ他との関係性と〈いのち〉の神聖性が脅かされるのは、皮肉にも現代の先端的医療技術が関わる時である。

(2) 先端医療技術における〈いのち〉の定位

西欧においては、創造神の権威に依拠した〈生〉が、〈人の生〉の確固たる規範となったのとは異なり、日本においては公権力の主導により、〈生〉はいつも融通無碍に定義されてきた。仏教、儒教は[6]、キリスト教会のような拘束力を持つ信仰管理の組織的機関を形成しなかったために、日本では中絶、流産、間引きを否定する思想は、それほど強化されなかった。その代わりにこの世に誕生することのなかった霊に対する〈水子供養〉という独特の宗教文化が育まれることになった。水子とは、胎児や未だ名前が与えられないうちに死亡した嬰児、若しくはその霊のことである。人為的中絶、自然流産、出産直後の死亡のケースすべてが含まれる。その隆盛の背景として一つには祖先の霊が待つ彼岸の世界に戻り、生まれ変わる時を待っているという考えがあり、もう一つには、中絶という行為に対する罪悪感があると考えられている。水子供養については、フェミニスト視点からの批判もあるが、此岸での生を受けずに彼岸へ戻った霊に対する日本人の心性に適合した宗教倫理的な折り合いのつけ方であることも確かである[7]。

他方遺伝子工学・生殖技術の急激な進展により、人類の歴史に影のように寄り添う優生思想との関わりにおいて、人の〈いのち〉に全く新しい問題が突き付けられることになった。胎児の段階のみならず、受精卵の段階においても重篤な疾患の有無を診断できるシステムが開発されたからである。日本でも急激に普及した出生前診断、着床前診断と呼ばれる技術である。胎児治療、あるいはその子どもの誕生後のケアに、また親となる人々に予期し得る事態に備える心構えを形成するためにも、そうした診断は有用であることが知られている。しかし出生前診断と選択的妊娠中絶が結びつく場合に、従来の人工妊娠中絶の場合とは異なる新たな倫理的問題が浮上する。このケースが一般化すれば、〈産まれてきて欲しい人間のいのちとそうでないいのち〉を〈私たち自身〉が選別することになる。〈どのような人間を私たちの社会に受け入れるのか？〉を〈私たち〉の都合で決定するという優生思想が再び問題になる。現代においてこれを操作し、決定するのは、基本的に（例外もあるが）かつてのように国家や政治権力者ではない。社会の成員である〈私たち〉が自己決定をするのである。遺伝的側面に働きかけて、生まれ来る我が子の心身の性能を良くし、悪くするのを防ごうとする考え方、あるいは遺伝子操作により生まれ来る子どもの外見や能力を親の希望に合わせてデザインする形の〈内なる優生思想〉または〈新優生思想〉も問題となってくる。これは国家やその他の権力、あるいは他者によって〈悪〉であると糾弾され得る性質のものでは決してない。

しかしなによりもここに生ずる新たな問題群に対する正答が一つではないだけに、解決が容易ではない。二〇一二年四月五日の朝日新聞（朝刊）の記事が語るように、胎児異常が理由による中絶が、一〇年前の同期間と比較して倍増している。ここからも見てとれるように、先端医療技術のもたらす影響力は想像を超えて大きい。障害を理由に妊娠中絶し、次の機会に健常な子どもを願うことと、同じ社会に現在生きている障害者を差別しないこと、この二つを一人の人間が明瞭に切り離せるのだろうか？　多くの個々人が選択的中絶という自己決定をした場合、それがもたらすジレンマ現象を考えたい。たとえば特定の疾患を持つ子どもの出生率は減少するが、他方そのような疾患を持つ子どもは〈中絶に失敗した子ども〉〈その社会で望まれない子ども〉というレッテルを貼られるというジレンマである。〈障害のある子どもを中絶する〉という選択自体は、個人的な決断であっても、私的な領域に留まらず、そうした価値判断は広く社会意識の底部に沈殿するのである。従って〈障害者は不幸である〉という一見当たり前に見える考え方は、このように社会に構造化された意識の産物なのである。

出生前診断をグローバルな規模で捉えると、二重基準が存在することに気づく。ある種の治療法や手術などをより早い段階に、より効果的に行うという可能性を持っているために、生命倫理に関しては極めて慎重な姿勢を取るカトリック教会さえ、こうした診断を容認している。現代の先進諸国の多くには、〈障害も個性の一つ〉というメッセージが普及しているが、社会の深層心理に定着しているかどうか心もとない。他方で一九七〇年代のアメリカ合衆国では、女性の主体性を重んじる立場から中絶の自由化が実現したが、その後中絶に関する賛否両論に火が付き、鋭い対立の続く政治的課題ともなっている。出生前診断が開発されると、女性の自発的選択によって、重い先天異常を持つ胎児を中絶することも容認されるようになった。出生前診断はいわば重度の先天異常の子どもが出生しない予防措置として機能したのである。

他方日本では、一九四八年に制定された「優生保護法」(一九九六年に廃止)により、障害者及び〈劣悪者〉に対する強制的不妊手術が合法化されたこともあり、合衆国の同時期に比べても重度障害者の社会保障が立ち遅れていたため、障害者の家族に過度の負担がかかり、社会もそのように認めていた。各自治体では〈不幸な子どもが産まれない運動〉が展開され、結果として障害児は〈不幸な子ども〉と規定されることになった。そのようなうねりのなかで、脳性マヒの障害者団体「青い芝の会」が、出生前診断をナチスと同根の障害者の抹殺に繋がるものであると、ラディカルな異議申し立てを行った。出生前診断はいわば優生思想のリトマス試験紙と考えられたのである。一九九六年制定の「母体保護法」には胎児の先天的障害を理由に選択的中絶を容認する「胎児条項」はついに採択されなかった。海外からは、中絶一般を認めておきながら、胎児条項でためらう日本の〈いのち観〉は矛盾している、という批判が寄せられている。日本では、実際的には親の自己決定権（「母体保護法」の「経済的事由」条項に依拠）に基づくという意味で、選択的中絶の可能性は容認されている。しかし出生前診断は〈内なる優生思想〉と結びつくため、一貫して神経を尖らせる微妙なテーマではあるものの、上述の新聞記事では、胎児異常の理由による中絶が倍増しているという報告がある。優生思想に敏感な戦後ドイツも似たような経緯をたどっている。

いずれにしてもこのような先端的診断技術の臨床応用は、当事者の自己決定権に委ねられている。しかしこの権利にも深刻なジレンマが付きまとう。現代社会は押し並べて、個々人の自己決定を尊重する形で、〈障害児が生まれてこないよう〉予防をし、生まれてきたら〈保護する〉という保健・福祉政策の二重構造になっている。しかし〈病気・心身の障害は不幸である〉という観念が、それほど普遍的な意味があるのかを一度は問い直さなくてはならないだろう。これには、健康＝幸福という図式を作り上げた近代社会特有の〈幸福至上主義〉の副産物に過ぎないという批判も可能である。〈健康な子どもを望む〉ことの裏返しの心理として〈病気の子どもは不幸である〉となる。しかし幸・不幸を決めるのは誰なのかを問わねばならない。実際先天的障害を持った人々自身からも、またその家族からもこうした構図を否定する声は決して少なくはないのである。ダウン症の第二子が、家庭でも学校でも可愛がられ、現在作業場で立派に機織りをしているというメッセージを朝日新聞声蘭に寄せたある方は、「（その子は）風呂掃除をしたりお手伝いをしてくれたりします。兄妹は勉強もスポーツも頑張る、優しい子に育ってくれました。……障害児を持つということは悪いことばかりではない……」(8)と投書を結んでいる。〈障害者は不幸である〉という図式の形成には、実に他ならぬその社会の構成員一人ひとりの意識が深く関わっていることを思い起こしたい。この図式は神によってつくられたのでもなく、歴史上の必然でもない。これはとりもなおさず権力関係が有能な健常者を中核に、〈最大多数の最大幸福〉という功利主義的原理をモットーに社会形成をしてきたことの結果なのである。そのツケで障害者は周縁化されることになったのである。従って〈障害者が不幸にならない社会〉の実現こそが成熟した人間の課題であろう。では、日本社会はどのような倫理観を伝統にしてきたのかを確認しておきたい。

三　日本の伝統的倫理観——ユダヤ・キリスト教的倫理観との比較において

グローバル化した現代社会倫理のキーワードとも言える〈人間の尊厳〉、〈自由〉、〈責任〉、〈（心の法廷としての）良心〉という概念は、本来ユダヤ・キリスト教文化圏で構築されたものであるが、日本人はその内容を受容し、適宜取捨選択し、翻訳し、日本のコンテクストに合わせて用いている。しかし人間理解、個人と他者の関係性理解、世界理解がキリスト教圏とは異なる日本社会にあっては、社会倫理の内容もおのずから異なっていると思われる。社会文化的コンテクストの差異がもたらすものを概観しておこう。

キリスト教がゲルマン的、ギリシャ的民族共同体を解体して、良くも悪くも、後に発達する個人主義の契機となっている事実は重要である。人間存在を人格と定義し、人間の尊厳という考え方を発展させてきたからである。そこには聖（教会）と俗（政治権力）の二つの力が何らかの形で拮抗しているところから、思考の弁証法的ダイナミクスが恒常的に作用しているように思われる。戦争や植民地主義など世界史上、教会が犯した過ちは少なくない。しかしそれを反省する自浄力を発揮できたダイナミクスは評価され得る。

他方日本社会は、仏教のような普遍宗教を受容しても、個人に内在する価値の発見という方向（例外はあるものの）をとらず、聖徳太子以来の「和」の原理の貫通する民族共同体を解体させることなく今日まで存続させてきた。キリスト教文化圏では、唯一神に対する信仰の正統性を確保しつつ、民衆の霊性、倫理性の中核として教会組織が確立されたのに対し、聖なる存在の本質があいまいな日本では、家、種々の共同体、国家が〈教会〉の役割を担ってきた。絶対的超越神に対峙するキリスト教文化圏の倫理を個人倫理と呼ぶなら、日本発の社会倫理が、「人と人との間柄」（和辻哲郎・木村敏）や間人主義（浜口恵俊）のような、個人よりも共同体に重きを置く共同体倫理[9]であることは、偶然ではないだろう。

欧米においては、良心は人間の道徳的尊厳を最終的に基礎づける法廷であり、人間の内なる神の声という理解が一般化しているが、日本人にとって良心とは、必ずしも神とではなく、社会的意識と関わるものと理解されるために、公の声、世論が非難しない限り、良心の呵責は小さいという現象が起こる。また人間の尊厳という概念は、たとえばドイツ基本法第一条に「人間の尊厳は不可侵である。これを尊重し、保護することは、すべての国家権力の義務である」と謳われているのに対し、日本国憲法には第十三条に『すべての国民は、個人として尊重される……』と明記されるのみである。どのように違うのだろうか?「ドイツ基本法」の人間の尊厳は、人間に内在する人格としての固有の価値を表す概念と理解されるのに対し、「日本国憲法」の保障する個人の尊重という表現には、人間の内在価値としての尊厳は、絶対的価値として意識されていないのではないだろうか? すなわち日本では、権力者や社会的状況の変化によっては、当該者の「尊厳」が認められないこともあり得るのである。生命に関わる倫理が問題となる時、「尊厳」という絶対価値を抜きにして、一人ひとりの〈生〉〈いのち〉を大切にする根拠が常に成立するとは限らないのである[10]。

（1）日本的倫理の形成

記紀神話に依拠しながら、日本では神的出自とされる天皇を中心に、親族的意識に基づく集団的同一性が刻印されてきた。蒙古来襲（元寇）、あるいは近代の諸戦争に際し、日本ではこの神的共同体としての一体感がそのつど強調され、外圧という危機を乗り越えるエネルギーとされてきた。精神的バックボーンとして機能してきた神道、仏教、儒教がそれぞれ日本国家の、日本の家族の、また人と人との間柄の聖性を謳い上げてきたのであった。

このように日本歴史の始まりから我々は、〈まず共同体ありき〉の世界観に対峙することになる。そこには唯一神と向き合う時のような〈善悪〉を厳しく峻別する意識は存在しない。確かに浄・穢、ハレ・ケガレ、清・濁の区別は神話世界にもすでに存在するが、両者は円環的構造として捉えられている。負のイメージの強い穢・ケガレ・濁の観念すら、所定の儀礼（禊、祓）を経ることにより、再び清浄の状態が再生されるのである。このことは、ユダヤ・キリスト教文化圏では、絶対的善の体現である唯一神による倫理的要請（何が悪で、何が善であるか？）は一人ひとりの個人に対してなされるのに対し、日本のそれは善悪が初めから明瞭でないために、全体性の強い共同体倫理（共同責任）ともいうべき形態をとる。

歴史時代になると神道的世界観に基づいて、神的性格を帯びた国家日本は、大きな〈家共同体〉としてのイメージを強化しつづける。その国家共同体の統制原理は一貫して聖徳太子の定めた「憲法十七条」（推古紀十二年）の冒頭に謳われる〈和〉である。〈和〉とは、大乗仏教の慈悲がそのルーツであると解されているように、現代日本でも人と人との関係を結ぶ第一原理として大切にされている。しかしその第十二条には「国に二人の君なく、民に二人の主なし」と言明されていることは知られているだろうか。民は、和の原理に規定される存在であって、それに逆らってはならないこと、またア・プリオリに定められた主君（天皇）を絶対君主と仰ぐことが要請されているのである。明治近代以後の倫理思想を代表する和辻哲郎の〈人と人との間柄〉倫理には、この思想がその底流となっているのである。さらに大乗仏教の説く〈無私の教え〉は、本来宗教的な自己耽溺、自己執着を戒めるものであるが、無限包容的な〈和〉の原理と相まって、縦の関係に従順であるという日本的倫理観の基礎を形成する。縁起という思想も、日本においては縦割りに理解される人間関係の潤滑油の役割を担ってきたことも忘れないでおきたい。

神道、日本化された仏教、儒教の世界観を基礎に、人とは、マクロコスモスとしての大いなる自然からの祝福と恵みを受ける存在であると同時に、その自然の一部そのもの（ミクロコスモス）であり、その本質に仏性、普遍的〈理〉を抱く存在である、という人間観が確立していく。ユダヤ・キリスト教圏にあるような絶対的唯一神と被造物〈人間・人類〉という二元論的理解とは異なる人間観が展開する。

さらにそのような人間理解に加えて、近世における朱子学は、祖先祭祀の重要性を強調することにより、「家」の宗教的・倫理的役割を広く意識化させることになる。同時に日本人の集団的同調性を組織的に形成、強化するために、朱子学の倫理体系が重要な役割を担った。それは主として人と人との関係性を縦に規定するものであり、同時にイエと国家における秩序と和を醸成することを目的とするものであった。注目に値するのは、中国の儒教伝統では、〈孝〉がすべてに優先する徳目であるのに対し、近世日本型儒教では、〈忠〉が筆頭に掲げられ[11]、体制社会イデオロギーとして、位階性をもつ縦社会が強調されることになった。しかも儒教的人間理解に従えば、すべての人間には天与の〈分〉があり、身分の高低や才能の有無などは、〈変えられない〉という一種の運命論が展開するのである。従って社会構造的弱者という存在も、天賦自然に決定された事実である、と容認され得るのである。人間間の格差は自然の摂理による、という現状肯定が成立することになる。特に儒教によって人と人との関係性が〈聖〉なるものとして構築され、結果これが日本人のアイデンティティの基礎となっている。日本の宗教史に登場する神的存在もそれを裏書きする。日本神話には基本的に悪神は存在しない。古来皇室の祖神として崇敬の対象であるアマテラスは、善悪に関係なく、母がすべての子どもに対するように、すべての存在を平等に無限抱擁する神である[12]。浄土仏教において崇敬される阿弥陀仏も、同様にすべての存在、すべての出来事を完全に包摂する救世主の性格を担っている。

このような相互依存により成立する〈人と人との間柄〉倫理の長所は、和辻哲郎、木村敏、浜口恵俊らの思想家によって深められ、日本人のアイデンティティの基礎にもなっている。倫理が問われる場は、キリスト教圏における個々人の自律性や良心ではなく、日本では、〈人と人との間〉、〈間主観性〉にあるということになる[13]。浜口恵俊によれば、このような日本人の相互性は、相互の感謝の心に裏付けられる関係であり、自分の存在は他者なしにはあり得ないという深い洞察に基づくものである。従って日本人とはコンテクスチュアル（文脈性のある）な存在、つまり他者との文脈のなかで自分の存在を意識する存在ということになる。それゆえに日本人は知らない同士が知り合う際に、共通の知人を探し、首尾よく得られる場合、相互により良く理解し合えたと感じ、共通のコンテクストを持つことで信用を獲得し合えるというのである[14]。コンテクスチュアルな人間が生きる場を日本では世間と呼んでいる。この世間も相互依存の原理で成り立っている。

（2）〈世間倫理〉の特質

相互依存の心理で形成されている社会では、〈自分は何者か〉、〈あなたは誰なのか〉という人格の本質や意味についての問いは、それほど重要ではない。なぜなら基本的にその〈ひと〉と〈なり〉は、人と人との間柄において、常に新たに規定されるからである。さらに人間の当為、すなわち〈すべき行為〉もまた状況に応じて、〈人と人との間〉で臨機応変に決定されるのである。

ルース・ベネディクトにより欧米で遍く知られることになった日本人の倫理規範は、当然上述したような宗教的土壌に育まれたものである。〈義理〉〈人情〉〈恩〉は、まぎれもなく世間内の相互性が機能するための重要な規範である。〈義理〉とは日本人にとって、信頼し合う人間同士の魂の呼応であり、パーソナルに信頼し合っている人間同士の間に成立する情的紐帯を意味する。(15) 当事者は、他者の目にさらされた自分を見、世間の判断を深く意識する。特に名誉と恥という価値観の支配する世間のまなざしを意識するなかでの魂の呼応という点で極めて日本的な特質をもつ。他方対照的に、キリスト教文化における義理は、他の人間がどう判断するかについては、二義的であって、最終的には自己の良心もしくは神との対話のなかで喚起される感情であるということである。日本人の義理は正確にいえば、道徳的要請としてではなく、上述したように名誉と恥という価値観を保障するための人と人とを結びつける情緒的絆として遂行されるものである。

〈人情〉は、善悪の規定にしばられることなく、人間関係が円滑に機能するようにすべての日本人に期待されるものである。〈恩〉も、関係性と相互性の実現のために重要な倫理的徳目である。〈恩〉は、必ずしも権力ある人と権力を持たない人というような上下関係や非対称的な関係を前提とするわけではない。日本人のこのような行動規範は、情緒的なレベルで理解されるものであって、西欧での行動規範という概念とは質が異なっている。この点を踏まえながら、日本人における善・悪及び正・不正の判断の仕方を考えてみよう。

〈人と人との間柄〉という人間間の関係性が重視されるせいで、日本人の善・悪の判断は状況次第では融通無碍に相対化され得る。従って日本では一つの規範を客観化したり、普遍化する方向をとらない。ルース・ベネディクトの『菊と刀――日本文化の型』[16]は、葛藤が生じた折、キリスト教圏では〈罪〉が問題になるようなケースが、日本では罪ではなく〈恥〉と把握される、と論じている。以来賛否両論があい半ばするテーマである。土居健郎はディートリヒ・ボンヘッファーの遺著『倫理学』に依拠しながら、〈罪〉と〈恥〉の間に本質的な相違というより、むしろ密接なつながりがある、と考えている。すなわち恥は、人間が〈根源〉から離れていることについての言葉に言い尽くせない事柄の想起である。それはこの隔離に対する悲しみであり、〈根源〉との一致に戻りたいという無力なものの願望でもある。恥は自責の念よりもっと根源的である、というものである[17]。確かに〈恥〉という感情には、世間から軽視されるかもしれないという怖れや不安ばかりでなく、本来あるべき事柄から根本的に遊離しているという感覚が基礎になっている。これはキリスト教的意味での罪観念と比較し得るものである。そうであれば、日本人は自己の人格形成のプロセスにおいて、〈恥〉の体験に際して、世間の目ではなく、あるべき根源的な存在との人格的な関わりをより意識する素地を有していることになる。しかし現実には、思想上のそのあるべき根源があいまいであるために、流動的世間的な〈目〉がその根源の役割を果たしていることも否定しがたい。

（3）〈世間倫理〉批判の試み

聖徳太子以来の〈和〉の倫理と日本的伝統〈人と人との間柄〉という人間同士をつなぐ原理は、日本人の一体感を醸成するのに貢献し、それが均質社会の実現につながったのである。この原理は基本的にキリスト教圏のように二分法で善悪を判断するわけではないために、異端問題を惹起しないという点で、宗教的寛容の一つのモデルとも言い得る。しかし集団的同調性が貫通する社会には異質の問い〈どのように人は道徳的に行為すべきか？〉は、日本ではほとんど問われることはない。個人の道徳性と尊厳に関わる問いである。

集団的同調性の高い均質的な日本社会の第一の欠点は、〈我々と他者〉という峻烈な区別意識であり、それは排他性に通じる。先述したように聖徳太子の「憲法十七条」以来、日本では〈誰が天下・国家のために決断をし、誰がそれに従うか？〉は、ア・プリオリに決定されている。個々人の人権や尊厳は日本の歴史ではほとんど問題にされてこなかった。人と人との間柄が機能する日本では、人権や尊厳という欧米的コンセプトは不要であるという言説[18]が、和辻倫理学の継承者たちにおいてしばしばなされている。しかしグローバル化した社会における外国人、それも日本人とは異質な人々である〈他者〉との関係性に関しては、日本の伝統的倫理は十分機能している、とは断言できない。日本人が排除する異質な〈他者〉には、社会構造上の弱者（病人、子ども、老人、ホームレスの人々、ワーキングプアーの人々など）も含まれる。他者を包摂できない社会、不幸な人間を置き去りにする社会は、未成熟である。そもそも日本の人間観・世界観には、〈成熟〉という構想が乏しい。成熟という構想には、それぞれ宗教的メッセージが深く関わっているはずなのである。

日本的倫理の第二の問題点は、欧米のフェミニスト神学者たちの〈関係の神学〉と比較すると可視的になる。政治経済的なグローバリゼーションと科学技術の急激な進展により、人間が非人間化され、孤独に投げ込まれるような社会に痛みを覚える人々を中心に再び新たな共同体志向のうねりが起きている。フェミニスト神学者のローズマリー・リューサー、ドロテー・ゼレ、カーター・ヘイワードたちの提唱する〈関係の神学〉が注目され続けている。〈関係〉とはこのフェミニストたちにとって人間存在の根源である。ヘイワードはさらにこの〈関係〉をフェミニズムの霊性が依拠する〈本来的調和〉と名づけ、〈ありとしあるもの〉の真の根源を表すシンボルである、と定義している。リューサーによれば、この調和としての〈関係〉は、陰と陽、女と男、自然と人間、自然と神的なるものという二つの対照項を二分法によって分断せず、相互補完的に包摂する〈根源（初源）〉であった。それが二分法的思考の普遍化により、破壊されてしまったというのである。さらにこうした二分法による二極への分断は単に誤った見方というにとどまらず、人と人との共生という現実と神により創造された世界の本来的あり方（根源）との間の根本的乖離を作り出した元凶であり、その意味で〈罪〉であると規定している。このフェミニストたちは、人間存在をその全体性において、即ち本来的調和において、また宇宙への統合性において理解し直そうとしている。この場合のキーワードは、〈平等〉〈相互性〉〈自律〉〈他者の他者性〉〈他者であると感じさせる異質な要素〉そして〈他との関係性〉である。[19] これは異なる文化圏で構築された関係性倫理である。後述するように、具体的他者の差異性を捨象してきた日本の集団同調的な〈人と人との間柄〉倫理への恰好の挑戦ではないだろうか。

日本的倫理の第三の欠点は、責任主体があいまいなことであろう。フェミニズムの視点からは、日本では一つには加害・被害の構造が二分法的にはっきりしていないところに問題がある、と指摘されている。DVで問題ある男性も、職業生活で多くの犠牲を強いられ、被害者意識を持っている場合がある。また性的被害に遭った女性も、場合により加害者の暴力を誘発せしめたなどの言説がなされ、性暴力の共犯的立場を強要されることもある。日本社会で〈人と人との間柄〉を重視するということは、個人の自律・自立を弱めるように作用する。従って依存的個人の相互依存による関係性が基本となる。となれば国家や個人の責任主体という問題もあいまいである。責任主体が成立するためには、応答可能な自律・自立の個人が措定されねばならない。過去の戦争責任の問題に倫理的に応答するとは、日本人にとってどういう行為を意味するのか？　それを知るためには、もう一度〈具体的他者〉として、植民地主義の被害に苦しむアジア諸国の人々に想いを馳せながら、天皇制や家族としての国家イデオロギー、その権力がファッシズムと結びついたことの思想的危うさを自己批判的に歴史を問いなおすことから始めねばならないだろう。同様に原発が国策でありながら、資本主義ルールに則って、電力コンツェルンの経営にすべてを委ねてきた政治（国家）と資本主義の相互依存的癒着関係も日本的関係性の典型であろう。フクシマの事故発生により、漸く明らかになったのは、皮肉なことに責任の所在が今もって不明瞭であるという事実であった。東電は加害の立場でありながら、国の指定する安全基準そのものを満たしていたのであるから、被害に対して全責任を負う必然（放射線に汚染された諸物は〈無主物〉と定義）はないと主張しえたのである。グローバル化した社会に必然的に要請される個々人の〈尊厳〉、〈自由（自律）〉、〈平等〉は、日本的倫理の支配する文化では、十分に機能できない可能性を確認してきた。そうした倫理上の陥穽を、フェミニスト神学・倫理学のコンセプトで補完しうるかどうかを模索してみよう。

四　フェミニスト神学の視点から再考する〈善い社会〉とは？

ユダヤ・キリスト教伝統における人間理解の特質は、基本的に三つの概念に集約できる。人間はすべて神の似像(imago dei)として創造されたために、人格的存在であり、人権、尊厳を備えていること。従ってその出自、人種、性別、職業、ステイタス、年齢、健康度などの外的、内的状況に関係なく、ありのままで尊厳を有する存在とされる。第二に人間は、被造物の本質として関係性(communio)を持つ。それは神と人の関係性、人と人との関係性、そして神の他の被造物である自然・世界との関係性である。第三に自律性(autonomia; autonomy;

Autonomie)で、良くも悪くも人間に与えられた自由であり、自己決定権の根拠である。

（1）倫理的概念のフェミニスト的再構築

〈人間の尊厳〉は、地球上どこにあっても権力関係、それに伴う外的・内的社会状況の変化により簡単に侵害されてきた。アウシュヴィッツの非人道的行為や「従軍慰安婦」問題を思い起こすだけで十分であろう。ポストモダン思想やフェミニスト神学も、〈尊厳〉の上記のような消極的な意味づけだけでは、現代の葛藤状況の対処には不十分であるという認識に立つ。関係性に生き、関係性を実現しようとする人間の実践行為のなかにこそ、積極的意味での〈人間の尊厳〉が構築できると考える。それは自分とは異なる他者の〈他者性（異質性）〉を容認できることで成立する〈我々〉が、それぞれの差異を排除し合うのではなく、相互に補完し合えることに人間の尊厳があるとする考え方である。先ずはその思想の代表者であり、アメリカ合衆国におけるフランクフルト学派の継承者セイラ・ベンハビブを挙げよう。[20] 彼女は西欧哲学が〈他者〉と規定してきた内容は、人々（people, das Man）と呼ばれるような自己と同じような欲望、ニーズ、感情を持ち合わせる一般化された、誰であってもよい〈他者〉であって、具体的な他者性（異質性）が想定されていないことに注目する。

① 一般化された抽象的他者ではなく、具体的他者を想定する

ベンハビブは、人は皆、具体的な歴史、アイデンティティ、感情を持つ存在であるという認識に基づいた他者理解を勧める。相互に排除し合うのではなく、個人性に焦点を当て、補完的に他者を受け入れ、友情、愛、ケア、分かち合いの精神が我々と他者を結ぶ紐帯となる。これはフェミニスト倫理にとって重要なコンセプトである。環境倫理、医療倫理、社会倫理の葛藤状況に

あって、〈我々〉と異なる他者（異文化圏、異国籍、異人種、非健康者、非エリートなど）にも、独自のライフヒストリー、ライフスタイル、独自の価値観、世界観、趣味があるという具体性を付加して意識するところから、他者の尊厳を大切にする一歩が始まるからである。

② フェミニスト神学的意味での罪／悪　異質な他者の尊厳を認め合える社会の実現に向けて、フェミニスト神学は罪／悪を新たな視点で定義している。人が人を抑圧したり、搾取したりする関係を〈悪〉と呼び、新しい〈罪〉観念を提示している。すなわち〈自分の非力や無力を引き合いに、苦脳や窮地にある他者を見捨てること〉がフェミニスト的な意味での〈罪〉と規定されている。権力を持たないことは、悪や不正義を行った際のエクスキューズになってきた。悪い結果を伴っても、それは上位の権力への服従の故であった、と免責されてきたからである。しかしナチズムの蛮行や戦争時のあらゆる非人道的犯罪を経験し、ミシェル・フーコー（『狂気の歴史』や『性の歴史』）により真理が権力構造のなかで形成されるという視点の転換が提示されて以来、フェミニズムも〈権力を持たないように見える者〉の罪、共犯性、連帯的責任性について語り始めた。権力を持たないこと、暴力には直接関わらないが、傍観者であること、目前の不正義に異議申し立てをしないことを含めてそれも〈罪〉と理解しようとしている。弱者が弱者であり続ける構造の容認、優生思想を内包する新しい技術の開発、法的措置などに無関心の姿勢は、フェミニスト神学の文脈では〈罪〉となるのである。

（2） フェミニスト視点からの提言

種々の自己決定権を手に入れた現代にあっても、多くの問題が積み残されている。少なくとも一人ひとりが、社会通念をもう一度問い直す勇気を持ち、具体的にある行為が、誰のために、また何の目的のためになされるのかを検証する機会とゆとりを確保したいものである。以下に、フェミニスト倫理学の領域から提言される主なポイントを箇条的にまとめて、日本社会の倫理観の補完につながることを期待したい。

① 〈いのち〉を育成するための精神的（霊的）母性の再発見　正義が分配されるべき〈公的領域〉とよい生活が保障されるべき〈私的・家庭的領域〉という二分法は、歴史時代を長く支配してきた。歴史がつくられるのは、生産的な公的領域であり、他方無時間的もしくは無歴史的な再生産の場であり、愛とケアが支配するのは、私的、家庭的領域と解されてきたからである。こうした二分法は夫婦の性別役割を固定化するのみならず、一人ひとりの人間の本来の資質、生きる目的を十分に開発できないという異議申し立てがなされている。倫理的視点からの経済学を提唱するインドの経済学者アマルティア・センと共に〈生活の質〉を研究してきたマーサ・ヌスバウム[21]は、家族生活の質を確保するために〈私的・家庭的領域〉にこそ、公共的支援が必要であることを強調している。たしかに〈いのちを育む〉という現実には、今日家族という私的・個的なテーマに矮小化されてはならない社会性のある広がりがある。医療倫理、環境倫理、教育倫理、社会倫理が関わる社会諸領域全体の課題であることを再認識すべきときである。その思想的根拠づけには、普遍宗教（キリスト教や仏教）の深層に息づくメッセージ、すなわちすべての人間（男女両性）が発揮すべき精神的・霊的母性というメッセージには、重要なヒントがあると思われる。血縁、地縁紐帯ばかりでなく、〈いのちを育む〉行為は、すべての人間に与えられた恵みであり、聖なるものからの〈要請〉でもあるとするメッセージはカトリック教会[22]だけではなく、普遍宗教の中核でもある。

②　生殖補助技術は抽象的行為ではないことの再確認　　不妊が当事者にとって真に不幸なのか？　なぜ子どもを望んでいるのか？　医師が向き合う対象は、誰であってもよい一般的他者ではなく、それぞれの個性とライフヒストリーを持つ具体的他者である。前述の〈精神的母性〉という宗教的伝統に基づけば、養子縁組を通した〈家族〉形態も可能である。複数の倫理的モデルが必要とされる時代である。

カトリック教会の生殖補助技術への批判にも耳を傾ける必要がある。教皇庁教理省『生命の始まりに関する教書』（一九六二／一九八七）には、「子どもは私有されうるのか？」という問題が提起されている。また資本主義の方程式に則って、子どもが商品化されうるという問題にも注意を払わねばならない。子どもを通して人は、自己価値という感情を獲得しうることを、教会は認めている。しかし子どもそれ自体が親の欲望充足の道具とされていないか、を問い直すことを要請している。

生殖補助技術のほか、種々の先端医療技術の応用に際して、医療を受容する人々の具体的他者性（名前、独自の関係ネット、独自のライフスヒストリー）、生まれ来る子ども、そして出生に至らなかった生命（人工妊娠中絶の胎児、受精卵）の具体的他者性（一つの人格を形成する潜在的可能性）を常に新たに意識化する医療環境、社会環境が整備される必要がある。

③　自律と自己決定権は、同時に社会性を持つという倫理上の前提　　たとえば医師と患者が相互に意見を交わし、相互に依存し合う相互補完的な関係を保ち、自律の危うさを承知しつつも、医師や介護者が患者の自律を促進するよう働きかける〈ケア〉の視点を大切にする。現代社会でのケアは、パターナリスティックな関係ではなく、〈他者の幸福に向けて、気遣いや世話をするという側面〉が見直され、現実に〈苦しむ人々〉の自律を助け

る要素として注目を集めている。

④　正義のまなざしが社会の随所に届いていること　女性の身体がコントロールされたり、手段化されたりしないよう配慮し、国家や社会の諸制度やその構造が持つ規格化の力によって女性や構造的弱者の自律が操作されないように監視し、遺伝子の特徴を固定することにより、ある集団の人々全体をスティグマ化したり、一方的に何が正常で何が異常かを定義するような強者の論理を批判する、そのような正義のまなざしである。特に産む産まないの選択が生殖の当事者に委ねられ、当然ながら障害のある胎児の中絶を強いられることなく、胎児に障害があっても産むことが可能となる社会的支援体制が保障されなくてはならない。

障害者・被曝者・被爆者への差別、偏見がなく、すべての人間が尊重され、豊かな人間関係のなかで、根源的な安心感を獲得できる。こうしたフェミニスト視点から浮かび上がるオルタナティヴな構想が市民権を得られれば、成熟した社会の一つの青写真になるであろう。

注

（1）　坂本義和（二〇一一）、四七頁参照。

（2）　『世界』一月号、二〇一二年、に同委員会の報告書の中核である第4章が三島憲一によって邦訳されている。詳細は同書を参照。

（3）　波平恵美子（一九九六）、一七頁参照。

（4）　同書五六頁

（5）　〈いのち〉の意味の変遷については、拙稿「命のはじまり」二〇〇四年を参照。

（6）儒教は政治哲学に位置づけられるとし、宗教と同列に扱うことに批判はある。儒教が宗教か否かの議論にはここでは立ち入らないが、神道、仏教、儒教は、互いに影響し合いながら、日本人の精神およびエートス形成に重要な役割を担ってきたことには論を俟たない。本稿で日本的倫理観を語るためには、儒教を捨象できないと考える。宗教史上、一五九一年のキリシタン禁止令には、神道、仏教、儒教によって守られている神国日本という文言が現れることに注目したい。海老沢有道『日本キリシタン史』塙書房、一九六六年、二五〇頁参照。

（7）水子供養については、種々の解釈、賛否両論がある。拙稿「生命倫理」二〇〇七年参照。本稿では水子供養の批判が主眼ではないので、筆者の個人的見解についてはここでは言及しない。水子供養の宗教的意味づけの研究は、以下の書が優れている。高橋三郎編『水子供養　現代社会の不安と癒し』行路社、一九九九年。

（8）朝日新聞二〇一二年四月一〇日朝刊（声蘭）

（9）和辻哲郎（一九八二）、二〇頁以下。木村敏（一九七二）。浜口恵俊（一九九六）。

（10）ユダヤ・キリスト教が〈人間の尊厳〉や人権概念、責任概念など、今日の倫理学の基礎を築いたからと言って、キリスト教文化圏が常に倫理的行為の模範であったと主張するつもりはない。侵略戦争、植民地主義、種々の民族差別を歴史に刻んできたことも否定できないからである。フェミニスト倫理学の視点からは、倫理規範の設定には、時の権力者及び社会を形成する健常で、力ある人々（多くは男性）の価値観、世界観が決定的に関わってきたとして、批判されている。

（11）藤原惺窩『ちよもと草』がその嚆矢。山鹿素行にとって忠は君主のみならず国家に対しても尽くすべき最も重要な徳目。忠孝一致は国体思想の柱となる。儒教の日本的受容としてよく知られている事例である。石毛忠他編（二〇〇九）「忠孝」の項参照。

（12）河合隼雄（一九七六）。松本滋（一九八七）参照。

（13）詳細は拙稿参照。「フェミニスト神学の視点から社会倫理を再考する——スピリチュアリティ・平和をめぐって」二〇〇三年。

（14）浜口恵俊前掲書、一三二頁以下。

（15）源了円（一九六八）、一〇九頁。

（16）ルース・ベネディクト一九九七（一九七二）年、二五七頁以下参照。

(17) 土居健郎（一九七二）、四八―五七頁参照。
(18) 澁谷浩「人権と日本人の心性」（明治学院大学キリスト教研究所編『人権とキリスト教』教文館、一九九三年）は、その良い例である。
(19) Dorothee Sölle, Einleitung 1986.
(20) セイラ・ベンハビブ（一九九七）。
(21) マーサ・ヌスバウム（二〇〇五）、二九〇―三〇〇頁参照。
(22) カトリック教会は、キリストに倣って、真のいのちを求める人たちが持つべき愛は、性別に関係なく母性愛であることを確認している。拙稿「福音宣教・家・女性」一九九二年五月、一八―二五頁

参考文献

石毛忠他編『日本思想史辞典』山川出版社、二〇〇九年
海老沢有道『日本キリシタン史』塙書房、一九六六年
Haruko K. Okano Christliche Theologie im japanischen Kontext, Iko-Verlag, Frankfurt a. M. 2002
岡野治子「福音宣教・家・女性」、『福音宣教』一九九二年五月号
岡野治子「フェミニスト神学の視点から社会倫理を再考する――スピリチュアリティ・平和をめぐって」、湯浅泰雄監修『スピリチュアリティの現在――宗教・倫理・心理の観点』人文書院、二〇〇三年
岡野治子「命のはじまり」、池上良正他編『生命　生老病死の宇宙』岩波宗教講座7、岩波書店、二〇〇四年
岡野治子「生命倫理」、田中雅一・川橋範子『ジェンダーで学ぶ宗教学』世界思想社、二〇〇七年
河合隼雄『母性社会日本の病理』中央公論社、一九七六年
川本隆史編『ケアの社会倫理学』有斐閣、二〇〇五年
木村敏『人と人との間――精神病理学的日本論』弘文堂、一九七二年。
エリザベート・ゴスマン他『女性の視点によるキリスト教神学事典』エリザベート・ゴスマン他訳、日本基督教団出版局、一九九八年

坂本義和「人間のおごり」、『世界』五月号、二〇一一年

Dorothee Sölle Einleitung. in: Carter Heyward, Und sie rührte sein Kleid an. Stuttgart 1986

土居健郎『「甘え」の構造』弘文堂、一九七二年

波平恵美子『いのちの文化人類学』新潮社、一九九六年

マーサ・ヌスバウム『女性と人間開発――潜在能力アプローチ』池本幸生他訳、岩波書店、二〇〇五年

浜口恵俊『日本型信頼社会の復権』有斐閣、一九九六年。

ルース・ベネディクト『菊と刀――日本文化の型』長谷川松治訳、社会思想社、一九九七（一九七二）年

セイラ・ベンハビブ「一般化された他者と具体的他者」、マーティン・ジェイ編『ハーバーマスとアメリカ・フランクフルト学派』竹内真澄監訳、青木書店、一九九七年。

松本滋『父性的宗教・母性的宗教』東京大学出版会、一九八七年

三島憲一訳「安定したエネルギー供給のための倫理委員会報告書」、『世界』一月号、二〇一二年

源了円「徳川時代の文学に表れた義理と人情」、高坂正顕編『近代日本の人間尊重思想　上』一九六八年

和辻哲郎『人間の学としての倫理学』岩波全書、一九八一年

あとがき

最初は三〇〇人から始まった原発再稼働に反対する官邸前抗議行動。それが週を追って参加者は増え続け、野田首相が大飯原発再稼働を容認した六月二二日には四万五〇〇〇人に急増した。そして六月二九日にはついに一〇万人を超えた。それ以後毎週金曜日には一〇万人を超える参加者が官邸前を埋めつくしている。七月一六日には大江健三郎や鎌田慧たちの呼びかけで、代々木公園で開催された反原発集会に予想を大きく上回る一七万人もの人びとが集まった。

市民によるこの大規模な集会やデモは、一九六〇年に国会を取り巻いた安保改定阻止のデモを想起させるが、今日行われている集会やデモが安保の時と決定的に違うのは、一人ひとりの参加者が、どこかの組織や団体によって動員されているのではなく、自分の意思で行動しているということだ。官邸前のデモも代々木公園の集会も参加しているのは子どもを連れた若い母親や父親、高齢者、仕事帰りの男女の会社員など、これまでにデモには参加したことがないという人びとが多い。

市民によるデモや集会の最大の目的は、政府に脱原発政策に舵を切らせることであるが、参加する市民の胸中にあるのは、原子力政策に対する怒りとともに、国政が市民の生活とあまりにもかけ離れてしまって、一向に市民の声が政治に反映されないことに対する苛立ちである。将来の社会のあるべき姿についてなんのヴィジョンも提示しないまま日本経済の先行きだけを心配する政府や経済界に愛想を尽かしたのだ。

3・11後、市民の意識は大きく変わった。これまで政官財界が主導してきた経済発展優先政策によって、水俣で、三池炭坑で、富山で、新潟で、四日市で、大勢の市民のいのちが蔑ろにされてきたが、もはやこのような政策を受け入れることはできない。経済発展よりもいのちが大切であることに多くの市民は気づき始めた。また既成のシステムからは新しい発想が出てこないことを知った。むしろ肩書きや経歴に関係なく、無名の人びとの発想や行動が注目されるようになった。今、市民が行っていることは、自分たちの行動で政治を変えたいと願う直接民主主義的行動である。福島の女性たちは住民の被曝を防ごうとしなかった直接の責任者である東京電力の責任者や保安院の官僚を相手に刑事告訴・刑事告発に踏み切った。

しかしこのような市民の動きに対して既得権益を持つ人びとの反応は鈍い。市民の行動に反応する国会議員も出始めたが、その数はまだ少数であるし、大手マスコミの報道も様子見の域を出ない。政府は脱原発依存政策を目ざすのか目ざさないのかを曖昧にしながら、他方で経済界の意を汲んで、原発の再稼働を進めていこうとしている。

今起こっている市民のデモや集会についてこれまでと違う何かが始まると感じている人は多いし、「デモで社会は変わる」（柄谷行人）という期待感もある。エドワード・サイードは「本物の変化が訪れるのは、人びとが積極的にその変化を望み、自分たちの手でそれを可能にするときだけだ」と言った（『裏切られた民主主義』）が、この言葉は「アラブの春」を体験した中東の国々だけでなく日本社会にも該当すると思う。しかし社会が変わるにしても、目に見える早さでは変わらないだろう。ポピュリズムに足をすくわれずに社会の変化を実現するためには、忍耐と希望を持ち続けることが必要だ。

本書が生まれる直接のきっかけは3・11であった。大震災の後かたづけがまったく進まず、福島の避難民にはなんの補償もされず、原発事故の収束もいつになるか分からない時期に、早くも政界や経済界のリーダーや電力会社によって、経済優先の論理が語られ始めたことに私たちは強い違和感を覚えた。私たちは3・11のずっと前から研究会（フェミニスト倫理研究会）を持ってきたが、そこで主として議論されたテーマは「いのち」の大切さであり、経済がすべてに優先する生活への批判だった。私たちの持った違和感を一つのかたちにしたいという思いが本書となったのだが、思いの外時間がかかったのは、各人のテーマについて執筆者全員が何度も集まって、率直な意見交換をしてきたためである。

本書の執筆者の多くは一九八〇年代半ばに発足した「フェミニズム・宗教・平和の会」に関わってきた人びとである。この会は日本社会で男女の平等が遅々として進まない原因を根源的に解明するために、歴史的、文化的につくられた女性観や人間観を生み出す思想風土を問い直すことを目標として、関東と関西の女性たちによって結成された。一七年間活動した後に会は解散したが、その後二〇〇六年に、新たにフェミニスト倫理研究会が誕生した。この研究会は、宗教・生命倫理・環境・平和など主としてフェミニスト倫理に関するテーマを研究するために、「フェミニズム・宗教・平和の会」の有志に新しい研究者が加わって発足したものである。本書で取り上げたテーマは執筆者のバックグラウンド（哲学、神学、歴史、文学など）を反映して多様であるが、いずれもフェミニズムの視点に立って、現在の日本社会を分析し、私たちが望むこれからの社会について述べているという点では共通している。

索引は私たちの研究会のメンバーでもある井上まどか氏が忙しい時間をやりくりして作成してくださったことを付記しておきたい。

最後になったが、出版状況が厳しいと言われる時に私たちの本の出版を快く引き受けてくださったうえに、本の構成などに関して適切な助言をしてくださった知泉書館の小山光夫社長に心からお礼を申し上げます。

二〇一二年晩夏

奥田　暁子

〔希望の倫理〕 ISBN978-4-86285-142-0

2012年10月15日　第1刷印刷
2012年10月20日　第1刷発行

編者　岡野治子
　　　奥田暁子

発行者　小山光夫

製版　ジャット

発行所　〒113-0033 東京都文京区本郷1-13-2
電話03(3814)6161 振替00120-6-117170
http://www.chisen.co.jp
株式会社 知泉書館

Printed in Japan　印刷・製本／藤原印刷

人名索引

事　項　索　引

サ　行

タ　行

ナ　行

ハ　行

マ　行

ヤ　行

ラ・ワ　行

執筆者紹介

岡野治子（おかの・はるこ）
ボン大学哲学部比較宗教学 Dr. phil.。元広島大学教授・フランクフルト大学など元客員教授。比較宗教学・フェミニスト神学。共編著『女性の視点によるキリスト教神学事典』（日本基督教団出版局 1998）。『日本文化の文脈におけるキリスト教神学』（独文，イコー出版 2002），「生命観と人間の尊厳—フェミニスト視点からの再考」『キリスト教と人権思想』（サンパウロ 2008）他。

奥田暁子（おくだ・あきこ）
女性史研究者・翻訳家。編著『女と男の時空—近代の巻』（藤原書店 1995，2000），『マイノリティとしての女性史』（三一書房 1997），共著『占領と性』（インパクト出版会 2007）など。（訳書）M. ミース『国際分業と女性』（日本経済評論社 1997），V. シヴァ『生物多様性の保護か生命の収奪か』（明石書店 2005），T. スヴォボダ『占領期の日本』（ひろしま女性学研究所 2011）他多数。

河上睦子（かわかみ・むつこ）
相模女子大学名誉教授，大妻女子大学・放送大学等講師，博士（文学）。人間学・感性哲学，社会倫理思想。『宗教批判と身体論』（御茶の水書房 2008）。「女性・身体・自然への現代的視角」『社会思想史研究』27 号（藤原書店 2003），「身体のテクノロジー化とジェンダー」『ジェンダー概念がひらく視界』（青木書店 2006），「食文化から見る日本の近代化」『戦争と近代』（共著，社会評論社 2011）ほか。

土居由美（どい・ゆみ）
東京大学人文社会系研究科基礎文化研究専攻博士課程修了。博士（文学）。古代キリスト教文学・西洋宗教思想文化史。立教大学・清泉女子大学他兼任・非常勤講師。「新約文書の死生観とキリスト教の死生観」（東京大学人文社会系研究科『死生学研究』2006），「『死を記述する物語－“闇”“最後の叫び”の表象を巡って」』（駒澤大学仏教学部論集 2011）他。

支倉寿子（はせくら・ひさこ）
青山学院大学名誉教授。修士（文学）。フランスの文化と社会・比較文化・国際コミュニケーション。いずれも共著，『ジェンダーの地平』（中央大学出版部 2007），『概説フェミニズム思想史』（ミネルヴァ書房 2003），『21 世紀ヨーロッパ学』（ミネルヴァ書房 2002）。共訳書にシモーヌ・ド・ボーヴォワール『第二の性』（新潮社，1997）ほか。

早川紀代（はやかわ　のりよ）
総合女性史研究会代表。博士（文学）。単著『戦時下の女たちー日本，ドイツ，イギリス』（岩波書店 1993），『日本近代天皇制国家とジェンダー』（青木書店 1998），『近代天皇制と国民国家』（青木書店 2005），編著『戦争・暴力と女性　軍国の女たち』（吉川弘文館 2004），『同　植民地と戦争責任』（吉川弘文館 2005），共編著『東アジアの国民国家形成とジェンダー』（青木書店 2007）ほか。

牧　　律（まき・りつ）
恵泉女学園大学大学院修了。元立教大学非常勤講師キリスト教社会福祉史。共著「山室民子に見る自律意識と純潔教育」『占領と性』（インパクト出版会 2007）。論文「山室機恵子の結婚—軍平の再婚論争に絡めて」（『キリスト教史学』2011），「回顧録『寄生木の歌』から探る山室民子の葛藤」（『キリスト教社会福祉学研究』2009）ほか。

山下暁子（やました・あきこ）
早稲田大学大学院日本文学研究科修士課程修了。M. A. 元早稲田大学非常勤講師・インターナショナルスクール講師など。比較文学・日本文学。論考”From Contemporary Japanese Women's Writings”，「出発ーE・ディキンスンとR・ハーディング」，「思ひ草ー源俊頼論」他。詩集「あかるい花束」。NYでフェミニズム批評に出会い圧倒された。師であった故Sr.マーガレットに感謝する。

横山杉子（よこやま・すぎこ）
教育学修士。元東京大学留学生センターなど非常勤講師。言語（日本語，英語）教育。共著『概説日本語教育』（三修社，2000）。論文「日本語における『日本人の日本人に対する断り』と『日本人のアメリカ人に対す断り』の比較」（『日本語教育』81 号），「聖書の神は“Father”か，“Father-Mother”か － An Inclusive Version をめぐって」（『回顧即感謝』清水護先生百歳記念誌刊行会 2008）他。